Spielpläne 2

für den Musikunterricht
an Realschulen und Gymnasien

herausgegeben
von Karl-Jürgen Kemmelmeyer, Rudolf Nykrin,
Anke Haun und Kai Martin

Autoren:
Bernd Brüning
Luis Estrada
Cynthia Fragoso
Anke Haun
Martin Hoffmann
Karl-Jürgen Kemmelmeyer
Rainer Kotzian
Otmar Lang
Kai Martin
Monika Mittendorfer
Imke Müller
Rudolf Nykrin
Birgit Schmidt

Ernst Klett Verlag
Stuttgart · Leipzig

Symbole

📄	Arbeitsblatt im L-Fundus
🥁	musikalische Aktivität
🎹	Workshop/Projekt/ freie Arbeitsform
🔍	Detailbetrachtung
🌐	Verweis auf weiterführende selbstständige Information, Internet
👥	Gruppenarbeit/Diskussion
◎	Tonbeispiele
◎ROM	Material auf der CD-ROM

Die vielen Gestalten der Musik

Was ist für uns Musik?

Wo beginnt Musik? Muss sie eine schöne Melodie haben oder einen packenden Rhythmus? Oder beginnt Musik überall dort, wo wir auf Klänge aufmerksam werden, diese interessant finden und zuhören?

1. Wo habt ihr selbst schon einmal gedacht: Das klingt wie Musik – auch wenn gar keine „Musik" zu hören war?

Katzenmusik und Vogelgesang

Katzen fauchen, Hunde bellen, Vögel zwitschern und singen. Viele Tiere teilen sich akustisch mit. Oft sind die Laute mehr oder weniger festgelegte Signale. Sie sollen z.B. warnen oder ein Revier anzeigen. Manche Singvögel können in einer bestimmten Entwicklungsphase aber ganz unterschiedliche Melodien lernen: Melodien, die sie oft zu hören bekommen, sogar Handy-Klingeln.

„Musikalische" Buckelwale

Eine faszinierende Klangwelt bildet der Gesang der Wale – besonders jener der Buckelwale ist gut erforscht. In großen Gruppen ziehen sie in den Weltmeeren weite Wege. Ihre Gesänge sind zahlreich und im Wasser über weite Strecken gut zu hören, und man kann darin Rhythmen, Melodien, ja sogar Harmonien und typische Formen feststellen. ⊚ I, 1

Viele Buckelwale verbringen den Winter im warmen Meer um das Great Barrier Riff nördlich von Australien. Jahrelang wurde beobachtet, wie die Wale in diesem Meer das gleiche Lied sangen – bis plötzlich zwei Wale mit einem ganz anderen Lied ankamen, das sie in einem anderen Meer gesungen hatten. Wahrscheinlich hatten sich die beiden auf ihrem Weg verirrt. Aber nicht die Fremden lernten das Lied der vielen Wale – sondern die Wale des Great Barrier Riffs übernahmen das Lied der neu hinzugekommenen. In nur drei Jahren hatten alle Wale das neue Lied gelernt.

Man zog daraus verschiedene Schlüsse: Wale singen gerne. / Wale hören anderen aufmerksam zu. / Wale singen gerne auch neue Lieder. / Wale lernen neue Lieder schnell. – In diesem Sinn können die Buckelwale also als musikalisch bezeichnet werden.

2. Vergleicht das musikalische Verhalten der Wale mit unserem musikalischen Alltagsleben.

Die wandelbare Musik der Menschen

Auch die Menschen lassen sich vom Gesang der Wale faszinieren. Schon immer hatten Eskimos die Wale durch die dünnen Wände ihrer Boote singen gehört. Im 20. Jahrhundert wurden dann die Walgesänge mit empfindlichen Mikrofonen aufgenommen und die Tonaufnahmen verbreitet. Viele Menschen lauschen seither den Walgesängen. Andere überlegen sich, wie sie die Stimmen der Wale in Kompositionen aufnehmen können. Die Menschen lernen die Musik der Wale kennen – und bereichern und verändern damit ihre eigene Musik.

1. Die deutsche Gruppe Novalis bezog Walstimmen in ihre CD „Flossenengel" mit ein. Wie kommen diese Stimmen in den Klängen der Instrumente zum Ausdruck? ⊚ **1, 2**

2. Eines der wichtigsten Kennzeichen der menschlichen Musik ist ihre Wandelbarkeit. Versucht die Bilder und Instrumente auf dieser Seite zeitlich und geografisch einzuordnen.

Projekte

Diskutiert die Projektthemen. Bildet Gruppen und legt die Aufgaben fest. Sammelt Informationen und Meinungen, dokumentiert Situationen. Stellt die Themen auf geeignete Weise dar.

1 Fremdbestimmung, Selbstbestimmung

Bestimmen andere euer Verhalten oder nehmt ihr es selbst in die Hand? Diese Frage ist gerade in Bezug auf Musik notwendig, da hier vieles unbewusst geschieht.

Wer will auf euren Musikkonsum Einfluss nehmen? Wer ist an eurem Musikgeschmack interessiert? Wer versucht mit welchen Mitteln und aus welchen Gründen euer musikalisches Verhalten zu beeinflussen?

Untersuchungen zeigen, dass Jugendliche in der Regel mehrere Stunden täglich Musik hören. Dazu gehört auch Musik, die im Hintergrund klingt, z. B. an öffentlichen Orten, in Fernsehfilmen, Werbung usw. Wann konsumiert ihr Musik, ohne es zu wollen und darüber nachzudenken? Wann hört ihr Musik selbst entschieden und bewusst? Nach welchen Kriterien wählt ihr Musik aus und von welchen Informationen lasst ihr euch dabei leiten?

2 Musik – ein aktives Betätigungsfeld für euch

Musik bietet viele Möglichkeiten für eine aktive Betätigung. Macht euch klar, welches Angebot es für Jugendliche in eurem Alter gibt.

Sammelt und beschreibt Möglichkeiten für euch, selbst mit Musik aktiv umzugehen.

Bildet Wortfelder, die einen aktiven Umgang mit Musik kennzeichnen.

Welche Angebote gibt es bei euch in der Schule, welche in der regionalen Umgebung?

3 Informationen über Musik beschaffen

Wenn ihr etwas genau wissen wollt, z. B. über eine Gruppe, eine Interpretin, einen Komponisten, eine Musikepoche – wo könnt ihr euch informieren?

Stellt die Möglichkeiten an Beispielen dar. Zeigt, was die Informationsquellen zu Musiker-Persönlichkeiten zu bieten haben. – Vorschläge:

Wo könnt ihr mehr über diese Musiker erfahren? Stellt euch die Informationen gegenseitig vor.

Bob Dylan
Ein Song von ihm steht auf ▶ S. 22.

Franz Schubert
Lest die Grundinformation auf ▶ S. 149.

4 Das regionale Musikleben

Eure Stadt, eure Region hat ein eigenes Musikleben. Es wird für alle Menschen gestaltet, die hier zu Hause sind: Kinder, Jugendliche und Erwachsene, Einheimische und Touristen. Dokumentiert dieses Musikleben in Ausschnitten.

Beispiele:

Eine Rock- oder Jazzband in eurer Umgebung
Wo und wie probt sie? Was denken und sagen die Musiker über ihre Arbeit?

Die Musik in einer Kirche
Wer spielt die Orgel? Welche Personen und Gruppen gestalten wöchentlich und im Jahresablauf die Musik in der Kirche?

Ein Kinder- oder Jugendchor in der Region
Wer singt im Chor mit? Welche Voraussetzungen muss man mitbringen? Welche Auftrittsmöglichkeiten bieten sich?

Entwurf eines Musik-Werbeprospektes
Entwerft einen Text, der wesentliche Informationen über das Musikleben bei euch enthält. Versucht z. B. eine Form, die für einen Tourismusprospekt geeignet wäre.

1. Mit welchen Menschen, die sich besonders für die Musik in eurer Region einsetzen, könnt ihr persönlich sprechen?

♫ Arbeitsschritte für ein Projekt

- *Themenfindung:*
  Welches Thema wollt ihr bearbeiten?
- *Arbeitsmittel und Darstellungsform klären:*
  Welche Arbeitsmittel wollt ihr einsetzen?
  Beispiele: Interview/Internetsuche/Tonaufzeichnung/Fotos/Videodokumentation
- *Zeit- und Arbeitsplan aufstellen:*
  Wer soll was wann tun? Was wird gebraucht?

- Einverständnis der Betroffenen einholen, Termine verabreden
- Genauen Ablaufplan besprechen
- *Dokumentationsphase:*
  Wer hat hier welche Aufgaben? Die Dokumentationsphase ist für das Projekt sehr wichtig!
- Materialien sichten, kommentieren, aufbereiten
- *Ergebnisse der Dokumentation präsentieren:*
  Wer soll wie von den Projektergebnissen erfahren?

Die eigene Stimme (1)

Keiner soll seine Stimme verstecken, jeder zu einem persönlichen Stimmausdruck finden.

Lieder, die ihr singt, solltet ihr gerne singen. Wenn es zum Lied und zu euch selbst passt, könnt ihr auch leise und zurückhaltend singen. Eure eigene Stimme muss es sein.

1. Erkundet vorsichtig den augenblicklichen Umfang eurer eigenen Singstimme und beschreibt ihn anhand der folgenden Übersicht.

2. Welcher Stimmlage und welchem Stimmklang würdet ihr 🎧 I, 3–6 jeweils zuordnen?

Was geschieht bei der Mutation?

Die Stimmlippen und der Kehlkopf wachsen – beide aber nicht immer aufeinander abgestimmt. So kann es zu vorübergehenden Stimmproblemen kommen, besonders bei Jungen: Ihre Stimme wird rau und spricht eine Zeit lang nur in einem kleinen Tonbereich richtig an.

Bei Jungen wachsen die Stimmlippen stärker. Deshalb werden ihre Stimmen beim Stimmwechsel (Mutation) tiefer als die der Mädchen. Die Mutation setzt bei Jungen mit 11–16 Jahren, bei Mädchen mit 9–12 Jahren ein. Vorher singen alle Kinder Sopran oder Alt, danach die Jungen Bass, seltener Tenor.

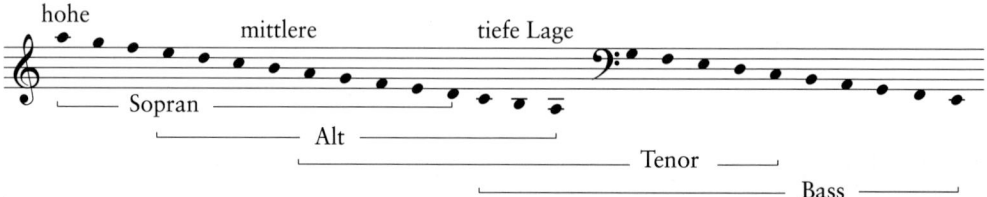

3. Singt den Kanon „Rhythm and Syncopation" von verschiedenen Anfangstönen aus. Welcher Tonhöhenbereich eignet sich in eurer Klasse am besten?

Während der Mutation soll man vorsichtig mit seiner Stimme umgehen: Nicht pressen und nicht überschreien, denn das kann die Stimme auf Dauer schädigen.

Rhythm and Syncopation (Kanon zu 3 Stimmen)   Text und Musik: aus England

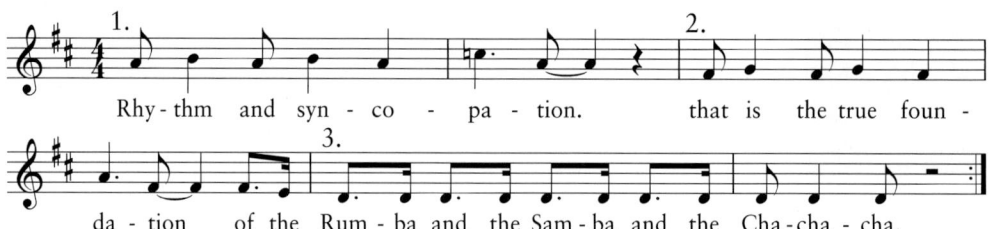

4. Beim Singen des Kanons hört ihr deutlich einen Akkord (= Zusammenklang) mit vier Tönen heraus. Singt die Tonfolge:

Es ist der Dominantseptakkord (▶ S. 90) auf dem Ton d. Er passt immer auf „1" im Takt.

5. Welcher Akkord passt auf „3" in Takt 1, 3 und 5? Untersucht, welche Töne beim Kanonsingen hier zusammenkommen.

6. Begleitet den Kanon auf Instrumenten. Bildet dazu aus den Akkordtönen Begleitstimmen.

Tipps für das Singen

1. Gebt mit einer aufrechten Körperhaltung eurem Atem den nötigen Raum.

2. Atmet so ein, dass sich eure Rippen zur Seite hin ausdehnen – sammelt den Atem nicht unter den Schultern!

3. Nutzt den Umfang eurer Stimme aus – singt nicht nur im tiefen Stimmbereich. Lasst eure Stimme von ganz oben nach unten gleiten (glissando).

4. Setzt die Bewegungsmöglichkeiten von Mund, Zunge, Lippen ein – Singen sieht man auch!

5. Singt Vokalverbindungen auf verschiedenen Tonhöhen:

MA – O – A – O – A – O – AM
MÜ – O – Ü – O – Ü – O – Ü

Ein Fitnesstraining für Mund, Zunge und Lippen sind Silbenverbindungen wie:
SCHUBIDUBIDUBIDUBIDUAH!

Der Stimm-Schubidubi

Text und Musik: Rudolf Dobusch © Klett

Die eigene Stimme (2)

Wie der gesungene Ton entsteht

1. Nehmt zwei Papierblätter und haltet sie so zwischen die Lippen, dass die Luft noch daran vorbeiströmen kann (Lippen nicht auf das Papier pressen!). Blast kräftig Luft aus – gelingt es euch, die Papierblätter zum Schwingen und Tönen zu bringen?

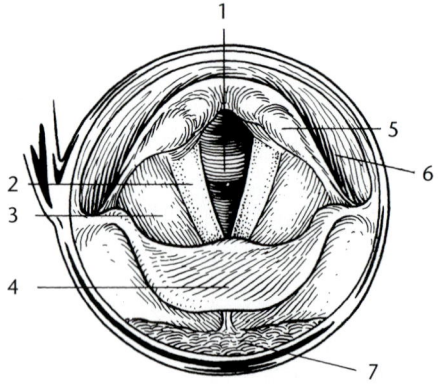

1 Luftröhre
2 Stimmband
3 Taschenband
4 Kehldeckel
5 Köpfchen des Stellknorpels
6 Zuweg zur Speiseröhre
7 Zunge

Beim Sprechen oder Singen werden im Luftstrom, der durch den Kehlkopf geführt wird, zwei Stimmbänder durch einen feinen Muskelmechanismus so eingestellt, dass sie zu schwingen beginnen. Damit es zu regelmäßigen Schwingungen kommt, die eine bestimmte Tonhöhe ergeben, muss der Atem kontrolliert geführt werden.

Die Mundhöhle, andere Resonanzräume des Kopfes und der gesamte Brustraum verstärken den Stimmklang.

Singen im Alltag

Jeder Mensch hat seine Stimme auch zum Singen. Wenn Kinder klein sind und spielen, singen sie dazu oft leise vor sich hin – die Stimme gehört noch ganz zu ihnen. Später gebrauchen viele Menschen ihre Singstimme kaum mehr – am ehesten noch in der Badewanne, wenn sie gut gelaunt sind. Oder auf dem Fußballplatz, beim Bad in der Menge! Aber im Alltag lassen sie andere für sich singen.

2. Welche Beobachtungen habt ihr gemacht?

3. Welches Verhältnis habt ihr selbst zu eurer Stimme – welches würdet ihr gerne haben?

Professionelle Singstimmen

Die ausgebildete Konzert- und Opernstimme kann ohne Verstärkung einen großen Raum füllen und alle für die Stimmlage geschriebene Musik ausführen. Bis es dazu kommt, braucht es jahrelange Übung.

In der Pop- und Rockmusik klingt jede Sängerin/jeder Sänger anders. Die individuelle Stimme, die Art des Singens und der Inhalt der Songs verbinden sich zum persönlichen „Markenzeichen" (Individualstil). Singstimmen werden in der Pop- und Rockmusik elektronisch verstärkt und oft im Klang optimiert.

4. Vergleicht die Stimmen der unten abgebildeten Sängerinnen und Sänger. Bringt selbst kurze Musikbeispiele mit Stimmklängen mit und beschreibt die Stimmen mit eigenen Worten.

Andere Stimmen in diesem Buch: z.B. Rap ▶ S. 191, Blues ▶ S. 96, Oper ▶ S. 170, Musical ▶ S. 178.

Die Sängerin Anne Sofie von Otter ist sehr vielseitig und beherrscht verschiedene Stilarten.
◉ I, 7

Der Sänger Herbert Grönemeyer fällt durch eine Stimme auf, die den Sprachcharakter stark betont.
◉ I, 8

Die Jazzsängerin Rebekka Bakken setzt ihre Stimme in feinen Nuancen (= Abstufungen) ein.
◉ I, 9

Komponieren mit Stimmlauten

1. Macht euch die Vielfalt der Laute bewusst: Es gibt klingende, explosive und zischende Konsonanten, farbige Vokale und Umlaute, offene und nasale, leise und laute Stimmklänge.

2. Gestaltet kurze, dabei aber auch spannende, lustige, geheimnisvolle … Stimmstücke. Lasst euch von wichtigen Kompositionsprinzipien anregen: *Beschränkung – Kontrast – Übergang – Kontinuität – Überraschung – Wiederholung – Variation.*

Chöre

… mit gleichen Stimmen gibt es als Kinderchöre, Frauen- und Männerchöre. Bei gemischten Chören wirken Frauen- oder Knabenstimmen mit Männerstimmen zusammen.

Chöre werden in ganz unterschiedlichen Situationen gebildet: in Kirchen, Schulen, Opern, für bestimmte musikalische Projekte.

3. Wie steht es um Chöre in eurer Schule, in der Stadt oder Region? Gibt es auch ein Chorensemble für Jugendliche?

Ein Buch lesen, fernsehen, zu Hause bleiben – das tut Barbara auch gerne. Eines ihrer Hobbys ist es, in einem Jugendchor zu singen.

Manchmal macht der Chor eine Reise. Barbara sieht viel, es geht lustig zu. Der Chor tritt vor einem Publikum auf. Im letzten Jahr wurde ein Konzert sogar für CD mitgeschnitten.

Sing mal wieder – die Landschaft der Stimme

© Edition Wise Guys, Köln

1. Wenn die Luft aus der Lun-ge Richtung Kehl-kopf fließt, wenn das Stimm-band-sy-stem al-les gut ver-schließt, wenn die

Stimm-lip-pen mit-wip-pen bis sie rich-tig schwingen, be-zeich-net man den Vor-gang all-ge-mein als Sin-gen. Der

Kehl-kopf ist da-bei der Ton-ge-ne-ra-tor. Die Stimm-bän-der sind ge-wis-ser-ma-ßen der Vi-bra-tor.

Ü-ber sechzig Mus-keln ge-ben Gas. Doch das Al-ler-be-ste: Sin-gen macht Spaß. Sing, sing mal wie-der

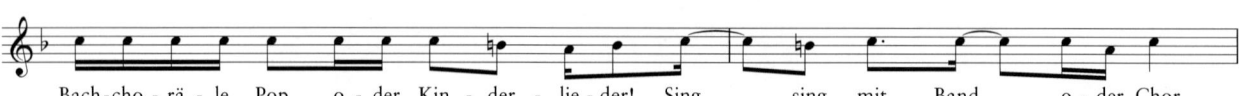

Bach-cho-rä-le, Pop o-der Kin-der-lie-der! Sing, sing mit Band o-der Chor,

Oben: Sing mal wieder – Wise Guys
Die Gruppe Wise Guys singt a cappella – das bedeutet: ohne Instrumente. Nicht nur die Melodie, sondern auch alle Begleitstimmen werden mit der Stimme ausgeführt.

1. Hört den Anfang der Originalaufnahme. ◉ I, 10

2. Sprecht vor dem Singen den Text zuerst nur rhythmisch und übt dann mit Hilfe des Playbacks ◉ I, 11 oder des Midi-Files auf der ◉ROM, den man auch langsam abspielen kann.

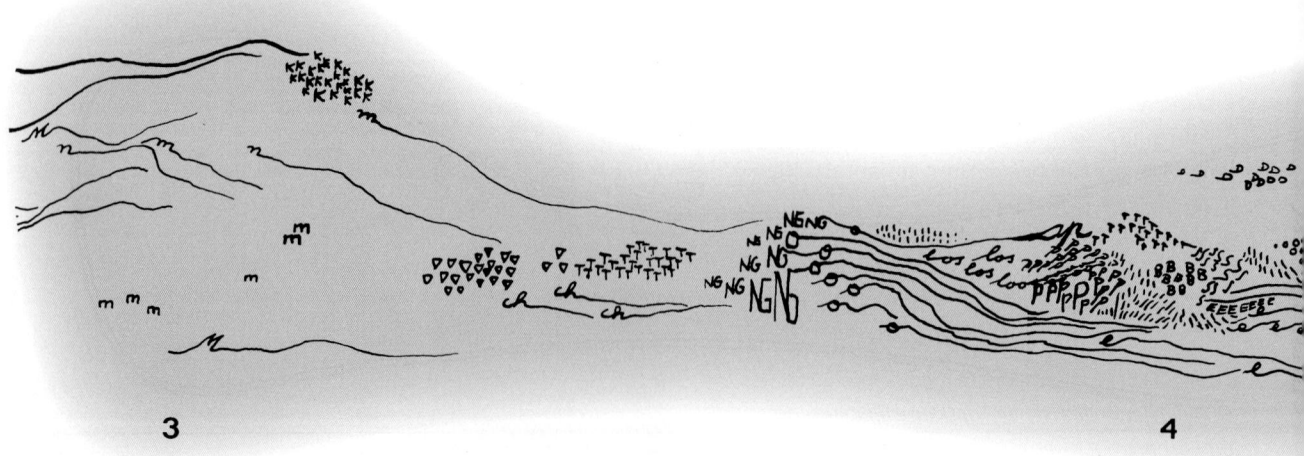

3   4

o-der sing dir in der Du-sche selbst was vor. Sing, sing, wenn du ver-lierst.

Sin-gen hilft im-mer, a-ber nur, wenn du's pro-bierst. Sing, sing mit, auch wenn du ge-winnst.

Sing auch dann, wenn al-le Leu-te den-ken, dass du spinnst. Dao de de di det wep wep wedep

dao de de di det wep wep we dep dao de de di det wep wep we dep

1. dao de de di det wep wep we dep. Schluss Dao de de di dep wap wap wap wa dap.

Unten: Die Landschaft in meiner Stimme
Die Komposition „Die Landschaft in meiner Stimme" ist für einen Chor geschrieben. Der Komponist Klaus Stahmer (*1941) zeichnet darin Stimmklänge mit Buchstaben und Klangspuren so auf, dass ein interessantes Bild entsteht: eine musikalische Grafik oder eine grafische Notation.

Eine optimale Darbietung ist dann erreicht, wenn alle Mitwirkenden gebannt in der Klangwelt der menschlichen Stimme herumexperimentieren und vom Zauber der stimmlichen Laute gebannt sind. „Die" einzig richtige Darbietung der „Landschaftspartitur" gibt es nicht, richtig ist jeweils die Version, die sich die Ausführenden zu eigen machen. (Klaus Stahmer)

1. Versucht, Teile der Komposition selbst zu realisieren.
2. Hört dann eine Aufnahme. I, 12

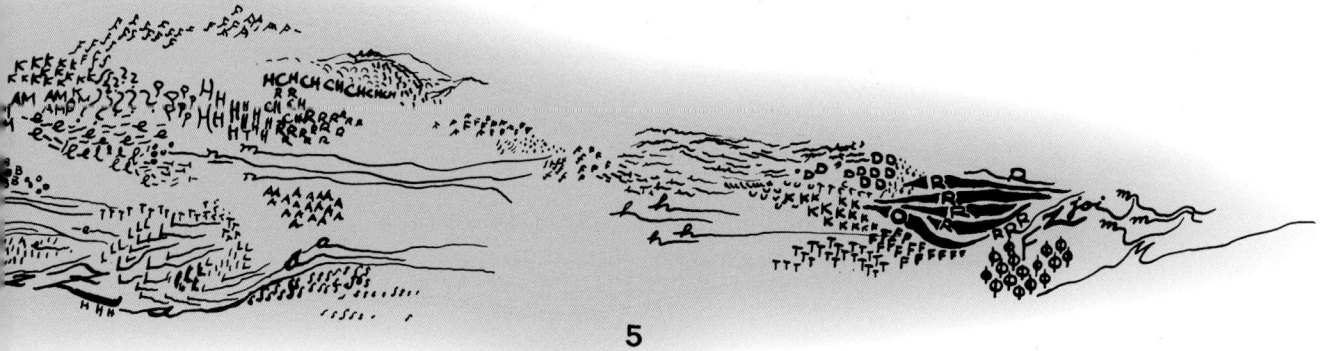

5

Lieder – was bedeuten sie für uns?

Die Gedanken sind frei

Text und Musik: überliefert
(18. Jahrhundert)

1. Die Ge - dan - ken sind frei! Wer kann sie er - ra - ten? Kein Mensch kann sie
Sie flie - hen vor - bei, wie nächt - li - che Schat - ten.

wis - sen, kein Jä - ger er - schießen. Es blei - bet da - bei: Die Ge - dan - ken sind frei.

2. Ich denke, was ich will und was mich beglücket,
   doch alles in der Still' und wie es sich schicket.
   Mein Wunsch und Begehren kann niemand verwehren.
   Es bleibet dabei: Die Gedanken sind frei!

3. Und sperrt man mich ein im finsteren Kerker,
   das alles sind rein vergebliche Werke.
   Denn meine Gedanken zerreißen die Schranken
   und Mauern entzwei: Die Gedanken sind frei!

Jakob: Ich singe eigentlich gerne, vielleicht, weil bei mir zu Hause viel gesungen wird. Ich finde Kanons sehr schön, weil es damit einfach ist, mehrstimmig zu singen, so dass es gleich voll klingt.

Lea: Schön ist es, wenn Instrumente mitspielen. Überhaupt, das gemeinsame Musikmachen finde ich gut. Wichtig ist für mich die Melodie des Liedes, die muss gut sein. Und wenn man ein Lied öfter singen soll, dann muss auch der Text stimmen. Manche Lieder von früher haben eine Sprache, die in unserer Zeit irgendwie komisch klingt. Aber man kann daran sehen, wie die Menschen früher gedacht und gelebt haben.

Nick: Volkslieder mag ich nur, wenn man sie zusammen und einfach so singt. Zu Hause, wenn ich allein bin, singe ich gerne englische Popsongs mit. Jetzt bin ich gerade im Stimmbruch.

1. Welche Lieder singt ihr gerne? Steht für euch die Melodie oder der Text im Vordergrund?
2. Welche Liedthemen in diesem Buch findet ihr interessant?

Sailing

Text und Musik: Gavin Maurice Sutherland
© Universal Music Publ., Berlin

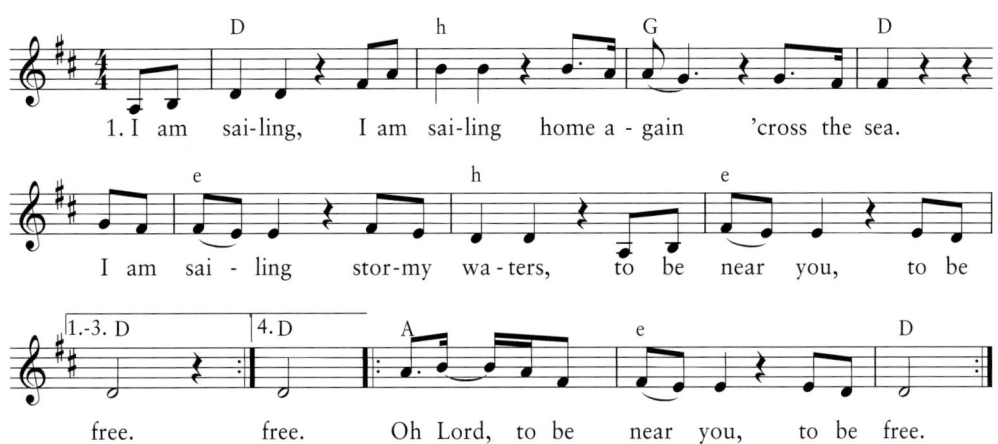

1. I am sai-ling, I am sai-ling home a-gain 'cross the sea.
I am sai-ling stor-my wa-ters, to be near you, to be
free. free. Oh Lord, to be near you, to be free.

2. I am flying, I am flying
   like a bird 'cross the sky.
   I am flying, passing high clouds,
   to be with you, to be free.

3. Can you hear me, can you hear me
   through the dark night far away.
   I am dying, forever trying
   to be with you, who can say.

4. We are sailing, we are sailing
   home again 'cross the sea.
   We are sailing stormy waters
   to be near you, to be free.

If all Men – Wenn die Menschen (Kanon zu 3 Stimmen)

Text und Musik: aus England
Textübertragung: R. N. © Klett

1. If all men would live as bro-thers, what a good world this would be;
Wenn die Men-schen Brü-der wä-ren, wär' die Welt nicht wun-der-schön?

2. live as bro-thers, what a hap-py world;
Seid wie Brü-der: glück-lich ist die Welt.

3. live as sis-ters, what a hap-py world.
Seid wie Schwes-tern: glück-lich ist die Welt.

Gemeinsam gelingt's (1)

Wir singen all (Kanon zu 2–8 Stimmen)

Musik: Thomas Tallis (1505–1585)
Text: Joseph Röösli, © Pan-Verlag, Baden/CH

Wir sin-gen all im gro-ßen Chor. Die Stim-me klingt, es hört das Ohr. Mög'

Wohl-klang uns be - schie-den sein, so strah-lend wie der Son - ne Schein.

Wird der Kanon 8-stimmig gesungen, bilden sich die nebenstehenden Akkorde.

1. Wenn ihr die Melodie schon gut beherrscht: Tippt mit einem Stift auf die Akkordtöne, die ihr gerade singt.

Come along (Kanon zu 2 Stimmen)

Text und Musik: aus den USA

Come a - long, sing a song, follow me, it is eas-y you can see.

Every day, in this way, just re-peat, 'till the tune's com - plete.

Kanon in der Bewegung

Zu vielen Kanons passen einfache Raumbewegungen.

2. Singt den Kanon „Come along" in zwei Kreisen. Ihr könnt zwei große Kreise oder mehrere kleine bilden.

3. Probiert unterschiedliche Bewegungsrichtungen und einfache Schrittfolgen aus.

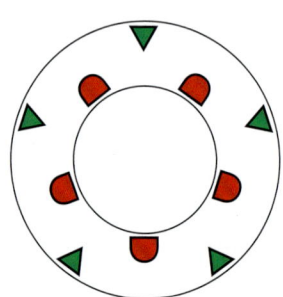

Instrumentalbegleitung (Stabspiele, Klavier, Rhythmusinstrumente, Klatschen usw.):

Wiederholungen bis zum
Ende des Kanons

Diddywadiddy

Text: R.N., Musik: nach einem Blues aus den USA, © Klett

1. Ein Ge-heim-nis in der Welt hat noch kei-ner auf-ge-hellt, das von

Did-dy-wa-did-dy,— Did-dy-wa-did-dy,—

Did-dy-wa-did-dy,— al-len graut vor dir!—

(Akkorde zur Überleitung zwischen den Strophen)

2. Neulich auf der Autobahn griff es mich von hinten an:
so ein Diddywadiddy, Diddywadiddy,
Diddywadiddy, lass doch ab von mir!

3. Nachts, ganz plötzlich bin ich wach, sind da Schritte
auf dem Dach: hallo Diddywadiddy, Diddywadiddy,
Diddywadiddy, bleib mir bloß vom Leib!

1. Schreibt selbst Nonsenstexte, die zu dieser Melodie passen. Zur Blues-Form ▶ S. 96

Shalom chaverim (Kanon zu 4 Stimmen)

Text und Musik: aus Israel

1. Sha-lom cha-ve-rim, sha-lom cha-ve-rim! Sha-lom, sha-lom!

3. Le hit-ra-ot, le hit-ra-ot. Sha-lom! Sha-lom!

Kanon in der Bewegung

Takt 1–2: Mit 8 Schritten einen kleinen Kreis hinter dem eigenen Platz tanzen:

r l

Takt 3–4: Zwei langsame Schritte zur Mitte, dann ebenso rückwärts zum Platz.

Takt 5–6: Mit 8 Schritten Platzwechsel mit dem Gegenüber. In der Mitte, nach 4 Schritten, fassen sich die Begegnenden dabei kurz an den Händen, dann geht jeder rückwärts zum Gegenplatz.

Takt 7–8: vier Wiegeschritte (♩ ♪ | ♩ ♪) am Platz nach rechts, nach links ...

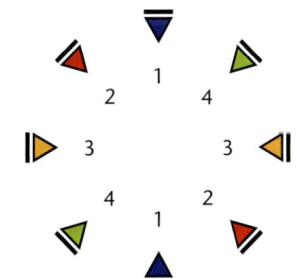

Aufstellung zum 4-stimmigen Kanon in Kreisen von jeweils 8 Tanzenden, die im Kanon einsetzen und die links beschriebenen Figuren ausführen.

Verena Maschat, © Klett

Gemeinsam gelingt's (2)

Henri Rousseau: „Der Traum" (1910, Ausschnitt)

1. Das Bild erscheint vielen Menschen als das Bild eines Paradieses. Versucht, es zu beschreiben. Setzt es auch in Beziehung zum Lied.

„The Lion Sleeps Tonight"

„Wimoweh" ist der Titel eines Liedes des südafrikanischen Stammes der Zulu, die als Ackerbauern und Viehzüchter bis heute überwiegend in kleinen Streusiedlungen leben. Das Lied wurde 1961 von der Gruppe The Tokens unter dem Titel „The Lion Sleeps Tonight" bekannt gemacht. ☉ I, 13

2. Hört den Titel und verfolgt den Ablauf im Notenbild. Welches Zeichen zeigt einen „Sprung" im Notenbild an?

3. Die Harmoniefolge G–C–G–D⁷–G wiederholt sich während des ganzen Stückes. Wie nennt man diese Folge (▶ S. 86)? Spielt sie auf geeigneten Instrumenten.

4. Motive für eine Rhythmus-Begleitung:

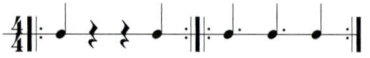

The Lion Sleeps Tonight

Text u. Musik: Luigi Creatore/Hugo Peretti/Linda Solomon/George Weiss
© Melodie der Welt, J. Michel KG Musikverlag, Frankfurt am Main, Satz: R. N. © Klett

(summen)

Wim - o - weh, o - wim - o - weh, o - wim - o - weh, o - wim - o - weh, o - wim - o - weh, o - wim - o - weh, o -

(summen)

1. wim - o - weh, o - wim - o - weh, o - **2.** wim - o - weh, o - wim - o - weh.

1. In the jun - gle, the migh - ty jun - gle, the li - on sleeps to - night.
2. Near the vil - lage, the peace - ful vil - lage, the li - on sleeps to - night.
3. Hush my dar - ling, don't fear my dar - ling, the li - on sleeps to - night.

Mmh, the li - on sleeps to - night.

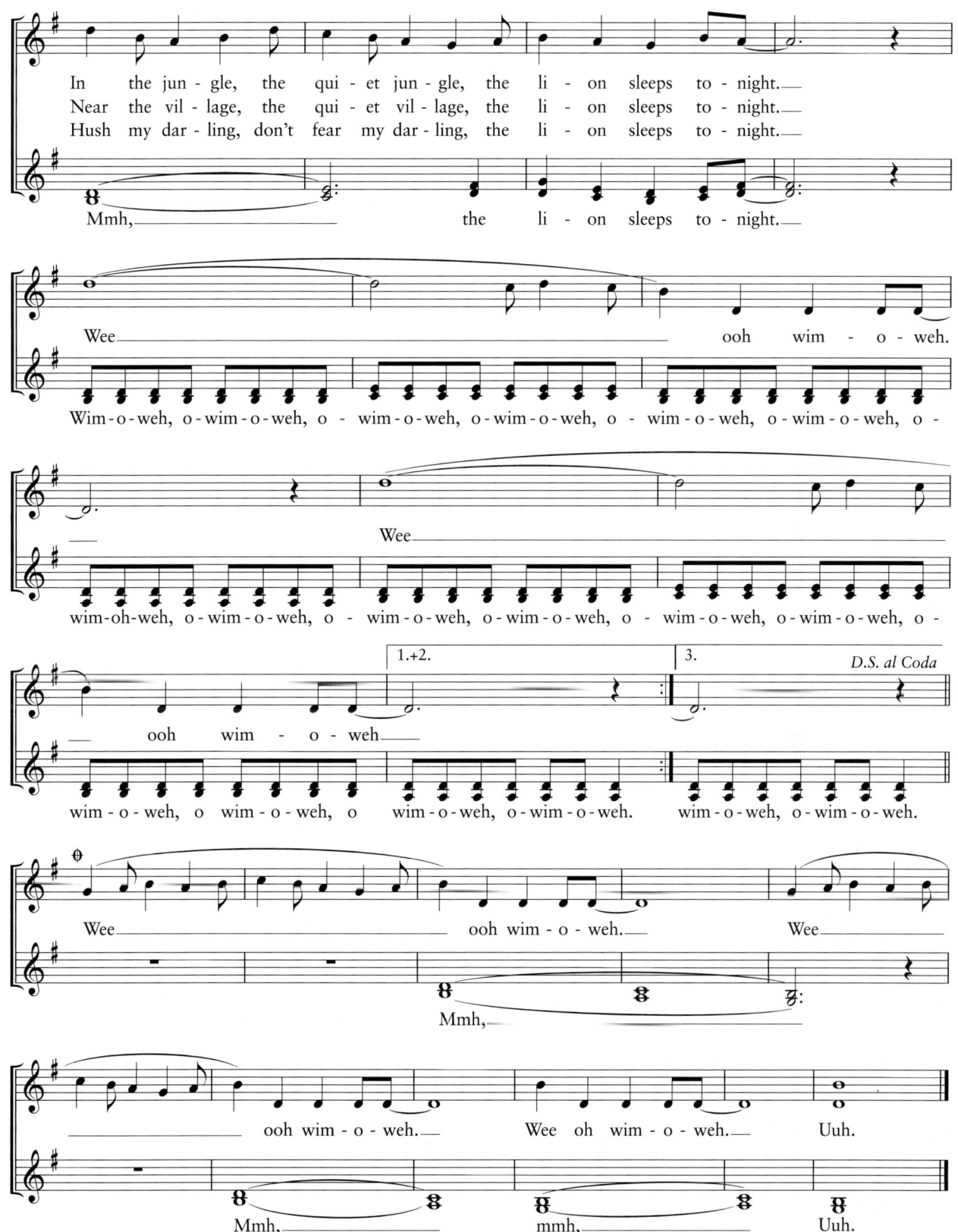

Ein Chanson selbst interpretiert

Viele Lieder sind nur mit Melodie, Text und Akkorden aufgeschrieben. Um sie richtig zu interpretieren, muss der Sänger oder die Sängerin die Aussage des Liedes verstehen und sich in den Ausdruck einfühlen. Erst dann gelingt es, die Zuhörer mit der Darstellung zu fesseln. Dies gilt besonders beim Chanson.

Chanson

Das französische Wort bedeutete ursprünglich nur „Lied". Im Mittelalter bezeichnete es jedes Gedicht in der Volkssprache, das man auch singen konnte.
Seit dem 17. Jahrhundert gab es in Frankreich Chansons mit kritischen Texten gegen die herrschende Aristokratie. Ein engagierter, aussagereicher Text gehört seither zu den meisten Chansons und steht beim Vortrag im Vordergrund.

1. Das Lied „Kommt ein Tag in die Stadt" ist als „Chanson" überschrieben. Inwiefern trägt es diese Bezeichnung zu Recht?
2. Versucht eine eigene Interpretation. Setzt Tempo, Lautstärke und Klanggebung eurer Stimme so ein, dass der Text möglichst eindringlich zur Wirkung kommt.
Wenn ihr die einzelnen Liedabschnitte A–T auf einzelne Sänger(innen) in eurer Klasse verteilt, könnt ihr euch gegenseitig zu ausdrucksvollen Interpretationen anregen. Das Playback hilft euch dabei. 💿 I, 14–17

Chanson am Morgen: Kommt ein Tag in die Stadt

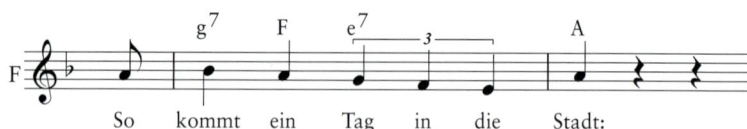

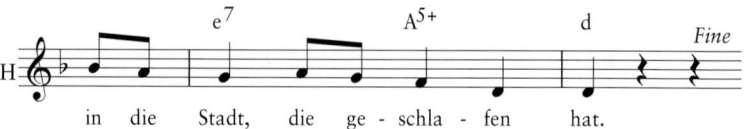

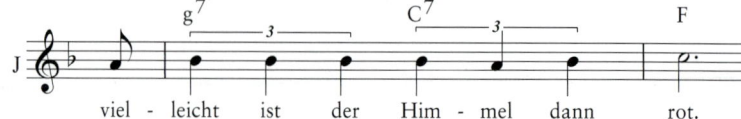

Text: Hans Adolf Halbey
Musik: Heinz Lemmermann, © Fidula Verlag, Boppard/Rhein

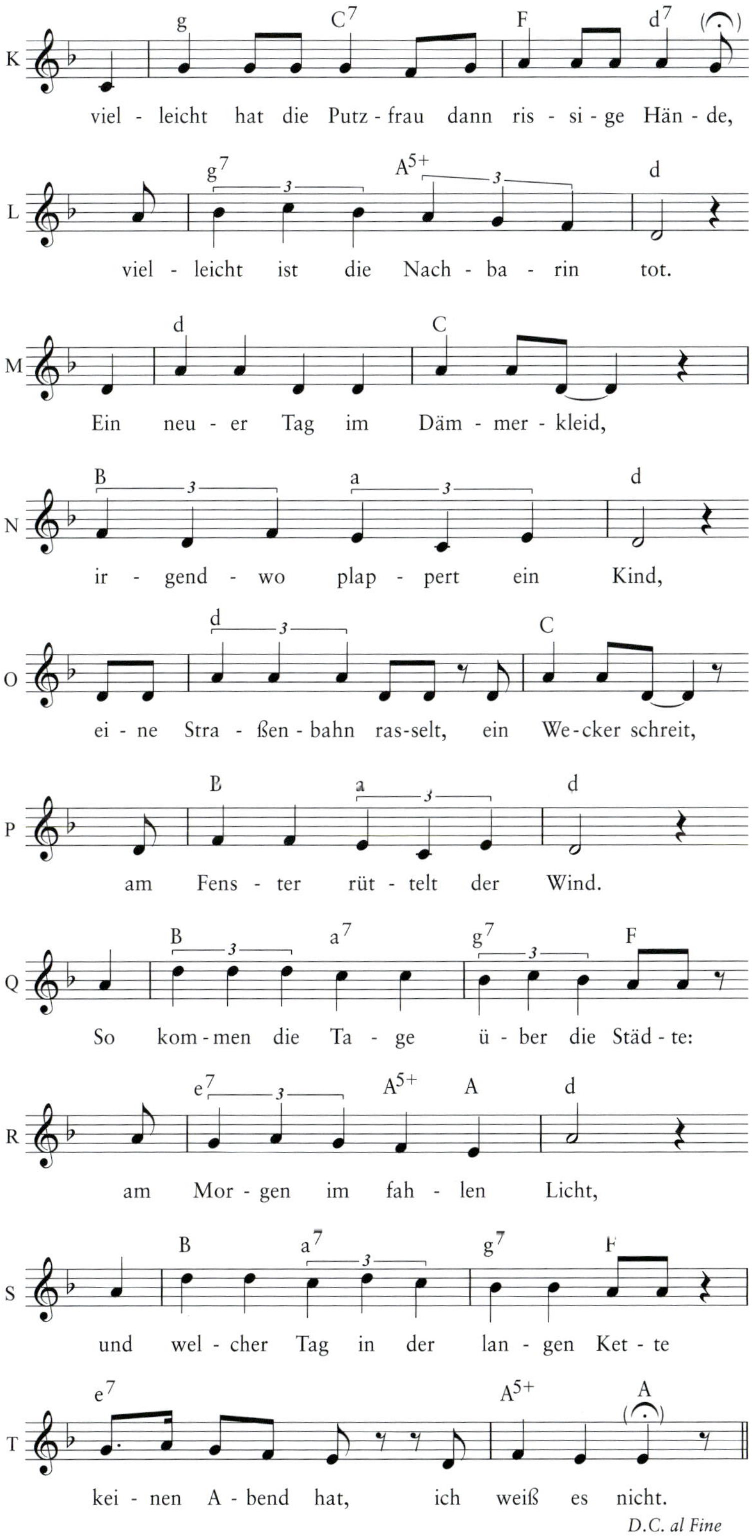
K
g C7 F d7
viel - leicht hat die Putz - frau dann ris - si - ge Hän - de,
L
g7 A5+ d
viel - leicht ist die Nach - ba - rin tot.
M
d C
Ein neu - er Tag im Däm - mer - kleid,
N
B a d
ir - gend - wo plap - pert ein Kind,
O
d C
ei - ne Stra - ßen - bahn ras-selt, ein We-cker schreit,
P
B a d
am Fens - ter rüt - telt der Wind.
Q
B a7 g7 F
So kom - men die Ta - ge ü - ber die Städ - te:
R
e7 A5+ A d
am Mor - gen im fah - len Licht,
S
B a7 g7 F
und wel - cher Tag in der lan - gen Ket - te
T
e7 A5+ A
kei - nen A - bend hat, ich weiß es nicht.
D.C. al Fine

Sprechgesang

Eine Melodie muss nicht immer tonhöhengenau gesungen werden, gerade bei einem Chanson nicht. Sprechgesang beginnt beim rhythmischen Sprechen und reicht bis zu einer Vortragsweise, die mehr oder weniger genau gesungene Tonhöhen einbezieht. Die Vorschrift „frei deklamieren" weist auch auf die Möglichkeit rhythmischer Freiheiten hin.

3. Singt eure Interpretation zum Playback. Nehmt beides zusammen auf.

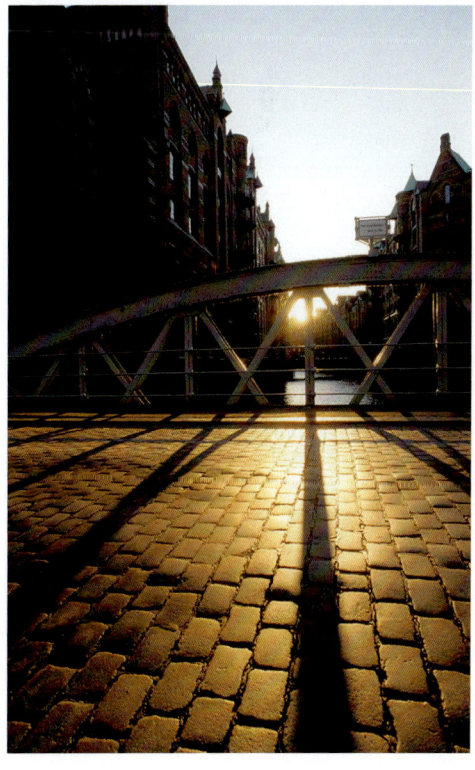

Die Begleitakkorde der Lieder und das Spiel auf der Gitarre

Der amerikanische Folk- und Rocksänger Bob Dylan (*1941) hat als Sänger und Komponist den Protestsong sowie den Folk- und Country-Rock der 1960er Jahre mit geprägt. Viele seiner Songs wurden zu „Klassikern".

1. Sammelt weitere Informationen und präsentiert sie

Blowin' in the wind 🔊 I, 18

Text und Musik: Bob Dylan (*1941) © Sony/ATV, Berlin

D	G	D	(h)	D

1. How man-y roads must a man walk down be-fore_____ you
2. How man-y years can a moun-tain ex-ist be-fore_____ it's
3. How man-y times must a man look up be-fore he can

G	D	A⁷	D	G	D

call him a man?_____ Yes, 'n' how man-y seas must a white dove
washed to the sea?_____ Yes, 'n' how man-y years can some peo-ple ex-
see the sky?_____ Yes, 'n' how man-y ears must one man

(h)	D	G	A⁷	D

sail be-fore_____ she sleeps in the sand?_____ Yes, 'n' how man-y
-ist be-fore they're al-lowed to be free?_____ Yes, 'n' how man-y
have be-fore he can hear peo-ple cry?_____ Yes, 'n' how man-y

G	D	(h)	D	G	D	A⁷

times must the can-non balls_____ fly be-fore they're for-e-ver banned?_____
times can a man_____ turn his head pre-ten-ding he just does-n't see?_____
deaths will it take_____ 'till he knows that too man-y peo-ple have died?_____

G	A⁷	D	h	G	A⁷

The an-swer, my friend, is blow-in' in the wind, the an-swer is blow-in' in the

1.+2. D	3. D	G	A⁷	D

wind._____
wind._____ The an-swer is blow-in'_____ in the wind._____

Wie findet man die richtigen Begleitakkorde?

Die Tonart des Liedes gibt erste Hinweise. Die Hauptdreiklänge spielen eine wichtige Rolle. Aber auch andere Akkorde können sehr gut passen und harmonische Abwechslung bringen. In jedem Fall muss man ausprobieren und genau hinhören – oft gibt es mehrere Möglichkeiten.

1. Wie heißen die Hauptdreiklänge in D-Dur?

Vielfach stehen über den Liedmelodien schon Akkordsymbole. Bei „Blowin' in the wind" sind dies:

D = D-Dur
G = G-Dur
A^7 = A-Dur-Dreiklang + kleine Septime
h = h-Moll

2. Welche harmonische Bedeutung haben die Akkorde A^7 und h (▶ S. 84, 90)?

Liedbegleitung auf der Gitarre
Mit den Akkordsymbolen verbinden Gitarristen jeweils bestimmte „Standardgriffe":

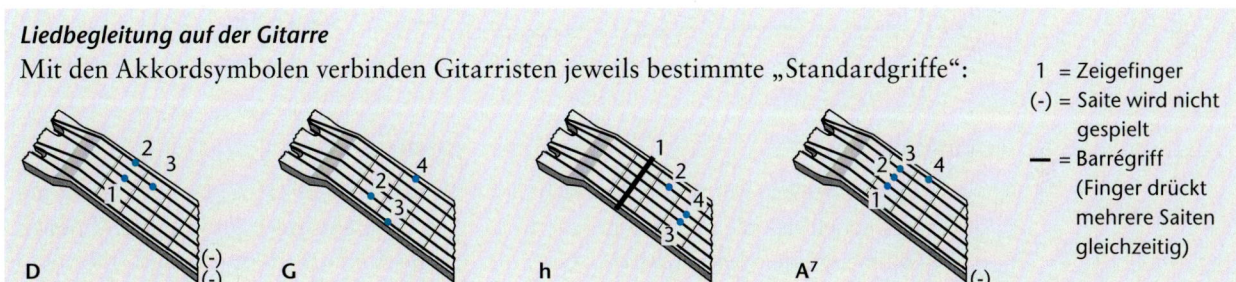

1 = Zeigefinger
(-) = Saite wird nicht gespielt
— = Barrégriff (Finger drückt mehrere Saiten gleichzeitig)

Einige Spieltechniken auf der Gitarre

Zerlegung des Akkords (Finger-Picking) in Viertel: Der Daumen beginnt mit dem Basston (Grundton).

Zerlegung des Akkords in Achtel: Die Reihenfolge der vier Finger der rechten Hand kann variiert werden.

„Brushing" mit Wechselbass: Eine Mischung aus gezupfter und geschlagener Begleitung. Der Daumen spielt im Bass verschiedene Akkordtöne, der Zeigefinger bringt weitere Akkordtöne als „Nachschläge".

Geschlagene Akkorde: Aus den Auf- und Abwärtsbewegungen der rechten Hand bilden sich die Rhythmen.

3. Hört eine Einführung in Spieltechniken auf der Gitarre. Studiert die Begleitmuster (Pattern) in den Erläuterungen und im Notenbild. I, 20

4. Wer spielt in eurer Klasse Gitarre und stellt einzelne Spielweisen praktisch vor?

5. Beschreibt, wie Bob Dylan sein Lied interpretiert. I, 18

6. Das Gitarrenplayback zu „Blowin' in the wind" fasst verschiedene Begleitmöglichkeiten zusammen. I, 19

7. Bezieht auch andere Instrumente in euer Liedarrangement ein. Sie können
– Töne der Begleitakkorde mitspielen,
– die Grundtöne der Akkorde als Basstöne spielen.

Lieder zum Arrangieren (1)

I like the flowers (Kanon zu 4 Stimmen)

Text und Musik: aus England
Textübertragung: R. N. © Klett

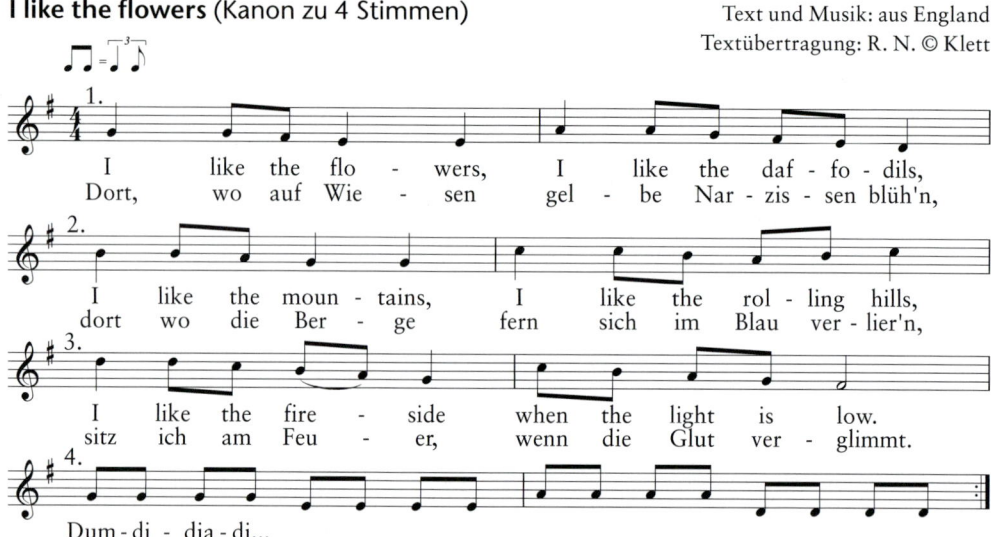

I like the flo - wers, I like the daf - fo - dils,
Dort, wo auf Wie - sen gel - be Nar - zis - sen blüh'n,

I like the moun - tains, I like the rol - ling hills,
dort wo die Ber - ge fern sich im Blau ver - lier'n,

I like the fire - side when the light is low.
sitz ich am Feu - er, wenn die Glut ver - glimmt.

Dum - di - dja - di...

Arrangieren

Arrangieren heißt in der Musik, zu einem Lied oder einer Melodie mehrere Stimmen für Instrumente oder Stimmen zu schreiben. Zusammen bilden sie das Arrangement. Es gibt sogar eine Berufsbezeichnung für diese Tätigkeit: Arrangeur/Arrangeurin.

Arrangieren in eurer Klasse

Den Kanon „I like the flowers" könnt ihr in der Klasse sehr gut arrangieren. Die Melodie ist auf einem kurzen Harmoniemodell aufgebaut, das als Ostinato (= wiederkehrende harmonische, rhythmische oder melodische Figur) wiederholt wird.

1. Lernt die aufgeschriebenen Begleitstimmen und erfindet auch eigene.

2. Verteilt diese Stimmen dann auf Instrumente und auf Singstimmen.

Triolen-Feeling

Beim Kanon „I like the flowers" werden die Viertelnoten in der Liedmelodie und in allen Begleitstimmen nicht in zwei Achtelnoten unterteilt, sondern in eine Triole (▶ S. 74). Dadurch entsteht ein ruhig fließendes Gefühl – das Triolen-Feeling.

Vergleicht die Wirkung: zuerst Achtel, dann Triolen:

Harmonieablauf (Ostinato)

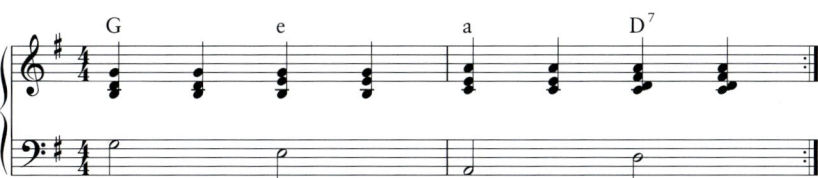

Singt die Stimmen im Harmonieablauf einzeln mit und versucht dann bei einem Harmoniewechsel selbst einen neuen passenden Ton zu finden.

Gitarristen unter euch kennen die Griffe für die angegebenen Harmonien oder finden sie mit Hilfe der Griffbilder.
Wählt eine passende Anschlagart, z. B. im Stil der Schlaggitarre oder des „Finger-Picking" (▶ S. 23). Erklärt und demonstriert sie in der Klasse.

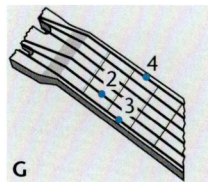
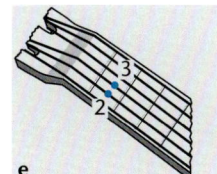
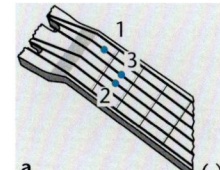
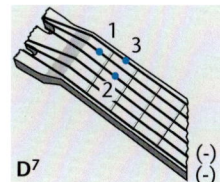

Rhythmus-Begleitmodell (auch Bodypercussion ▶ S. 71):

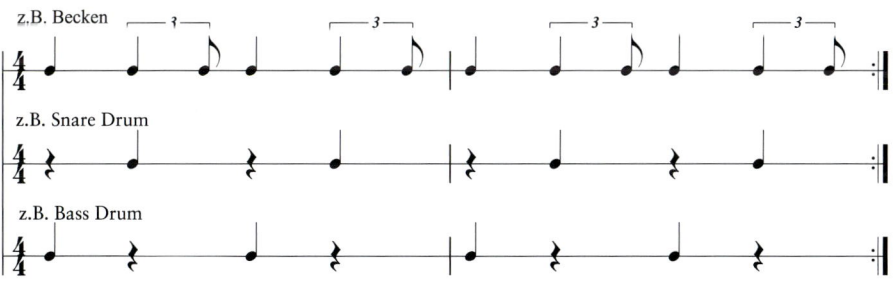

Bass-Stimme

Ablauf eures Arrangements
Haltet den Ablauf mit einfachen Zeichen in einer Partiturskizze fest. Hier ein Beispiel:

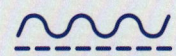

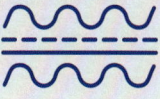

| Harmonieschema | + Rhythmus | + Lied | + veränderter Rhythmus | + Bass-Stimme … |

Lieder zum Arrangieren (2)

Start mit Playback 🔘 I, 21

1. Singt das Lied zuerst zum Playback.

2. Spielt dann auf Rhythmusinstrumenten mit. Probiert, welche Instrumente passen. Ihr könnt die auf S. 27 notierten Rhythmen spielen oder auch abwandeln.

3. Die vokale Begleitung (Background) soll leicht und hell gesungen werden.

4. Spielt die Harmonien (Akkorde) nach Möglichkeit auf Gitarre (▶ S. 23) und Keyboard (▶ S. 66) mit.

5. Ergänzt mit weiteren Instrumenten aus eurer Klasse. Hebt in eurem Arrangement die verschiedenen Liedteile klanglich voneinander ab.

6. Wer von euch kann die Bass-Stimme singen, z. B. in der Art eines Zupfbasses (Dum, du, dumm)?

Rain in May

Text und Musik: Meldon/Pilgram © Nanada Music, Hilversum
Satz: R. N. © Klett

Eure eigenen Lieder

Schülerinnen und Schüler der Gustav-Heinemann-Schule in Mülheim an der Ruhr bekamen im Musikunterricht die Aufgabe, eigene Lieder zu schreiben. Ein Ergebnis wird hier vorgestellt. **I, 22**

Text u. Musik: Schüler der Gustav-Heinemann-Schule, Mühlheim/Ruhr © Klett

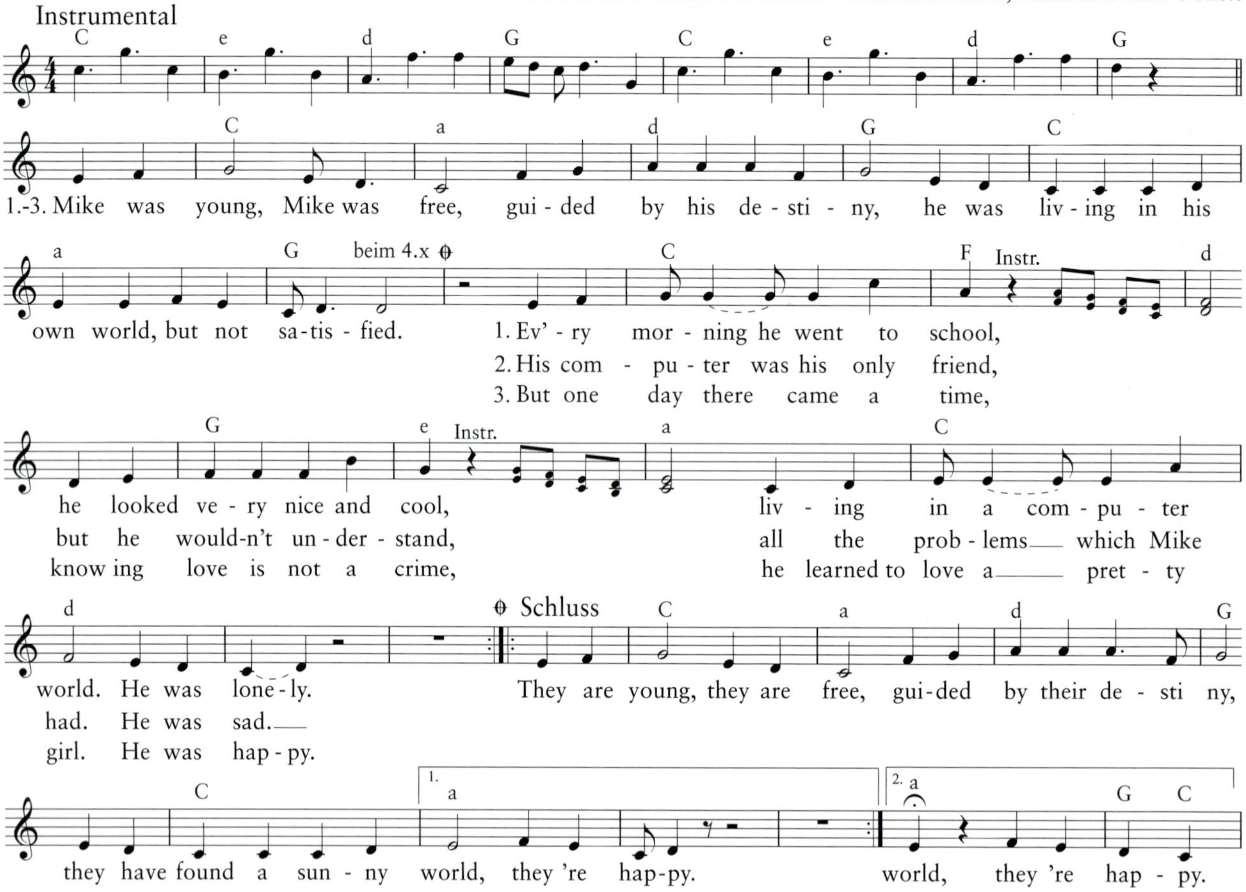
Instrumental
C e d G C e d G
C a d G C
1.-3. Mike was young, Mike was free, gui - ded by his de - sti - ny, he was liv - ing in his
a G beim 4.x C F Instr. d
own world, but not sa-tis - fied.
1. Ev' - ry mor - ning he went to school,
2. His com - pu - ter was his only friend,
3. But one day there came a time,
G e Instr. a C
he looked ve - ry nice and cool, liv - ing in a com - pu - ter
but he would-n't un - der - stand, all the prob - lems which Mike
know ing love is not a crime, he learned to love a pret - ty
d Schluss C a d G
world. He was lone - ly.
had. He was sad.
girl. He was hap - py.
They are young, they are free, gui-ded by their de - sti ny,
C 1. a 2. a G C
they have found a sun - ny world, they 're hap-py.
world, they 're hap - py.

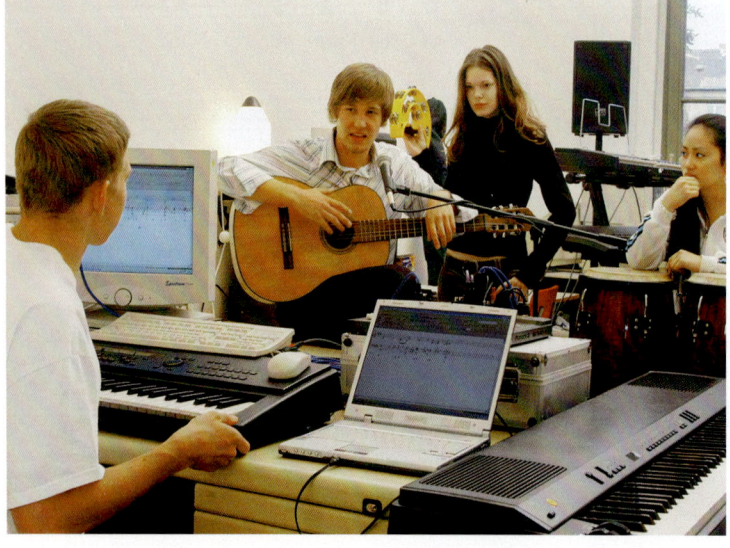

Die Arbeit am Lied „Young and free“:

„Ich setzte mich mit Thea, Max und Kevin zusammen und wir überlegten uns einen passenden Text. Wir sprachen darüber, dass viele Schüler heutzutage von Computern ganz besessen sind. Sie kommen aus der Schule und setzen sich an den Apparat. Den ganzen Tag über hören sie nur pliep, bing, pliep, bing. So kapseln sie sich voll und ganz von ihrer Umwelt, den Freunden ab. Dieses aktuelle Thema versuchten wir nun so auszubauen, wie es im wirklichen Leben ist. Wir wählten ein Mädchen, das jung und frei war. Aber eigentlich war es doch besser einen Jungen zu nehmen, weil es für Jungen wesentlich typischer ist, mit Computern zu ‚spielen', als für Mädchen.“

Ein Gedicht vertonen

Die folgenden Texte sind nur Vorschläge.

Der Baum

Zu fällen einen schönen Baum
braucht's eine Viertelstunde kaum.
Zu wachsen, bis man ihn bewundert,
braucht er, bedenkt es, ein Jahrhundert.

Eugen Roth

Bärenfang

Ein Him- und ein Johannisbär,
die gingen Schritt für Schritt,
und noch ein Brombär hinterher,
und sonst ging keiner mit.

Doch waren diese Drei dann bald
um einen Bären mehr,
es kam aus dunklem Tannenwald
ein großer Preiselbär.

Ein Erd- und auch ein Stachelbär,
die reihten sich mit ein,
dann kam ein Blaubär an, und der
war nun nicht mehr allein.

Nur einer fehlte allen sehr,
er wurde nicht gefunden,
denn dieser selten schöne Bär
wird Leuten aufgebunden.

Evelyn B. Hardey

Euer eigener Liedtext?

 **1.** Findet ein Thema, das euch interessiert.

2. Schreibt zuerst nur in Stichworten auf, was euch dazu einfällt.

3. Legt dann den roten Faden eures Liedes fest und schreibt einen Rohtext. Auch jetzt müsst ihr noch nicht auf jedes einzelne Wort und jeden Reim achten.

4. Entwickelt euren endgültigen Text und eure Melodie gleichzeitig.

5. Habt ihr verschiedene Strophen und einen Refrain? – In den Strophen wechselt der Text, es kommt immer etwas Neues. Im Refrain wird etwas ausgedrückt, was immer gleich bleibt.

6. Singt und spielt das Lied anderen vor. Erzählt, was ihr euch bei Text und Melodie gedacht habt.

Rappen über eine Zeitungsnotiz

Unter der Überschrift „Bei Anruf Umarmung: Roboter ersetzen Enkel" erschienen der folgende Zeitungstext und das abgebildete Foto:

Auch sinnvolle Forschung treibt sonderbare Blüten: Jetzt haben US-Wissenschaftler ein Roboter-Kissen erfunden, das vor allem alten Menschen, die fernab von Verwandten oder Freunden leben, menschliche Zuwendung und Wärme übermitteln soll. Treffenderweise nennen sie ihre Idee „The Hug", die Umarmung.

Geht es nach den US-Wissenschaftlern, soll das sehnsüchtige Warten auf Besuche ein Ende haben.

7. Nehmt diesen Zeitungstext zum Ausgangspunkt für einen Raptext und rappt ihn rhythmisch zum Playback (🔘 I, 23). Mehrere Solisten können sich in kurzen Aussagen abwechseln. Ihr könnt auch andere Texte benutzen oder eigene Texte schreiben.

Ins Herz geflogen (1)

„Thema Nr. 1"

… ist die Liebe – ob in Evergreens oder aktuellen Pop-Songs, in Schlagern, Kunst- oder Volksliedern.

1. Um welche inneren Situationen geht es in den Liedern auf den Seiten 30–34?

Greensleeves

Text und Musik: aus England, 16. Jh.

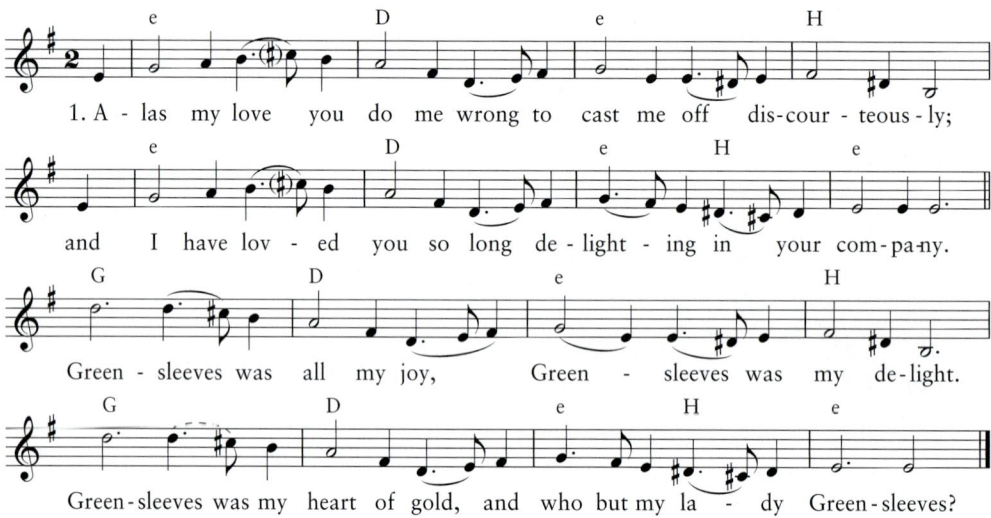

1. A - las my love you do me wrong to cast me off dis-cour - teous-ly;

and I have lov - ed you so long de - light - ing in your com-pa-ny.

Green - sleeves was all my joy, Green - sleeves was my de - light.

Green-sleeves was my heart of gold, and who but my la - dy Green-sleeves?

2. If you intend thus to disdain,
   it does the more enrapture me,
   and even so, I still remain
   a lover in captivity.

3. Alas, my love, that you should own
   a heart of wanton vanity,
   so must I meditate alone
   upon your insincerity.

4. Ah, Greensleeves, now farewell, adieu,
   to God I pray to prosper thee,
   for I am still thy lover true
   come once again and love me!

alas = ach
to cast off = wegschicken
discourteously = unhöflich, grob
Lady Greensleeves = Kosename
to intend = wollen, beabsichtigen
to disdain = verschmähen
to enrapture = entzücken
wanton vanity = unbeherrschte Überheblichkeit
insincerity = Unaufrichtigkeit
to prosper = gnädig sein

2. Zu „Greensleeves" gehört eine seit dem 16. Jahrhundert beliebte Akkordfolge, über die oft improvisiert wurde. Welches Instrument erkennt ihr? 💿 I, 24, 25

3. Wie könnt ihr „Greensleeves" in der Klasse selbst begleiten? Einzelstimmen könnt ihr der Harmoniefolge entnehmen.

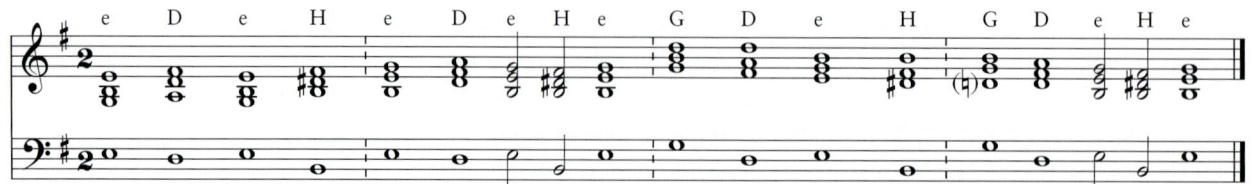

Es waren zwei Königskinder

Text und Musik: überliefert

1. Es wa - ren zwei Kö - nigs - kin - der, die hat - ten ei - nan - der so
lieb. Sie konn - ten zu - sam - men nicht kom - men, das
Was - ser war viel zu— tief, das Was - ser war viel— zu tief.

2. „Ach Liebster, kannst du nicht schwimmen,
so schwimm doch herüber zu mir!
Drei Kerzen will ich anzünden,
und die sollen leuchten zu dir."

3. Das hört ein falsches Nönnchen,
die tat, als wenn sie schlief;
sie tät die Kerzen auslöschen,
der Jüngling ertrank so tief.

4. Es war an ei'm Sonntag-Morgen,
die Leut waren alle so froh;
nicht so die Königstochter,
ihr' Augen saßen ihr zu.

5. „Ach Mutter, herzliebste Mutter,
mein Kopf tut mir so weh!
Ich möchte spazieren gehen
wohl an die grüne See."

6. Die Mutter ging nach der Kirche,
die Tochter hielt ihren Gang.
Sie ging so lang spazieren,
bis sie den Fischer fand.

7. „Ach Fischer, liebster Fischer,
willst du verdienen groß Lohn,
so wirf dein Netz ins Wasser
und fisch mir den Königssohn."

8. Der Fischer warf seine Netze,
er warf sie bis auf den Grund;
er fischte und fischte so lange,
bis er den Königssohn fand.

9. Den schloss sie in ihre Arme
und küsst seinen bleichen Mund:
„Ach Mündlein, könntest du sprechen,
so wär mein jung Herze gesund."

10. Was nahm sie von ihrem Haupte?
Ein goldne Königskron:
„Sieh da, du wohledler Fischer,
hier hast du deinen Lohn!"

11. Was zog sie von ihrem Finger?
Ein Ringlein von Gold so rot:
„Sieh da, du wohledler Fischer,
kauf deinen Kindern Brot!"

12. Sie schwang sich um ihren Mantel
und sprang wohl in die See:
„Gut Nacht, mein Vater und Mutter,
ihr seht mich nimmermehr."

13. Da hört man Glöcklein läuten,
da hört man Jammer und Not.
Hier liegen zwei Königskinder,
die sind alle beide tot!

Das Lied von den beiden Königskindern ist seit Jahrhunderten in verschiedenen Fassungen überliefert. Es hat die Form einer Ballade.

📄 **1.** Nicht immer endet Liebe glücklich. Aber lässt sich die im Lied erzählte Geschichte mit ihrer Problematik überhaupt auf die heutige Zeit beziehen?

2. Unter dem Melodieanfang stehen Noten für eine zweite Stimme. Welches Intervall bilden diese zur Melodie? Setzt die Stimme in geeigneter Weise fort.

Ballade

Lied, das in mehreren Strophen einen handlungsreichen Text erzählt

Ins Herz geflogen (2)

Yarim gitti çeşmeye

Text und Musik: überliefert aus der Türkei

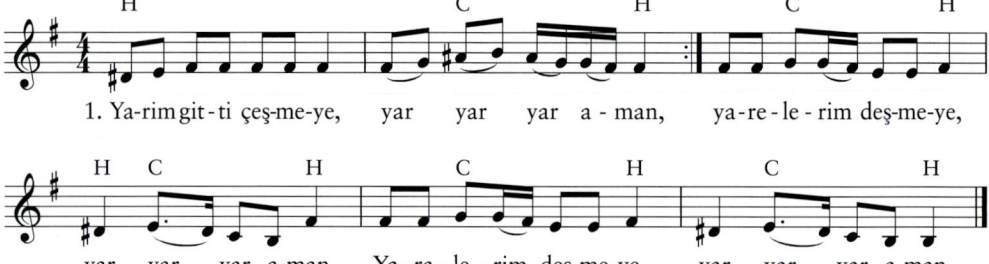

1. Ya-rim git-ti çeş-me-ye, yar yar yar a - man, ya-re-le-rim deş-me-ye,

yar yar yar a-man. Ya-ra-le-rim deş-me-ye, yar yar yar a man.

2. Neyim varsa vereyim, yar...
elinden su içmeye, yar...

3. Sari mendil eldedir, yar...
Gülün şali beldedir, yar...

4. Gönlümüz yine birdir, yar...
darilmamiz dildedir, yar...

Sinngemäße Übersetzung – auch zum Singen:

1. Mädchen, gehst zum Brunnen du, yar...
ist's vorbei mit meiner Ruh, yar...

2. Lass mich an dem Brunnenrand, yar...
trinken doch aus deiner Hand, yar...

3. Mit dem Tuch in meiner Hand, yar...
warte ich am Wegesrand, yar...

4. Unsere Herzen einig sind, yar...
wen geht's an, mein schönes Kind, yar...

1. Versucht das Lied auch in Originalsprache zu singen. Eine Aussprachehilfe findet ihr auf CD 🔘 I, **26.**

Dat du min Leevsten büst

Text und Musik: überliefert aus Norddeutschland

1. Dat du min Leevs-ten büst, dat du wohl weeßt! Kum bi de Nacht,

kum bi de Nacht, segg, wo du heest! |1. segg wo du heest! |2.

2. Kumm du um Middernacht,
kumm du Klock een,
Vader slöpt, Moder slöpt,
ick slaap alleen.

3. Klopp an de Kammerdör,
fat an de Klink,
Vader meent, Moder meent,
dat deiht de Wind.

4. Kummt denn de Morgenstund,
kreiht de ol Hahn,
Leevster min, Leevster min,
dann mösst du gahn.

5. Sachen den Gang entlang,
lies mit de Klink,
Vater meent, Moder meent,
dat deiht de Wind.

heest = wohnst
deiht = macht
lies = leis

📄 **2.** Vergleicht die Lieder auf S. 30–34: Tonleiter und Tonart, Motive, Form, Ursprung, Entstehungszeit, Verwendung. Stellt Unterschiede und Gemeinsamkeiten fest.

Marmor, Stein und Eisen bricht

Text: Günther Loose, Musik: Drafi Deutscher/Christian Bruhn
© Nero Musikverlag, Berlin

Strophen

1. Wei - ne nicht, wenn der Re - gen fällt, dam dam, dam dam.
2. Kann ich ein - mal nicht bei dir sein, dam dam, dam dam,

Es gibt ei - nen, der zu dir hält, dam dam, dam dam.
denk da - ran, du bist nicht al - lein, dam dam, dam dam.

Refrain

Mar-mor, Stein und Ei - sen bricht, a - ber un - se - re Lie - be nicht!

Al - les, al - les, geht vor - bei, doch wir sind uns treu! Mar-mor, Stein und

Ei - sen bricht, a - ber uns - re Lie - be nicht!

Al - les, al - les, al - les geht vor - bei, doch wir sind uns treu!

„Marmor, Stein und Eisen bricht"
... war 1965 ein Hit und ist inzwischen fast zu einem Evergreen geworden.

1. Singt den Hit zum Playback. 🔘 I, **27**

2. Erklärt an dem Titel die Merkmale des Schlagers.

3. Schlager – Hit – Evergreen: Findet aktuelle Beispiele.

Schlager – Hit – Evergreen

Das Wort „Schlager" gibt es schon lange: „Kinder, das hat eingeschlagen!", soll der Wiener Sänger Girardi 1871 ausgerufen haben, als eines seiner Operettenlieder beim Publikum besonders gut ankam. Unter einem **Schlager** versteht man heute ein deutschsprachiges Lied, oft mit einem gefühlvollen Text in mehreren Strophen (Versen) mit einprägsamem Refrain sowie einer Melodie, die „rasch ins Ohr geht" und meist auf einem Tanzrhythmus aufbaut. Die überschaubare Form und einfache Harmonien ermöglichen eine rasche Auffassung.

Hit: ein Lied, das rasch populär wird.

Evergreen: ein Hit, der über viele Jahre (Jahrzehnte) lang immer wieder neu seinen Weg in die Herzen vieler Menschen findet.

Und ich?

Wer bin ich? – Wer will ich sein? –
Was bin ich mir selbst wert?

Wahrscheinlich habt ihr euch solche Fragen schon oft gestellt, vielleicht auch mit anderen Worten. Auch Lieder stellen solche Fragen.

1. Lest die Texte der Lieder auf dieser Seite. Versucht, ihre Aussage in eigenen Worten wiederzugeben.

Über sieben Brücken musst du gehn

Text: Helmut Richter, Musik: Ulrich Swillms
© Harth Musikverlag, Leipzig/Musikedition Discoton, München

1. Manch-mal geh ich mei - ne Stra - ße oh - ne Blick. manch - mal wünsch ich mir mein
2. Manch-mal scheint die Uhr des Le - bens still - zu - stehn, manch - mal scheint man im - mer

Schau - kel - pferd zu - rück. Manch-mal bin ich oh - ne Rast und Ruh,— manch-mal
nur im Kreis zu gehn. Manch-mal ist man wie vom Fern - weh krank,— manch-mal

schließ ich al - le Tü - ren nach mir zu. Manch - mal ist mir kalt und
sitzt man still— auf ei - ner Bank. Manch - mal greift man nach der

manch - mal heiß,— manch - mal weiß ich nicht mehr, was ich weiß.
gan - zen Welt,— manch - mal meint man, dass der Glücks - stern fällt.

Manch - mal bin ich schon am Mor - gen müd, und dann such ich Trost in ei - nem Lied.—
Manch - mal nimmt man, wo man lie - ber gibt, manch - mal hasst man das, was man doch liebt.—

1.+2. Ü - ber sie - ben Brü - cken musst du gehn.— sie - ben dunk - le Jah - re ü - ber-stehn,—

sie - ben - mal wirst du die A - sche sein, a - ber ein - mal auch der hel - le Schein.

Ich habe mir ein Floß gebaut

Text: Hans-Jürgen Netz © tvd-Verlag, Düsseldorf
Musik: Peter Janssens © Peter Janssens Musikverlag, Telgte

1. Ich habe mir ein Floß gebaut, ein Floß für meine Träume, ich lass den grauen Glauben dort und träume und träume, und träume und träume.

2. Ich habe mir ein Floß gebaut,
   im Strom der großen Zeiten,
   ich treibe mit den Träumen fort
   und bleibe und bleibe, und ...

3. Ich habe mir ein Floß gebaut,
   der Alltag holt mich ein.
   Ich stärke mich in meiner Angst
   und weine und weine, und ...

4. Ich habe mir ein Floß gebaut
   und treff auf große Wellen.
   Ich kehre mit den Fluten um
   und strande und strande, und ...

5. Ich habe mir ein Floß gebaut
   und lande auf gutem Boden.
   Ich pflanze meine Träume ein
   und lebe und lebe, und ...

Ich bin ich!

Text und Musik: R. N. © Klett

O-pa sagt: „Ge-nau wie Ma-ma!", und Mut-ti meint: „Doch mehr wie Pa-pa!" und Va-ti glaubt ich würd wie er, das zu se-hen sei nicht schwer. Ihr liegt al-le ziem-lich schief, schief, schief, ihr seid al-le ziem-lich blind, blind, blind, ich bin nur ich! Ganz ein-fach: Ich! Ganz ein-fach: Ich!

2. Ellen sagt: „Der Pulli ist schick!",
   und Holger meint: „Du bist wohl zu dick."
   Die Verkäuferin, die kommt und sagt:
   „So etwas ist jetzt gefragt."
   Wo nehmt ihr bloß eure Meinung her?
   Ich hab wirklich keinen Bock, Bock mehr!
   Lasst mich doch raus
   aus eurem Spiel!

3. Heute heißt es: „Du bist mein Schatz!",
   und morgen bin ich plötzlich ihr Fratz.
   Ein jeder will etwas von mir,
   jeder glaubt, ich bin sein Souvenir.
   Ihr liegt alle ziemlich schief, schief, schief,
   ihr seid alle ziemlich blind, blind, blind,
   ich bin nur ich!
   Ganz einfach: Ich!

Lonely People

Streets of London

Text und Musik: Ralph McTell ©Essex Musikvertrieb, Hamburg

1. Have you seen the old man in the closed down mar-ket,
2. Have you seen the old girl who walks the streets of Lon-don,
3. In the all night ca - fe at a quar-ter past e - le - ven
4. Have you seen the old man out - side the sea - man's mis-sion

kick-ing up the pa - pers with his worn out shoes?
dirt in her hair? and her clothes in rags?
same old man? sitt - ing there on his own.
mem'ry fa - ding with the me - dal rib-bons that he wears.

In his eyes you see no pride, hand held loose - ly by his side,
She's no time for talk - ing, she just keeps right on walk - ing.
Look - ing at the world o - ver the rim of his tea - cup.
And in our win-ter ci - ty the rain cries a litt - le pi - ty

yes - ter - day's pa - pers tel - ling yes - ter - day's news.
Car - ryin' her home in two carr - ier bags.
And the tea lasts an hour and he wan - ders home a - lone.
for one more for - got - ten he - ro and a world that doesn't care.

Refrain

1.–4. So how can you tell me you're lone - - - ly

and say for you that the sun don't shine?

Let me take you by the hand and lead you through the streets of Lon - don.

I'll show you some - thing to make you change your mind.

closed down = ver-schlossen

worn out = abgetragen

rim = Rand, Grenze

seaman's mission = Seemannsmission, eine Sozialstation

medal ribbon = ehren-hafte Auszeichnung (Anhänger, Medaille)

Eleanor Rigby

Text und Musik: John Lennon/Paul McCartney
© Sony/ATV, Berlin

Ah, look at all the lone - ly peo - ple.

1. El - ea - nor Rig - by picks up the rice in the church
2. Fa - ther Mc Ken - zie, writ - ing the words of a ser -
3. El - ea - nor Rig - by died in the church and was bur -

where a wed - ding has been, lives in a dream.
- mon that no one will hear. No one comes near.
- ried a - long with her name. No-bod - y came.

Waits at the win - dow, wear - ing the face that she keeps
Look at him work - ing, darn - ing his socks in the night
Fa - ther Mc Ken - zie, wip - ping the dirt from his hands

in a jar by the door, who is it for?
when there's no bod y there, what does he care?
as he walks from the grave. No one was saved.

All the lone - - ly peo - - ple, where do

they all come from? All the lone - ly peo -

- ple, where do they all be - long?

to wear = tragen
jar = Krug
sermon = Predigt
to darn = stampfen
to wipe = abwischen

Einsame Menschen

1. Gebt die Texte der beiden Lieder mit eigenen Worten wieder.
2. Habt ihr ähnliche Beobachtungen gemacht?

Singing along – travelling along (1)

Lonesome traveller

Text und Musik: Lee Hays © Essex Musikvertrieb, Hamburg
Satz: R. N., © Klett

1. I'm just a lone - ly and a lone - some tra - vel - ler, I'm just a lone -
2. I tra - velled here and then I tra - velled yon - der, well, I tra - velled here
3. I tra - velled cold and then I tra - velled hung - ry, I tra - velled cold
4. Travelled with the rich and tra - velled with the poor,—— travelled with the rich
5. One of these days I'm gon - na give up tra - vel - in', one of these days
6. Gon - na keep on tra - v'llin' on the road to free - dom, gonna keep on tra -

1.-6. Lone - some tra - vel - ler,

- - ly and a lone - some tra - ve - ler, I'm just a lone - ly and a
and then I tra - velled yon - der, well, I tra - velled here and then I
and then I tra - velled hung - ry, I tra - velled cold and then I
and tra - velled with the poor,—— travelled with the rich and tra - velled
I'm gon - na give up tra - vel - in', one of these days I'm gon - na
- v'llin' on the road to free - dom, gonna keep on tra - v'llin' on the

lone - some tra - vel - ler,

lone - some tra - vel - ler.
tra - velled yon - der, well.
tra - velled hung - ry.
with the poor.——
give up tra - vel - in'.
road to free - dom. Gonna keep on tra - vel - in' home.

} I'm just a - tra - vel - in' on.

lone - some tra - vel - ler. I'm just a - tra - vel - in' on.

Muss i denn zum Städtele naus

Text und Musik: aus Schwaben

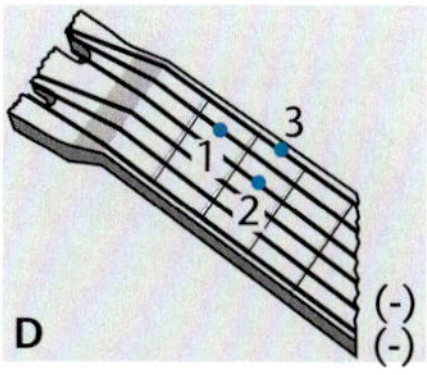

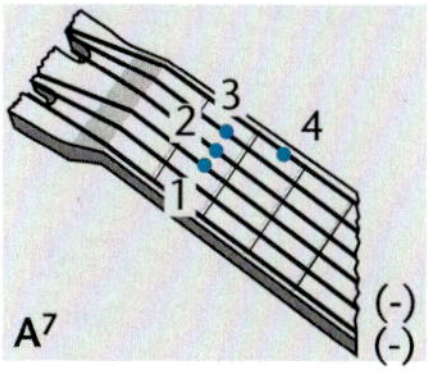

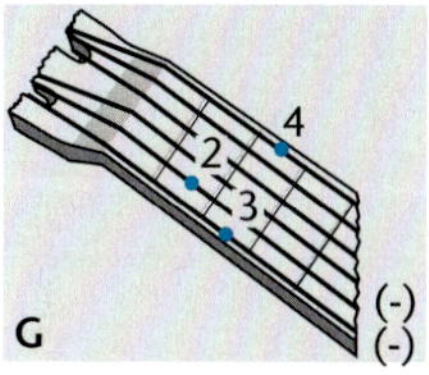

[Notenzeile mit Akkorden D, A⁷, D]

Muss i denn, muss i denn zum Städ - te - le naus,
Wenn i komm, wenn i komm, wenn i wie - d'rum komm,

[Notenzeile mit Akkord A⁷, D]

Städ - te - le naus, und du, mein Schatz, bleibst hier?
wie - d'rum komm, kehr i ein, mein Schatz, bei dir.

[Notenzeile mit Akkorden A⁷, D, G, D]

Kann i glei net all' - weil bei dir sein, han i doch mein Freud an dir;

[Notenzeile]

wenn i komm, wenn i komm, wenn i wie - d'rum komm,

[Notenzeile mit Akkorden A⁷, D]

wie - d'rum komm, kehr i ein, mein Schatz, bei dir.

[Griffbilder: D, A⁷, G]

2. Wie du weinst, wie du weinst,
dass i wandere muss, wandere muss,
wie wenn d' Lieb jetzt wär vorbei,
sind au drauß, sind au drauß
der Mädele viel, Mädele viel,
lieber Schatz, i bleib dir treu.
Denk du net, wenn i 'ne andre seh',
no sei mein Lieb vorbei,
sind au drauß, sind au drauß …

3. Übers Jahr, übers Jahr,
wenn mer Träubele schneid't, Träubele schneid't,
stell i hier mi wiedrum ein,
bin i dann, bin i dann
dein Schätzele noch, Schätzele noch,
so soll die Hochzeit sein.
Übers Jahr, da ist mein Zeit vorbei,
da g'hör i mein und dein,
bin i dann, bin i dann …

Hoş seda ⊚ I, 28 (Text)

Text und Musik: Ziya Aydintan/Deutsche Fassung © Klett

[Notenzeile]

Ba - ki ka - lan bu kub - be - de hoş bir se - da i - miş.
Ein schö - ner Klang hallt e - wig fort, hier un - ter der Kup - pel.

Singing along – travelling along (2)

Auf beiden Beinen

Text und Musik: Hanne Lechau,
Satz: R. N. © Klett

1. Auf beiden Bei-nen die Welt durch-strei-fen,   mit beiden Armen das Le - ben grei-fen,

(Dm-dm-dm-dm) Du - - - du - du-du-du-ah,   ...

nicht trä-ge sein und schwer wie Blei –   bist du da-bei?   Ich bin da-bei!

2. Mit den Gefühlen mal abzuheben,
   mit allen Sinnen die Welt erleben,
   leicht wie ein Vogel sein und frei –
   bist du dabei? Ich bin dabei!

3. Mit den Gedanken die Zukunft wagen,
   mit allen Worten die Wahrheit sagen,
   beweglich sein, vorurteilsfrei –
   bist du dabei? Ich bin dabei!

4. Ist etwas Unrecht, nicht wegzugaffen,
   mit allen Kräften das Gute schaffen
   und aufzutreten frank und frei –
   bist du dabei? Ich bin dabei!

Adios ene maitia 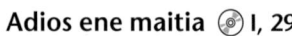 I, 29

Aus dem Baskenland

1. A - di - os   e - ne mai - ti - a, A - di - o   se - ku - la -
2. Zer - ta - ko   er - rai - ten du - zu, A - di - o   se - ku - la -

ko! Nik ez tut be - ste phe - na - rik, mai - ti - a, zou - re - ta -
ko! Ou - ste du - zia ez - tu - da - la   a - mo - ri - o zou - re - ta -

ko, Ze - ren uz - ten zi - tu - dan hain li - bro bes - ten - ta - ko.
ko? Zuk na - hi ba - nai - zu e - nu - ke - zu bes - ten - ta - ko.

Textübertragung:

1. Ade denn, Liebste, ade für alle Zeiten!
Ich habe keinen anderen Schmerz, Geliebte, als um dich.
Es verzehrt mich, dass du nun frei bist für einen anderen.

2. Wie mich das verbrennt, ade für alle Zeiten!
Meine Liebe wird immer bei dir sein, hab Vertrauen,
und du wirst mir gehören und keinem anderen.

Heute hier, morgen dort ⊚ I, 30   Musik: Gary Bolstadt, deutscher Text: Hannes Wader
© Aktive Musik Verlagsgesellschaft

1. Heu-te hier, mor-gen dort, bin kaum da, muss ich fort, hab mich
nie-mals des-we-gen be-klagt, hab es selbst so ge-wählt, nie die
Jah-re ge-zählt, nie nach ges-tern und mor-gen ge-fragt. Manch-mal
träu-me ich schwer, und dann denk ich, es wär Zeit zu blei-ben und
nun ganz was an-dres zu tun. So ver-geht Jahr um Jahr, und es
ist mir längst klar, dass nichts bleibt, dass nichts bleibt, wie es war.

2. Dass man mich kaum vermisst,
schon nach Tagen vergisst,
wenn ich längst wieder anderswo bin,
stört und kümmert mich nicht.
Vielleicht bleibt mein Gesicht
doch dem ein' oder andern im Sinn.
Manchmal träume ich schwer …

3. Fragt mich einer, warum
ich so bin, bleib ich stumm,
denn die Antwort darauf fällt mir schwer.
Denn was neu ist, wird alt,
und was gestern noch galt,
stimmt schon heut oder morgen nicht mehr.
Manchmal träume ich schwer …

1. Zu welchen Menschen, zu welchen Situationen passen die Lieder auf den Seiten 38–41? Welche Gefühle kommen darin zum Ausdruck, wie erscheinen die Mitmenschen?
2. Wie sind die Melodien der Lieder gestaltet? In welchen spürt ihr, dass sie etwas vom Anliegen des jeweiligen Liedtextes ausdrücken? An welchen Merkmalen der Melodien kann dies liegen?

Hannes Wader (*1942) hat als „Liedermacher" zahlreiche Lieder geschrieben. Daneben nahm er viele alte Volkslieder in sein Programm auf.

Musik aus Lateinamerika (1) – Kuba

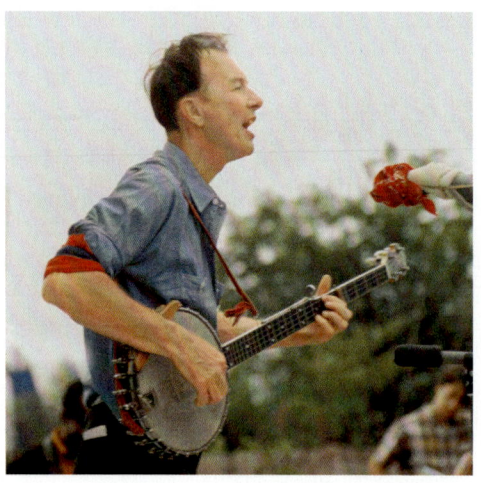

Ein Lied mit sozialem Hintergrund

José Martí (1853–1895), Dichter und einer der Helden im Unabhängigkeitskrieg, der Kuba von spanischer Herrschaft befreite, hat das Gedicht „Guantanamera" geschrieben. Seine Verse gaben dem Lebensgefühl der Armen, Rechtlosen und Ausgebeuteten Ausdruck. Die Melodie zu „Guantanamera" war in Kuba in den 1930er Jahren sehr bekannt. Doch erst in den 1960er Jahren, als der amerikanische Sänger Pete Seeger dieser Melodie Martis Verse unterlegte, wurde das Lied „Guantanamera" weltberühmt.

Guantanamera

Text: José Martí, Musik: José Fernández-Díaz
© Schott Music, Mainz; dt. Text: Rainer Schmitt © Klett

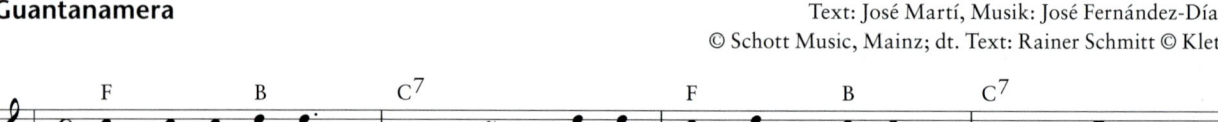

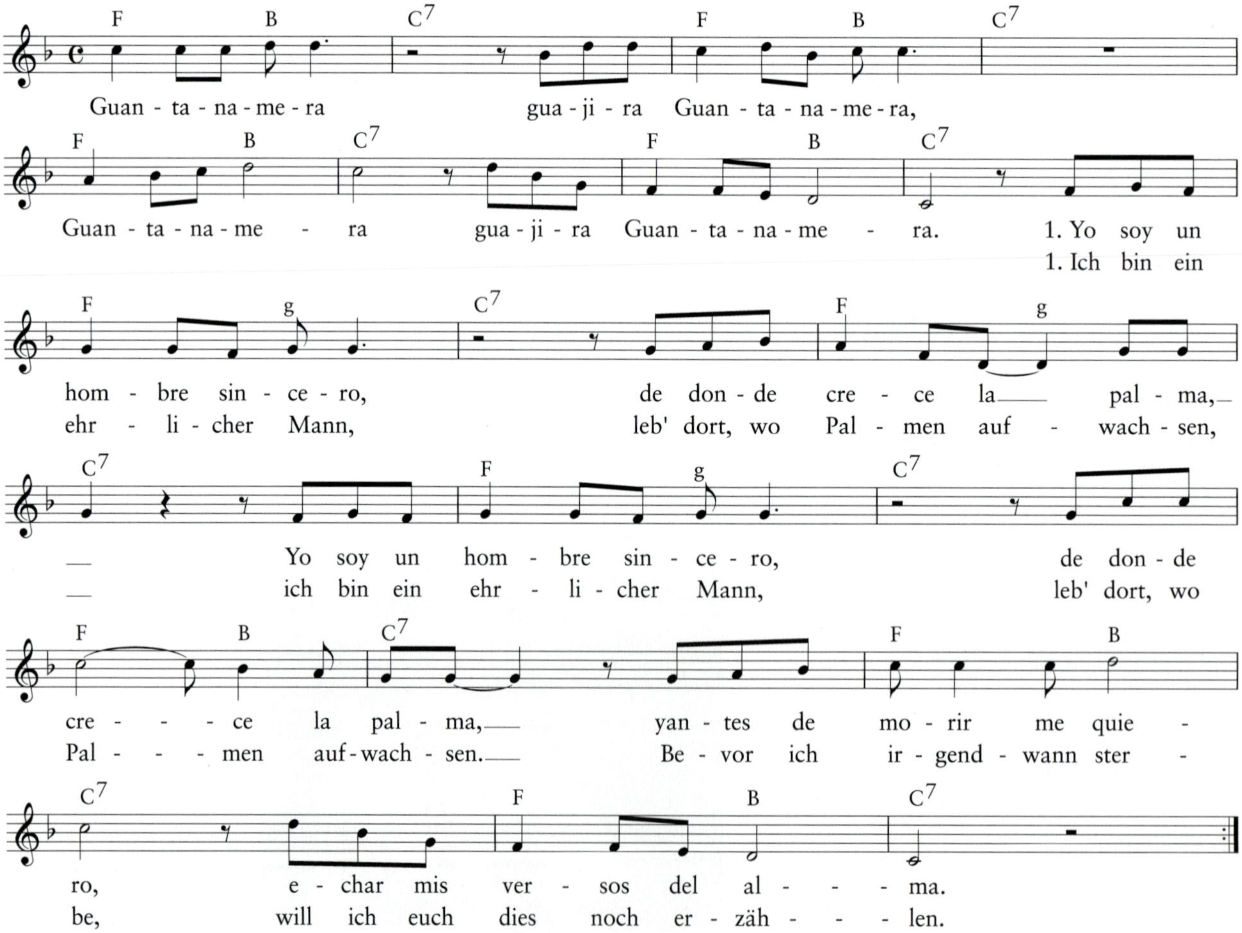
F B C7 F B C7
Guan - ta - na - me - ra gua - ji - ra Guan - ta - na - me - ra,
F B C7 F B C7
Guan - ta - na - me - ra gua - ji - ra Guan - ta - na - me - ra. 1. Yo soy un
1. Ich bin ein
F g C7 F g
hom - bre sin - ce - ro, de don - de cre - ce la pal - ma,
ehr - li - cher Mann, leb' dort, wo Pal - men auf - wach - sen,
C7 F g C7
Yo soy un hom - bre sin - ce - ro, de don - de
ich bin ein ehr - li - cher Mann, leb' dort, wo
F B C7 F B
cre - ce la pal - ma, yan - tes de mo - rir me quie -
Pal - men auf - wach - sen. Be - vor ich ir - gend - wann ster -
C7 F B C7
ro, e - char mis ver - sos del al - ma.
be, will ich euch dies noch er - zäh - len.

Ein Protestlied

In den 1960er Jahren gab es viele Protestbewegungen in den USA, in Lateinamerika und Westeuropa: In Demonstrationen, Aufmärschen und Versammlungen wurde gegen den Vietnamkrieg, gegen die wirtschaftliche Ausbeutung der Dritten Welt und für gleiche Rechte der farbigen Bevölkerung in den USA demonstriert.

Liedermacher wie Pete Seeger und Joan Baez griffen die Themen auf. Ihre Lieder – darunter auch „Guantanamera" – wurden in vielen Ländern gehört und gesungen.

Sie trugen viel dazu bei, dass die Anliegen der protestierenden Menschen – darunter viele Studenten – bei Politikern Gehör fanden. Nicht zuletzt bekam die farbige Bevölkerung in den USA durch diese Protestbewegungen mehr Rechte.

 1. Informiert euch über Kuba und seine Geschichte.

2. Vergleicht und beschreibt, wie Joan Baez und Pete Seeger „Guantanamera" interpretieren. I, 31, 32

3. Hört und übt den spanischen Text mit I, 33 und informiert euch über den Inhalt der Lieder.

Ein Begleitsatz mit Latin Percussion und Instrumenten – Tipps:

- Übt die Rhythmen:
  - Maracas
  - Congas
  - Guiro
  - Bongos
  - Claves
  - Cabaza
- Übt das Harmoniegerüst:
  - Bass
  - Gitarre
- Spielt stets das Wort „Guantanamera" mit weichen Schlägeln auf dem Xylophon in Terzen mit.

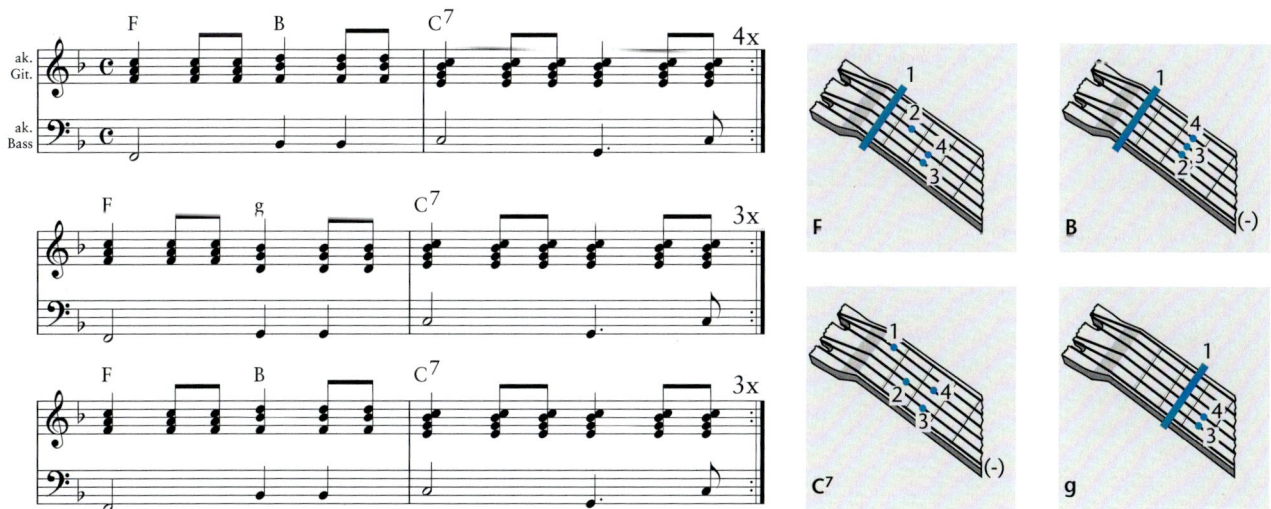

Musik aus Lateinamerika (2) – Mexico

Mexiko – ein multikulturelles Land

Eine mehrere Jahrtausende alte, wechselvolle Geschichte, hohe Gebirge, Wüsten und paradiesische Küsten besitzt dieses Land. Kulturen der Mayas, Azteken, Indianer und der spanischen Eroberer sind der Grund, dass es heute noch neben der spanischen Landessprache 52 einheimische Dialekte gibt. Ähnlich viefältig ist die Musik der verschiedenen Volksgruppen.

Mariachi-Kapelle

El Jinete   I, 35

Text und Musik: José Alfredo Jimenez Sandoval (1926–1973)
© Peermusic, Hamburg; Arr.: C. Fragoso; Übersetzung: R. N. © Klett

♩ = 90

Trp. in C/Vl.1

ohne Trp.

Trp. in C/Vl.2

Git.   usw.

1. Por   la   le - ja - na   mon-
Lle-va en su   pe-cho u-na he-

1. Ein - sam durch fer - ne   Ge-
In   der Brust brennt ei - ne

Bass   d   B   A   d

ta - ña   va ca-bal-gan-do un ji - ne - te   va - ga so - li - to en el
ri - da   va con su al - ma des-tro - za - da   qui - sie - ra per-der la
bir - ge,   ein - sam ans En - de der Welt,____ un-glück-lich rei - tet ein
Wun - de   und ein Leid sprengt sei - ne See - le: Oh - ne die Lieb - ste zu

g

Trp.

mun - do y va de - - - - - - - - - - - - sean-do la muer - te.
vi - da   y reu - nir - - - - - - - - - - - se con su a - ma - da.
Rit - ter, El Ji - ne - - - - - - - - - te, der will ster - ben.
le - ben,   oh - ne sie,_____ wie soll das ge - hen?

a   A   d

El mariachi – eine Kapelle 🔘 I, 34

Das Wort „mariachi" ist vermutlich aus maridar (span. = heiraten) entstanden, denn Mariachi-Kapellen treten bei vielen Hochzeiten und Volksfesten auf. Die typische Besetzung mit zwei Trompeten, zwei Geigen, Gitarre, Guitarrón (akustische Bassgitarre) und Sängern stammt aus Zentralmexiko und ist auch in anderen Ländern Lateinamerikas populär geworden.

1. Informiert euch über Mexiko. Versucht auf einer Karte die Region Huasteca zu finden.
2. Der Text: Sprecht den mexikanischen Liedtext mit 🔘 I, 37 und lest die Übersetzung. Was meint ihr – warum ist dieses Lied auf Hochzeiten so populär?
3. Übt den Wechsel von 3/4-Takt- und 6/8-Takt-Gefühl mit folgenden Rhythmen: 🔘 I, 36

Huapango-Rhythmus

4. Aufführung: In der Partitur wurde die Gitarre nicht aufgeschrieben, denn sie spielt immer den Trompeten-Rhythmus aus Takt 1 und die angegebenen Harmonien.

El jinete – ein Huapango

Ein Huapango kann ein Lied oder auch einen Tanz sein. Das Wort geht auf die Sprachen der Ureinwohner Mexikos zurück und bezeichnet einen Tanz auf dem hölzernen Podest. Er entstand in Huasteca, einer Region am Golf von Mexiko mit hohen Bergen, fruchtbarem Land und warmem Klima. Charakteristisch für den Huapango ist die Überlagerung von 3/4- und 6/8-Takt durch die Akzentuierung.

Landschaft in der Provinz Huasteca

La que - ría mas que a su   vi - da   y la per-dió pa - ra   siem-pre   por e - so lle-va una he-
Sie war ihm mehr als sein Le - ben,   doch er ver-lor sie für   im - mer! Die Wun - de in sei-nem

ri - da por e - so_____   bus - ca la muer - te.
Her - zen, die - ser Schmerz,_____   er wird ihn tö - ten.

Spirituals und Gospels (1)

Spirituals sind religiöse Lieder der Schwarzen in den Südstaaten der USA, die beim gemeinsamen Singen entstanden sind. Darin drückten die Menschen ihre Trauer, Hoffnungen und Existenznöte aus. Meist finden sich in den Texten Motive aus dem Alten Testament. So steht das unterjochte, biblische Volk Israel auch stellvertretend für die Unterdrückung der Schwarzen. Andere Spirituals wiederum künden von der Freude, die sich im gemeinsamen Glauben einstellt. Spirituals wurden und werden noch heute in den USA in Gottesdiensten gesungen und dabei durch Händeklatschen, Fußstampfen und andere rhythmische Bewegungen begleitet. I, 38

Die jüngere Variante des Spirituals – der Gospelsong – ist besonders vom Call-and-response-Schema (Vorsänger – Chor) geprägt und hat oft die Geschichte Jesu als Thema.

When Israel was in Egypt's land – Go down, Moses

Spiritual aus den USA
Satz: Hermann Regner © Klett

2. Thus saith the Lord, bold Moses said …
   If not, I'll smite your firstborn dead …

3. O let us all from bondage flee …
   And let us all in Christ be free …

Heaven is a wonderful place

Traditional aus den USA
Satz: Wolfgang Koperski © Tonos Musikverlag GmbH, Darmstadt

Die untere Stimme beginnt alleine. Bei der Wiederholung kommt zuerst die mittlere
Stimme dazu, bei einer weiteren Wiederholung auch die Oberstimme.

1. Bildet für die beiden Lieder auf dieser Seite eine Begleitgruppe (Instrumente, Body-Percussion).

Rock my soul

Gospel aus den USA

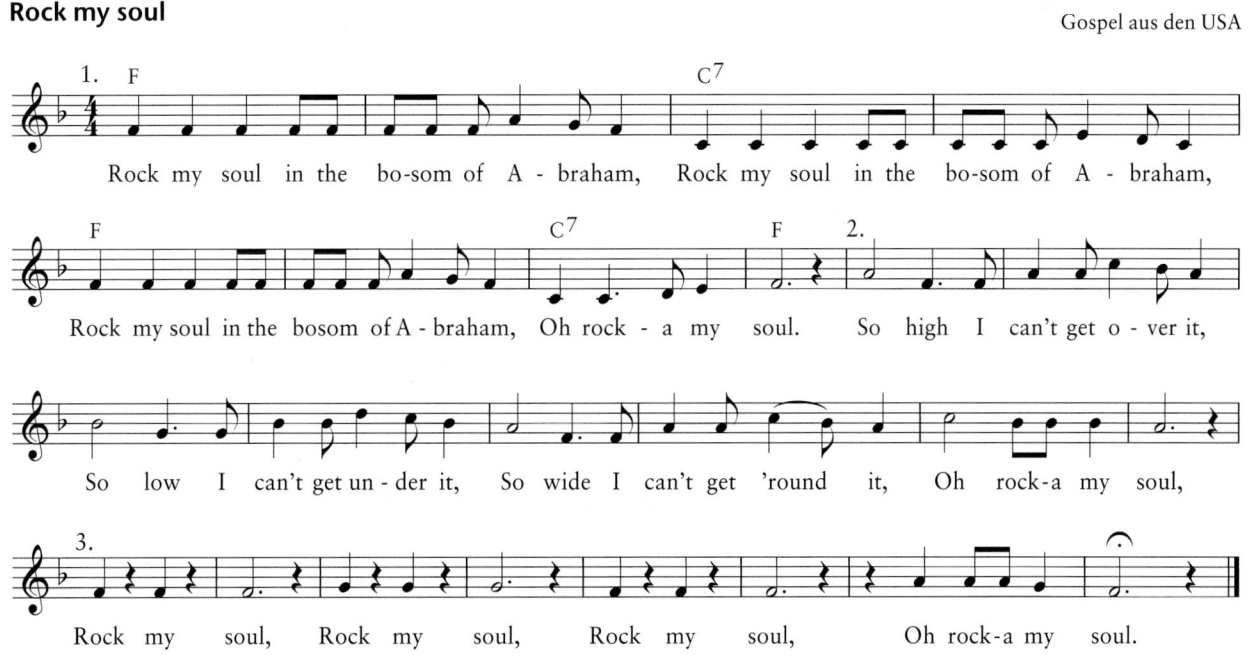

Spirituals und Gospels (2)

The Gospeltrain (Git on board)

Text und Musik: aus den USA
Satz: Morten Schuldt-Jensen, © beim Autor

2. I hear the train's-a comin',
   she's comin' round the curve,
   she's loosened all her steam 'n' brakes,
   and strainin' ev'ry nerve.
   Git on board…

3. The fare is cheap all can go.
   The rich and poor are there,
   no second class 'board this train,
   no diff'rence in the fare.
   Git on board…

Tipps für das Arrangement in eurer Klasse:
– Mit folgendem Rhythmus könnt ihr euch auf das „Zugfahren"
  einstellen: 1 + 2 + 3 + 4 +
               un-gö-tschö-ke un-gö-tschö-ke

Interessanter klingt es, wenn ihr mit Papierstücken in den Hän-
den diese im Rhythmus aneinander reibt, wobei der Weg auf 2
und 4 (tschö-) länger und lauter ist als auf den anderen Zeiten.
– Fangt dann einstimmig an.
– Das Word „board" im Refrain muss immer genau auf 1 kom-
  men.
– Bassgitarre oder Kontrabass: Spielt Basstöne wie in der Klavier-
  begleitung.
– Keyboard: Unterstreicht z. B. den Refrain mit einem fülligen
  (Streicher-)Sound.
– Auch ein Drumset (mit Besen) passt gut zu diesem Arrange-
  ment.

„Halleluja"-Vertonungen

Menschen versuchen in jeder Zeit, überlieferte Glaubensaussagen für sich noch einmal neu zu formulieren – auch musikalisch. Die heute dafür eingesetzten Musikstile reichen von überlieferten Formen über Gospel und Pop, Folklore und Rockmusik bis hin zu „Techno-Gottesdiensten".

Das folgende Halleluja-Lied ist in jüngerer Zeit entstanden und sehr populär geworden. Die Strophen (rechts) werden auf die Melodie des Refrains, aber ohne Oberstimme gesungen.

1. Suchet zuerst Gottes Reich in dieser Welt, seine Gerechtigkeit, Amen. So wird euch alles von ihm hinzugefügt. Halleluja …

2. Betet, und ihr sollt es nicht vergeblich tun. Suchet, und ihr werdet finden. Klopft an, und euch wird die Türe aufgetan. Halleluja …

3. Lasst Gottes Licht durch euch scheinen in die Welt, dass sie den Weg zu ihm findet und sie mit euch jeden Tag Gott lobt und preist. Halleluja …

4. So wie die Körner, auf Erden weit verstreut, zu einem Brote geworden, so führt der Herr die zusammen, die er liebt. Halleluja ….

Halleluja

Melodie: Karen Lafferty, dt. Text: Mündlich überliefert
© CopyCare, Holzgerlingen

Das Alleluja in der christlichen Tradition

Das Wort Alleluja oder Halleluja entstammt dem Alten Testament. Es bezeichnet einen Lobgesang für hohe Festtage und bedeutet so viel wie „Preiset den Herrn". Als Lobruf hat es auch Eingang in die christliche Liturgie gefunden. Gewöhnlich ist ein solches Alleluja dreiteilig aufgebaut: 1. Jubelruf Alleluja, 2. Zwischenvers je nach Festtag, 3. Jubelruf Alleluja

Gregorianischer Choral

Die christliche Kirchenmusik des Mittelalters bestand zunächst aus einstimmigen lateinischen Gesängen, die als Gregorianischer Choral bezeichnet werden (nach Papst Gregor dem Großen, der die Gesänge um 600 n. Chr. als Erster sammeln und ordnen ließ).

Ein gregorianisches „Alleluja"

1. Hört die Aufnahme. Wo habt ihr einen solchen Gesang schon einmal gehört?
🔊 I, 39

2. Das Notenbeispiel rechts oben zeigt den Anfang eines zur Osterzeit gesungenen Alleluja in einer Notationsform des Mittelalters (Vierliniensystem, C-Schlüssel ► S. 79). Vergleicht die Notation mit der Übertragung darunter.

3. Typisch für gregorianische Gesänge ist, dass auf eine Textsilbe viele Töne gesungen werden (= Melisma). Gerade der jubelnde Charakter des „Alleluja" wird so unterstrichen. Singt den Anfang selbst und überlegt, wo ihr atmet.

Mittelalterliche Notation:

Lle-lú-   ia. * *ij.*

Übertragung:

Alle - lu - - - - - - ia.   Al - - - - - - - - - - -

- - - - - - - - - - - -   le - lu - ia.

Aus einer Kantate J. S. Bachs

An den Schluss seiner Kantate (▶ S. 128) „Jauchzet Gott in allen Landen" BWV 51 für Sopran-Solo setzte Bach (1685–1750) ein prächtiges „Alleluja", das auf einen Zwischenvers verzichtet.

1. Was ist an Bachs Vertonung so ganz anders als im gregorianischen Halleluja?

🎧 I, 40

Ein „Alleluja" von Arvo Pärt

Aus der 1992 entstandenen „Berliner Messe" für Chor und Orchester von Arvo Pärt (▶ S. 161) stammt ein Alleluja, das einen erweiterten, fünfteiligen Aufbau mit zwei Zwischenversen hat. Pärt vertont hier Texte zum Pfingstfest in lateinischer Sprache:

Alleluja. / Emitte Spiritum tuum, et creabuntur: / et renovabis faciem terrae. / Alleluja. / Veni, Sancte Spiritus, reple tuorum corda fidelium / et tui amoris in eis ignem accende. / Alleluja.

Halleluja. / Entsende Deinen Geist, und sie werden erschaffen werden / und Du wirst erneuern das Angesicht der Erde. / Halleluja. / Komm, Heiliger Geist, erfülle die Herzen deiner Gläubigen / und entzünde in ihnen das Feuer deiner Liebe. / Halleluja.

2. Beschreibt, wie Pärt Alleluja und Zwischenverse unterschiedlich vertont. Auf welches Vorbild greift Pärt zurück? 🎧 I, 41

Georg Friedrich Händels „Halleluja"

… wird auf ▶ S. 134/135 ausführlich beschrieben.

Das hier abgedruckte Cover lässt vermuten, dass auf der CD Händels Werk in einer neuartigen Version erklingen wird.

3. Hört das „Halleluja" Händels in der Fassung dieser CD. 🎧 I, 42 Nennt Merkmale dafür, dass es sich um eine Bearbeitung aus unserer Zeit handelt und vergleicht sie mit der Vertonung Händels.

Musik in der Kirche – zur Diskussion

4. Vergleicht die Alleluja-Vertonungen hinsichtlich der Besetzung und des musikalischen Ausdrucks.

5. Alle Vertonungen sind heute noch in Kirchen zu hören. Welche trifft für euren Geschmack den Charakter eines Jubelrufes besonders?

6. Welchen musikalischen Stil und Ausdruck würdet ihr euch im Gottesdienst wünschen?

7. Wann ist in eurer Umgebung Kirchenmusik zu hören? Welche Stücke werden gespielt?

Die Weihnachtsgeschichte

Initiale „P" aus dem Codex Gisle, 14. Jahrhundert, Osnabrück

Seit dem Mittelalter und bis heute wird die Weihnachtsgeschichte in Bildern, Liedern und Musikwerken dargestellt.

1. Welche Beispiele dazu fallen euch ein?

2. In welcher Form begegnet euch die Weihnachtsgeschichte im Alltag?

Im Codex Gisle, einer Handschrift aus der ersten Hälfte des 14. Jahrhunderts, sehen wir einen Weihnachtsgesang in alter Notenschrift. Nach altem Brauch verzierten die Schreiber den Anfangsbuchstaben (Initiale) mit einem Bild, das den Text erläuterte: Maria hebt das Jesuskind empor.

Der lateinische Text in den Textstreifen lautet:
Puer natus est nobis et filius datus est nobis cuius imperium super humerum ejus et vocabitur nomen ejus magni consilii angelus. (Js. 9,6)
(Ein Kind ist uns geboren, ein Sohn ist uns geschenkt; auf seinen Schultern ruht die Weltherrschaft. Sein Name ist: Künder des großen Ratschlusses.)
Der Text in dem Spruchband der Engel heißt:
Gloria in excelsis deo. (Ehre sei Gott in der Höhe.)

Lied und Bild

3. Untersucht das Bild und versucht Einzelheiten zu erklären. Stichworte: Der Himmel öffnet sich – Engel musizieren (Fidel, Harfe) und bringen die Weihnachtsbotschaft – Lobpreis Gottes – die Wurzel Jesse.

4. Welche Motive des Liedtextes stimmen mit Bildmotiven überein?

Es ist ein Ros entsprungen

Text und Musik: Köln 1599

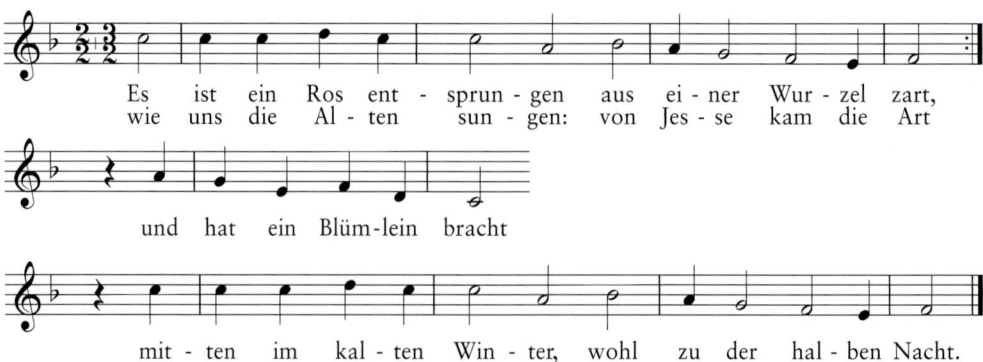

Es ist ein Ros ent - sprun - gen aus ei - ner Wur - zel zart,
wie uns die Al - ten sun - gen: von Jes - se kam die Art

und hat ein Blüm-lein bracht

mit - ten im kal - ten Win - ter, wohl zu der hal - ben Nacht.

2. Das Röslein, das ich meine, davon Jesaja sagt, hat uns gebracht alleine, Marie die reine Magd; aus Gottes ew'gem Rat hat sie ein Kind geboren wohl zu der halben Nacht.

„Historia der freuden- und gnaden-reichen Geburt Gottes und Mariens Sohnes Jesu Christi"

Das kurz auch „Weihnachtshistorie" ge-nannte Werk entstand um 1660. Zwölf Jahre vorher war mit dem Westfälischen Friedensvertrag der Dreißigjährige Krieg (1618–1648) beendet worden. Dörfer und Städte in Deutschland lagen verwüstet, Gewalt und Unrecht hatten geherrscht, viele Menschen waren ermordet wor-den oder an Hunger und Krankheit ge-storben.

1. Wie haben die Menschen damals die Weih-nachtsbotschaft empfunden? Wie wird sie heute aufgefasst? Begründet eure Meinung.

Mit dem 2. Intermedium (= eine konzertie-rende Einlage) schildert Heinrich Schütz, wie die Engel den Hirten auf dem Feld erscheinen, Gott preisen und die Friedens-botschaft verkünden:

> Ehre sei Gott in der Höhe,
> Friede auf Erden
> und den Menschen ein Wohlgefallen.

2. Welche musikalischen Mittel wählt Schütz für den Beginn?

3. Wie vertont Schütz die weiteren Teile des Textes? Achtet auf Gestaltungsprinzipien wie Polyphonie und Homophonie (▶ S. 134), Wie-derholung, Kontrast, Steigerung. ◎ **I, 43**

4. Wer berichtet über Heinrich Schütz, ei-nen der bedeutendsten Komponisten pro-testantischer Kirchenmusik?

Weihnachtshistorie, Intermedium II

Heinrich Schütz (1585–1672)

Text-Spiele

FROM FIVE TO FOUR
FROM FOUR TO THREE
FROM THREE TO TWO
FROM TWO TO ONE
FROM ONE TO FIVE

Eugen Gomringer (*1925)

Der Text „From five to four" ist abstrakt – und gerade deshalb ganz offen für persönliche Vorstellungen und Einfälle.

1. Welche Darstellungen zu diesem Text fallen euch ein, welche könnt ihr umsetzen? (Nicht nur Darstellungen mit dem ganzen Körper sind möglich!)

Aus fünf Körpern kann man eine Skulptur bauen,

aus vieren eine andere,

2. Was verbindet die Szenen?
Wird der Text gesprochen?
Gibt es verbindende Musik?

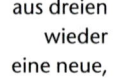

aus dreien wieder eine neue,

Einer allein?
Vielleicht doch wieder alle fünf?

aus zweien eine kleinere…

Wort-Spiele

„Einen Floh ins Ohr setzen!" – so etwas sagt man oft, man kann es aber auch spielen. Wie viele andere sinnbildliche Redewendungen auch!

1. Betrachtet die Beispiele auf dieser Seite. Sie sind eher zufällig zusammengestellt. Ihr findet leicht noch andere mögliche Redewendungen.

2. Stellt sie dar und macht zuerst ein Ratespiel daraus.

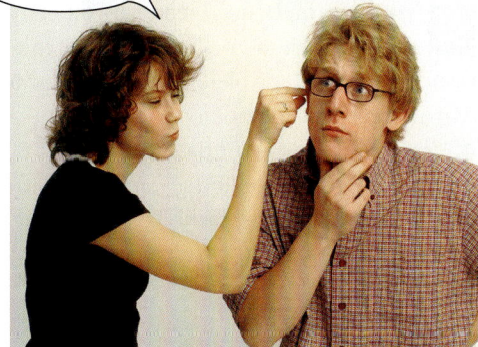

3. Verbindet eure Gestaltungen auch mit Geräuschen und Klängen.

Töne-Spiele

		ZWÖLF		
Eins	Zwei	Drei	Vier	Fünf
Fünf	Vier	Drei	Zwei	Eins
Sechs	Fünf	Vier	Drei	Zwei
Sieben	Sieben	Sieben	Sieben	Sieben
Acht	Eins			
Neun	Eins			
Zehn	Eins			
Elf	Eins			
Zehn	Neun	Acht	Sieben	Sechs
Fünf	Vier	Drei	Zwei	Eins

Kurt Schwitters (1887–1948)

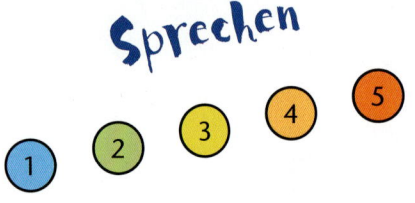

Sprechen

(in freudiger Erwartung)

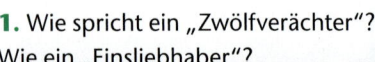

(enttäuscht,
wie im Rückzug)

1. Wie spricht ein „Zwölfverächter"?
Wie ein „Einsliebhaber"?

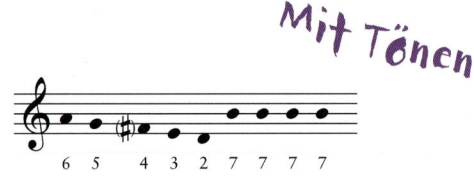

Mit Tönen

6 5 4 3 2 7 7 7 7

2. Ordnet jeder Zahl einen Ton zu. Ihr könnt den Text dann singen:
– Einzelstimme,
– unisono (= einstimmig im Chor),
– auf 10 Stimmen verteilt.
Ebenso könnt ihr die Töne auf Instrumenten wiedergeben.

Mit Rhythmen

5   4   3   2   1

3. Wenn jede Zahl von einem anderen Rhythmusinstrument ausgeführt wird, ergibt sich eine knifflige Koordinationsaufgabe.

Was fällt euch noch ein?

Musik, ein Spiel?

Vom einfachen „Herumklimpern" auf Klaviertasten bis zur Konstruktion komplizierter Spiele mit Tönen kann Musik „gespielt" werden.
4. Versucht Beispiele für das Spielen mit Tönen und Rhythmen zu finden. Sind euch Stücke oder musikalische Techniken begegnet, auf die die Vorstellung eines „Spiels" bereits passt?

Kurt Schwitters war Grafiker, Maler, Bildhauer, Bühnenkünstler, Dichter und – wie er selbst sagte – auch ein „verhinderter Komponist". Er kannte keine Grenzen zwischen Kunst und Kitsch, zwischen Sinn und Unsinn. Was er ernst meinte und was nicht, war nicht immer ganz klar, und es war auch gar nicht so wichtig. Er sagte z. B.: *Mir tut der Unsinn leid, dass er bislang so selten künstlerisch geformt wurde, deshalb liebe ich Unsinn.* Die Bilder zeigen ihn bei einem Gedichtvortrag (1944).

Echo-Spiele

Das akustische Echo kennt jeder: Was vorgemacht wird, wiederholt das Echo, nur leiser. „Echospiele" mit Vormachen und Nachmachen gibt es in vielen Lebensbereichen, und Menschen aller Altersstufen spielen mit.

1. Findet Beispiele. (Denkt einmal an die Mode oder an das Nachsagen gehörter Meinungen.)

Bewegungsspiel mit einer „Echo-Musik" 🔘 II, 1

Aufbau dieser Musik:
- *Vorspiel*, 2 x 2 Takte: Hier ist noch kein Echo zu hören.
- *Hauptteil*: Die Musik macht vor – das musikalische Echo macht nach, mit *Zwischenteil* (Break). Hört zu und stellt fest, in wie viele Abschnitte sich der Hauptteil gliedert und wie lang die Abschnitte sind.
- *Schlussteil* mit 2 x 2 Takten.

2. Fertigt eine Zeichnung an, die den Musikablauf insgesamt wiedergibt.

3. Bewegungsspiele zur Musik, allein oder in der Gruppe:
- Bewegungen spontan erfinden und beim „Echo" wiederholen. Vor dem nächsten Versuch überlegen, wie verschiedenartig Bewegungen sein können. Bewegungsspiel mit neuen Einfällen wiederholen.
- „Ungehorsames Echo": Eine Bewegung erfinden und beim Echo abwandeln, z. B. rückwärts ausführen, vergrößern oder verkleinern.

4. Bewegungsspiele zu zweit:
- Nebeneinander, auf zwei Stühlen.
- Zu zweit mit einem Stuhl.
- Mit anderen Requisiten, z. B. Mützen, Hüten.
- Einer ist Mensch, der andere eine Schaufensterpuppe, die nur grobe Gelenke hat.
- Einer malt zu Musik, der andere malt nach. Während des Spiels eventuell die Farben wechseln.

5. Selbst gebaute Masken versetzen in eine magische Bewegungswelt.

Ein „bewegtes" Echospiel

Ein Hut wird hochgehoben. Die Mitspielerin schaut zu – gleich wird sie es nachmachen.

Der Hut wird auf dem Finger balanciert. Gleich wird das Echo folgen.

Da wird das Echo aber ziemlich schwierig werden!

Masken – Basteltipp: Starkes, weißes Papier, DIN A4 oder größer. Hutgummiband (je 20 cm), Klebeband. Legt für Paarmasken zwei Papiere aufeinander und faltet in der Mitte.
Bestimmt Gesichtsform, Augen und Mund und schneidet aus.
Verstärkt die Seiten der Maske mit Klebeband und macht dort das Gummiband durch Verknoten fest.

Steps into Hip-Hop (1)

Get in
Mögt ihr Hip-Hop? Mögt ihr ihn nicht? Egal: Mit den „Steps into Hip-Hop" kann sich jeder zu Musik bewegen.

Tipp: Es kann sehr gut aussehen, wenn du eine kurze Bewegung öfter wiederholst.

1 Roboter 🔘 II, 2
Höre dich kurz in die Musik ein. Beginne dann zackige Bewegungen mit einzelnen Körperteilen passend zum Tempo der Musik zu machen, konzentriere dich dabei besonders auf die Schultern und Arme.

2 Body Waves 🔘 II, 3
Höre dich wieder in die Musik ein. Versuche diesmal wellenartige Bewegungen mit verschiedenen Körperteilen zu machen. Beispiel:
– eine Welle durch die Arme laufen lassen,
– eine Welle mit der Wirbelsäule,
– eine Ab- und Auftauchbewegung wie ein Delfin.

3 Getanzter Dialog 🔘 II, 3
Suche dir eine Partnerin oder einen Partner. Wer beginnt? Der-/diejenige tanzt nun zur Musik eine einfache Bewegung vor (nach Vereinbarung 2, 4 oder 8 Zählzeiten lang). Die Partnerin/der Partner wiederholt diese Bewegung und schließt dann eine neue an, die wiederum wiederholt wird, usw. Am Anfang können noch Pausen zum Überlegen entstehen, doch später soll der Wechsel immer „flüssiger" werden.

Tipp: Ideen habt ihr in den ersten beiden Übungen gesammelt!

Basic Steps

A Side-Steps
1 mit rechtem Fuß Schritt zur rechten Seite,
2 dann linken Fuß an rechten anstellen. Dasselbe nach links beginnen. Dieser Schritt lässt sich beliebig variieren, z. B.:
– vor und zurück
– step diagonal vor, beim Anstellen den Oberkörper tief nach vorne lehnen

– im Zickzack vorwärts oder rückwärts
– mit verschiedenen Armbewegungen oder klatschen auf Zählzeit 2
– Side-Steps verdoppeln
– Bewegung in doppeltem Tempo

B *Touch-Step/Kick-Step*

Zählzeit		Variante 1:
1		re heel-touch vor (rechte Ferse tippt vor den Körper auf den Boden)
2		re close (rechtes Bein schließt an an linkes Bein)
3		li touch zurück (linker Fuß tippt hinter dem Körper auf den Boden)
4		li close

touch – der Fuß berührt den Boden mit dem Ballen oder der Ferse
kick – das Bein macht in eine bestimmte Richtung eine Kickbewegung in die Luft

Variante 2:
Dasselbe kann statt mit dem „touch" auch mit dem „kick" vor und zurück oder zur Seite ausgeführt werden.

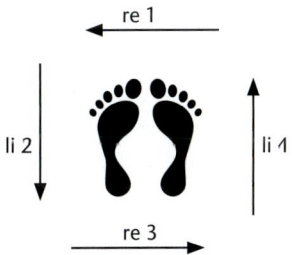 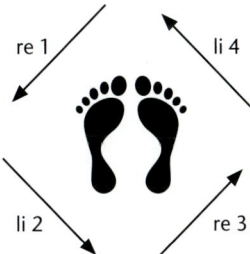

C *Box-Step*
Vier Schritte werden in einem Quadrat oder einer Raute angeordnet:

1 re kreuzt vor li nach links
2 li step rückwärts
3 re step seitwärts
4 li step vorwärts

D *Running-Steps*
Diesen schnellen Schritt kann man gut mehrmals hintereinander ausführen. Er wirkt dann wie „Laufen auf der Stelle".

1 re kreuzt vor li, Gewicht wird auf re verlagert
+ Gewicht wird auf li zurückverlagert
2 re Bein rechts rückwärts
+ li Bein Schritt vorwärts

Steps into Hip-Hop (2)

E *Hip-Hop-Kicker*

Dieser Schritt ist eigentlich schon eine kleine Schrittkombination und wird leicht gesprungen, nicht gegangen. Hierbei werden auch die „Unds" zwischen den Zählzeiten benutzt. Dadurch wirkt der Schritt sehr schnell.

1 re kickt vor in die Luft, dabei Hüpfer auf li

+ re kreuzt vor li

2 Sprung auf l nach links, dabei die rechte
  Ferse zur Seite auftippen

+ zurück nach rechts auf re springen (dann
  ist li frei für Wiederholung auf links)

F *Twisten*

Twisten heißt Ein- und Ausdrehen der Beine, so dass die Knie nach innen oder außen zeigen. Am häufigsten werden die Beine parallel getwistet: Das Gewicht ist auf den Ballen der Füße, die Fersen werden gleichzeitig in eine Richtung gedreht, dann in der Normalposition abgesetzt, dann in die andere Richtung gedreht, usw.

Eine andere Möglichkeit ist, die Fersen abwechselnd nach innen zu drehen und wieder in der Normalposition abzusetzen. Das Gewicht muss dafür bei dem einen Fuß auf den Zehen und bei dem anderen auf der Ferse liegen.

Dazu kann man eine lässige, tief zurückgelehnte Haltung einnehmen und beispielsweise die Arme vorschwingen und kreuzen, dann wieder zurückfallen lassen.
Das Twisten kann entweder auf die Zählzeiten oder auf den Offbeat (1 + 1 + oder + 1 + 1) oder auch im halben Tempo getanzt werden.

Eure eigene Hip-Hop-Choreografie

Gruppen-Kombi

Wenn ihr die einzelnen Schritte gelernt habt, könnt ihr daraus eure eigene Kombination erstellen. Bildet dazu kleine Gruppen (3 bis 5 Personen).

Legt gemeinsam eine Schrittreihenfolge fest (2 Takte, 4 Takte oder 8 Takte) und übt diese, bis ihr sie sicher zum Tempo der Musik könnt.

Variante: Erwürfelt euch eine Schrittreihenfolge mit den Buchstaben der Schritte.

Tutti-Kombi  II, 4, 5

Diese Kombi lernen alle:

1, 2	re	Side Steps (**A**) nach rechts
3, 4	li	Side Steps (**A**) nach links
5, 6, 7, 8	re	Touch Steps (**B**) (mit rechts beginnend)
1 + 2 + 3 + 4 +	re	Running Steps (**D**) (zweimal mit rechts)
5, 6, 7, 8	re	Box Step (**F**) (mit rechts beginnend)

Setzt dann in der ganzen Klasse einen Tanz in Form eines Rondos zusammen:

Tutti-Kombi – *Gruppen-Kombi* (Gruppe 1) – *Tutti-Kombi* – *Gruppen-Kombi* (Gruppe 2) – *Tutti-Kombi* – usw.

Variationen zu einer Kombi für eine kleine Gruppe oder auch die ganze Klasse

1. Denkt euch eine Aufstellung innerhalb eurer Gruppe aus und wechselt die Formation bei jeder Wiederholung.

2. Denkt euch zu der Kombi Armbewegungen und/oder Klatschakzente aus.

3. Ihr könnt mit zwei Gruppen nacheinander (wie bei einem Kanon) einsetzen oder spiegelbildlich gegenüber tanzen.

4. Ihr könnt auch bei jeder Wiederholung in eine neue Richtung (veränderte Front) tanzen.

ROM

Ein Country Dance

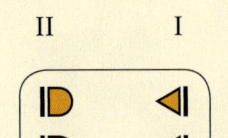

▷ = Tänzer/in
◁ = Partner/in

Ausgangsposition:
kurze Gassen zu 3 Paaren

A-Teil
Möglichkeiten zur Auswahl

II   I

1. Zum Einstieg:
Reihe I umtanzt II mit 16 Gehschritten und kehrt zum Ausgangsplatz zurück. Reihe II tanzt entsprechend um Reihe I.

2. Mit Schwung:
Reihe I umtanzt II mit 16 Hüpfschritten im Slalom und kehrt zum Ausgangsplatz zurück. Reihe II tanzt entsprechend.

3. Mit Fantasie:
Reihe I umtanzt II mit freier Bewegung. Der Anführer der Reihe erfindet eine Bewegungsart (Hände und Füße), die von seiner Reihe übernommen wird. Reihe II antwortet mit einer eigenen Bewegungsart.

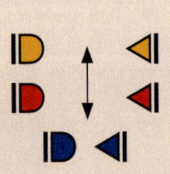

B-Teil
Paar 1 galoppiert in Zweihandfassung mit 3 Seitgaloppschritten und Schlusssprung zweimal die Gasse entlang und zurück. Die übrigen Paare bleiben am Platz.

„Three around three" ◎ II, 8 ist ein „Country Dance" aus England. Tänze dieser Art waren im 17. und 18. Jahrhundert in ganz Europa bei allen Gesellschaftsschichten beliebt. Englische Aussiedler brachten sie bis nach Nordamerika, und im 20. Jahrhundert kamen sie als Square Dances und Rounds wieder nach Westeuropa zurück.

1. Bildet Gruppen zu sechs. Sucht euch einzelne Figuren aus, übt sie und bringt sie dann anderen bei. Lasst euch von der Fröhlichkeit der Musik anstecken!

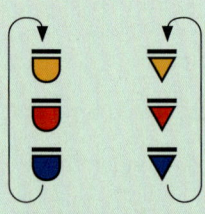

C-Teil
Paar 1 wendet aus und tanzt, gefolgt von den Paaren 2+3, bis zum Platz von Paar 3. Dort bildet es mit erhobenen gefassten Händen ein Tor. Paar 2 (auf Position von Paar 1) und Paar 3 (auf Position von Paar 2) gehen hindurch. Der Tanz beginnt mit neuer Rollenverteilung von vorne.

Ein Square Dance

Missy in the barn 🔘 II, 6

Text und Musik: aus den USA; Satz: Janet Tobitt
© Silver Burdett

(Notensystem)

Mis-sy in the barn, the barn, oh, lear-y,— sweet-est lit-tle Mis-sy, I

ev-er did see. Oh, bonne, bonne, won't you be my part-ner,—

say, lit-tle Mis-sy, won't you dance with me? Step back— gal,—

don't you come near-er,— all those sas-sy words you say. Oh,

bonne, bonne, won't you be my part-ner, say, lit-tle Mis-sy, won't you dance with me?

Square Dances wurden häufig bei sog. „Barn Dances" getanzt (barn = Heuboden). Ein „Fiddler" spielt, alle singen mit, und ein „Caller" ruft vor Ende jeder Phrase den vier Paaren die nächste Figur zu. *Aufstellung:*

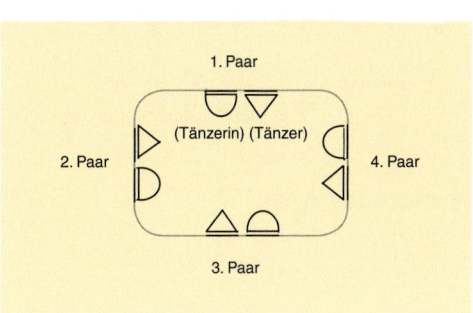

Jeder Teil hat 4 Takte, und nach jeder Figur kommt man zum Ausgangsplatz zurück. Dies sind vier einfache Figuren:

1. „*Honor your partner*" Verbeugen zum Partner
   „*Honor your corner*" Verbeugung zum Tänzer „über Eck"

2. „*All join hands and circle left*" Zum Kreis durchfassen, dann mit Geh- oder Hüpfschritten erst nach links …
   „*Circle right*" … dann nach rechts

3. „*Swing partners*" In Tanzhaltung paarweise eingehakt im Hüpfschritt umeinander drehen

4. „*Promenade all*" In Kreuzhandfassung paarweise einmal gegen den Uhrzeigersinn im Kreis drehen (Geh- oder Hüpfschritte)

„Kira Wangelió"

„Kira Wangelió" 🔘 **II, 7** wird als Kalamatianos getanzt. So heißt eine in ganz Griechenland verbreitete Grundform des Tanzens, die zu Liedern und Melodien im 7/8-Takt im Rhythmus ♩. ♩ ♩ ausgeführt wird. Der Tanz, dessen Name mit der Stadt Kalamata in Verbindung steht, soll bis zur Antike Griechenlands zurückreichen.

Der Kalamatianos wird in einem offenen Kreis oder Halbkreis getanzt. Ein Anführer steht am rechten Ende der Reihe. Oft hält er ein Taschenbuch in der rechten Hand und zeigt damit den Wechsel der Tanzvariationen an. Der Anführer kann auch allein Tanzvariationen ausführen, während die anderen Tänzer bei einem Grundschritt bleiben. Beim Originaltanz werden die Hände meist in Schulterhöhe gefasst. Zum Üben könnt ihr sie aber auch bequem neben dem Körper fassen.

Text und Musik: aus Griechenland
Satz: R. N. © Klett

Tanzablauf: 1. Grundschritt mit Blickrichtung nach rechts gegen den Uhrzeigersinn, die Schritte federn weich im Knie, rechts beginnt.

2. Seitschritte mit Blickrichtung zur Mitte

re	li	re	li	re	li
seit	kreuzt	zurück	seit	kreuzt	zurück
	vor	an den		vor	an den
	re	Platz		li	Platz

1. Solo/ 2. Tutti

E - na ne-ro, ki-ra Wan-ge-lió, e - na ne-ro kri o ne-ro. E - o ne-ro.

Ach, kä-pu-the ka-te-wä-ni, Wan-ge-lió mu pä-ne-me-ni. pä-ne-me-ni.

(bei Wiederholung von vorne)

Textübertragung

Der griechische, in Lautschrift zum Singen wiedergegebene Text bedeutet:

Ein Bach. Frau Wangelió, ein frischer Bach, wo kommt er her? Meine viel gepriesene Wangelió!

Zwei Tanzvariationen

– Den zweiten Schritt rückwärts kreuzen. Körper in Tanzrichtung belassen!
– Takt 1: mit den Grundschritten rechtsherum drehen.

Sternpolka

Die Zeichnungen zeigen fünf Paare, doch können sich beliebig viele Paare im Kreis aufstellen.

A-Teil: Rundtanz

Die Paare tanzen Polka in Tanzrichtung: Auf einen Wechselschritt seitwärts folgt jeweils ein Hüpfer mit einer halben Drehung. Die Tänzer innen beginnen also (Rücken zur Kreismitte) links-rechts-links-Hüpfer mit Drehung. Die Tänzer außen beginnen rechts-links-rechts-Hüpfer mit Drehung.

Zwei Tanzfassungen stehen zur Wahl:

B-Teil: „Stern"

Alle Tänzer im Innenkreis schließen diesen zu einer Sternform zusammen (Foto). Im „Stern" gehen alle Paare auf der Kreisbahn vorwärts.

C-Teil: „Klatschen"

Die Tänzer im Innenkreis bleiben stehen, wenden sich zur Kreismitte und klatschen im Takt (Viertel) zur Melodie abwechselnd:

(1) auf die Schenkel, (2) in die eigenen Hände, (3) in die Hände der beiden Nachbarn, (4) in die eigenen Hände.

Die Tänzer im Außenkreis gehen in Tanzrichtung weiter und stehen am Ende des C-Teils hinter einem neuen Partner. Der Tanz beginnt von vorne.

Die Sternpolka ist heute einer der beliebtesten Volkstänze und wird überall getanzt, wo man internationale Folkloretänze pflegt. Ihr Name leitet sich von der abgebildeten sternförmigen Tanzfigur ab.

Sternpolka II, 9

Musik: überliefert

Keyboard-Praxis

Wichtige Funktionen des Keyboards

• Touch-Sense: Mit dieser Funktion könnt ihr die Anschlagempfindlichkeit der Tasten verändern.
• Voices: Hier könnt ihr die Klangfarben von Geige bis zum Synthesizer-Klang einstellen.
• Begleitautomatik: Wenn ihr im linken Bereich der Tastatur eine Taste spielt, erklingt eine Band.
• USB-Anschluss: Dieser Anschluss dient der Verbindung zwischen Keyboard und Computer.
• Ausgänge zum Anschluss an eine PA: Hier könnt ihr das Keyboard mit einer Verstärkeranlage oder mit einem Power Mixer verbinden.

Das Keyboard ist ein preiswertes, vielseitiges Musikinstrument, das auch der Anfänger leicht bedienen kann.
– Auf dem Keyboard könnt ihr eine Fülle von Musikstilen von Klassik bis Hip-Hop spielen.
– Beispielsweise könnt ihr aktuelle Hits aus den Charts nachspielen. Die Begleitautomatik ersetzt euch dabei eure Band. Bei manchen Keyboards gibt es die Möglichkeit, sich die neuesten Begleitstile und Sounds direkt aus dem Internet ins Keyboard zu laden.
– Ihr könnt ein modernes Keyboard auch an die USB- oder MIDI-Schnittstelle eures Computers anschließen und ein Sequenzerprogramm (▶ S. 202 ff.) damit ansteuern.
– Wer sich mit der Tastatur des Keyboards auskennt, kommt in der Regel auch mit dem Notenlesen, mit Intervallen und mit Akkorden leichter zurecht.

1. Macht euch mit den Funktionen eures Keyboards vertraut.

Improvisieren

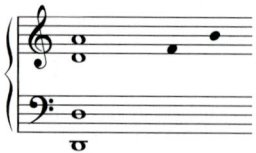 **2.** Teilt euch in Gruppen auf (etwa fünf bis maximal zehn Personen). Es spielt immer nur eine Gruppe, die anderen hören zu.

3. Wählt einen aus eurer Gruppe aus, der auf dem Keyboard den Akkord links spielt. Dieser Akkord soll während der gesamten Improvisation ausgehalten werden. Die schwarzen Töne könnt ihr dabei von Zeit zu Zeit einfügen.

Experimentiert mit verschiedenen Sounds, so dass eine Klangfläche entsteht, die euch gefällt. Schließt ggf. das Keyboard an eine PA (Verstärkeranlage) an.

4. Alle anderen aus eurer Gruppe spielen mit Instrumenten ihrer Wahl dazu. Benutzt dabei nur die folgenden Töne (auch in anderen Oktavlagen):

5. Damit die Improvisation gelingt:
– Hört genau auf das, was die anderen spielen.
– Reagiert mit eurem Spiel darauf.
– Ihr müsst nicht die ganze Zeit spielen, hört auch einmal nur zu – Pausen sind wichtig in der Musik.
– Experimentiert mit der Dynamik.

Vergleich der Ergebnisse

6. Nehmt eure Improvisationen auf, spielt sie euch gegenseitig vor und diskutiert Gemeinsamkeiten und Unterschiede.

Ein „Schummelkanon"

Text und Musik: überliefert

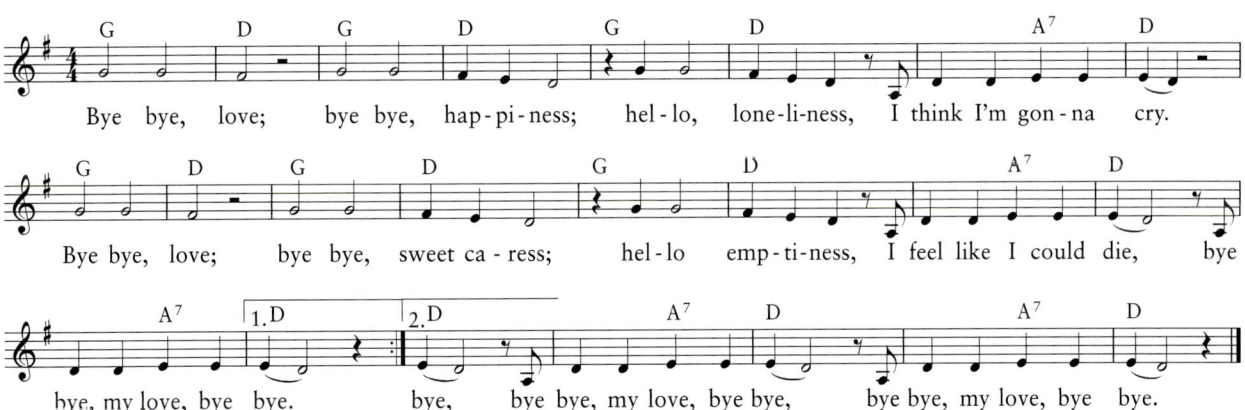

Beim „Schummelkanon" kann jeder mitspielen. Setzt möglichst viele Keyboards dabei ein. Es können auch mehrere Schüler an einem Keyboard spielen. Ihr müsst dann ggf. die Töne oktavieren.

1. Benennt die Noten und ordnet sie den richtigen Tasten zu.

2. Alle spielen Zeile 3 und wiederholen sie ständig.

3. Nach einiger Zeit spielt eine Gruppe die Zeile 2 dazu. Auch diese wird immer wieder wiederholt.

4. Dann wird der „Schummelkanon" mit Zeile 1 vervollständigt.

Begleitautomatik

Wenn ihr die Melodie so spielen könnt, experimentiert mit der Begleitautomatik. Benutzt dazu die Single-Finger-Funktion.

5. Probiert verschiedene Begleitstile aus.

6. Verändert das Tempo.

Spielen und Singen

7. Singt die Melodie zu eurem zweitaktigen Abschnitt.

8. Singt die vollständige Melodie, während ihr euren Abschnitt fortwährend wiederholt.

Bye bye, love

Text: Felice Bryant
Musik: Felice und Boudleaux Bryant © Sony/ATV, Berlin

1. Benennt die Noten und findet die entsprechenden Tasten.

2. Spielt mit allen fünf Fingern der rechten Hand: Das g schlagt ihr mit dem kleinen Finger (5. Finger) an, das fis mit dem Ringfinger (4. Finger), die anderen Töne mit den entsprechenden anderen Fingern. So spielt ihr wie richtige Keyboarder.

Spielen und Singen

3. Singt mit, während ihr spielt.

4. Schaltet den Lautstärkeregler eures Keyboards auf Null und spielt stumm mit, während ihr singt.

Voices/Klangfarben/Begleitautomatik

5. Experimentiert mit verschiedenen Klängen.

6. Experimentiert mit verschiedenen Begleitstilen. Verwendet dabei nicht nur die Single-Finger-Automatik. Wer schon ein wenig Keyboard spielen kann, sollte die Akkorde greifen.

Das Keyboard als Band-Instrument

7. Lasst euch von Gitarre, Bass und Schlagzeug begleiten. Keyboards können dabei sowohl die Melodie mitspielen als auch die Akkorde über den Grundtönen aushalten.

Wir sind ein starkes Team

Fußball-Report – Vorübungen

1. Übt die Sprechrhythmen auf dieser Seite. Zählt die Taktschläge (Beat, Metrum) und spielt sie auf Instrumenten mit. So habt ihr die Kontrolle, ob ihr beim Sprechen im Takt bleibt.

Trommelrhythmus (auch Begleitung):

Fußball-Report

Text und Musik: Heinz Benker
© Edition Hieber im Allegra Musikverlag, Frankfurt am Main

1. Lernt das Sprechstück abschnittsweise und setzt es dann zusammen. Beim Durchlauf im Kanon sprechen alle Gruppen das erste Mal bis zum ersten Doppelstrich. Bei der Wiederholung springt die erste Gruppe bei ⊕ in den letzten Takt, die zweite und dritte Gruppe enden bei der entsprechend gekennzeichneten Fermate.

2. Stellt euch beim Sprechen vor, ihr seid Reporter!

3. Welche Geräusche und Klänge passen zur Klangkulisse in einem Stadion?

Rhythmen gestalten

Rhythmen kann man mit vielen Sinnen und dem ganzen Körper erleben, auf Instrumenten spielen, mit Bodypercussion und Bewegung darstellen.

„Wieder mal geschafft!"   Dana Baumann © Klett

1. Legt Tempo, Sprechweisen und Lautstärken fest.
2. Zu welchem Thema könnt ihr selbst ein rhythmisches Sprechstück gestalten?

Bodypercussion

Das Klatschen, das Schlagen auf den Körper und das Stampfen gehören zu den ersten Formen des musikalischen Ausdrucks der Menschen in allen Kulturen. Bodypercussion verstärkt euer Rhythmusgefühl.

Funky-Body-Beat-Kanon

Michel Widmer © Michel Widmer, Hallein/Österreich

1. Der Funky-Body-Beat-Kanon macht in der Bewegung noch mehr Spaß:
Stellt euch zu vier Stimmen im Quadrat auf. Führt die erste Zeile am Platz aus, die zweite Zeile mit Vorwärtsschritten, die dritte mit Rückwärtsschritten. Zeile 4 kann jede Gruppe anders gestalten.

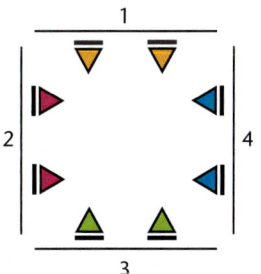

Ein Rhythmuspad als Übeinstrument

Besorgt euch eine geeignete Unterlage, z. B. ein kleines flaches und genügend hartes Sitzkissen, ein passendes Schaumstoffstück oder ein weiches Mousepad. Weiter braucht ihr ein Paar Sticks (Schlagzeug-Stöcke).
Ihr könnt damit Taktarten und Rhythmen üben und auf dem Rhythmuspad auch die Rhythmen auf den folgenden Seiten zu den Playbacks ausführen.

Improvisiertes Pad/Damperpad

Rhythmische Basics

Viervierteltakt

Die vier Viertelschläge werden unterschiedlich stark betont: 1 am stärksten, 3 etwas schwächer. Die Schläge auf 2 und 4 sind unbetont.

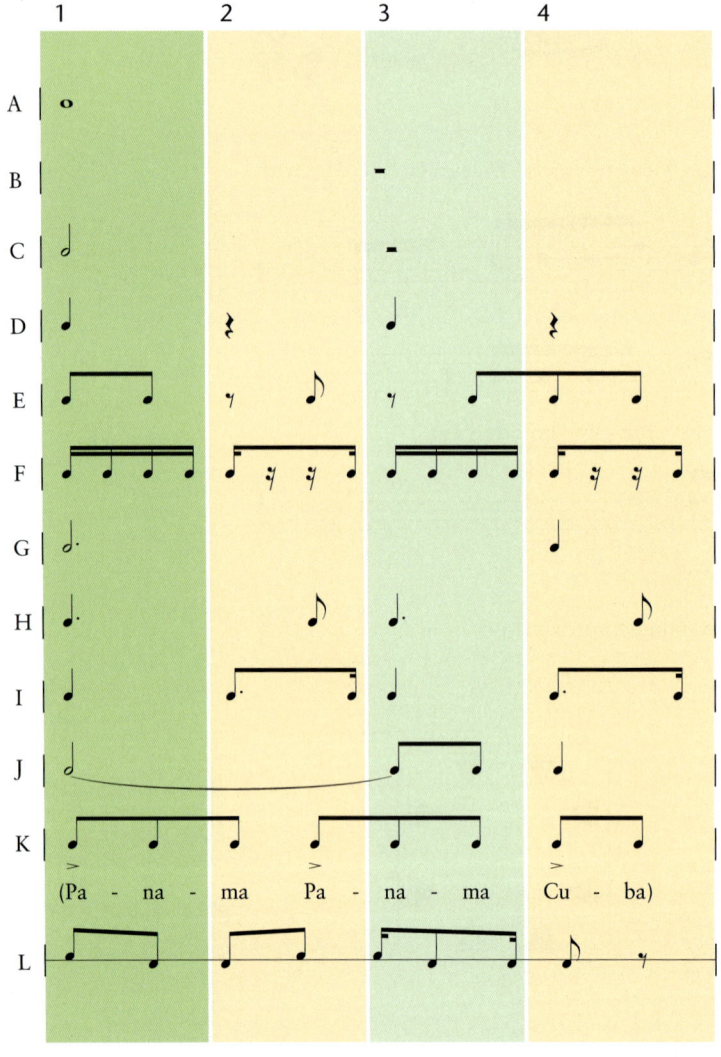

Offbeat

Hier werden die Schläge 2 und 4, die normalerweise nicht betont sind, hervorgehoben, z. B. durch Klatschen.

1. Stellt die Rhythmen oben auch mit einer Offbeat-Begleitung dar.

Noten- und Pausenwerte

2. Stellt die aufgeschriebenen Rhythmen mit Bodypercussion, auf Instrumenten oder auf eurem Rhythmuspad (▶ S. 71) dar.
Das Playback spielt jede Zeile einmal. Dann ist Zeit zum Nachmachen 🎧 **II, 10**.

Ganze Note

Ganze Pause

Halbe Note und Halbe Pause

Viertelnoten und -pausen

Achtelnoten und -pausen

Sechzehntelnoten und -pausen

Punktierung:

Der Punkt hinter einer Note verlängert diese um die Hälfte ihres Wertes.

♩ = Dreiviertelnote

♩. = Punktierte Viertelnote

♪. = Punktierte Achtelnote

Haltebogen:

Der Bogen führt die Dauern zweier Noten gleicher Tonhöhe zusammen.

Zwei spezielle Rhythmen

K: Der Rhythmus teilt die Achtel des Viervierteltaktes in Gruppen von 3+3+2 auf.

L: Dieser Rhythmus soll auf zwei Tonhöhen dargestellt werden, z. B. mit Bongos. Vorübung: auf Knie links-rechts patschen.

Ganze, Halbe, Viertel, Achtel, Sechzehntel ... – die Dauer jeder Note lässt sich halbieren. Es gibt also noch kürzere Notenwerte, z. B. die Zweiunddreißigstelnoten:

Metrum

Das Metrum unterteilt die Zeit in gleich lange Einheiten. Andere Bezeichnungen sind Grundschlag, Puls, Beat.

Das Metrum kann in unterschiedlichem Tempo ablaufen. Es lässt sich mit Hilfe des Metronoms genau bestimmen, z. B.:
♩ = 120 (120 Viertel pro Minute).

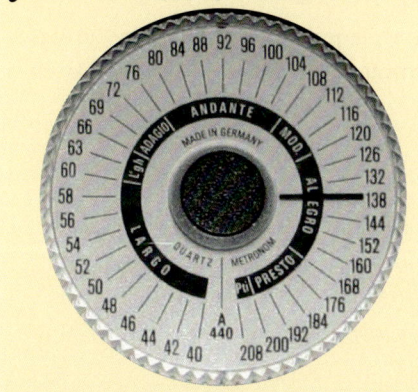

Einstellscheibe für das Tempo auf einem elektronischen Metronom

Takt

Der Takt teilt das Metrum in gleiche Gruppen auf. Der Taktanfang (die „Eins") wird stärker betont als die anderen Zählzeiten.

Rhythmus

Rhythmus ist der Zusammenschluss von Tonlängen und Pausen zu einer musikalischen Gestalt. Rhythmus kann auf ein Metrum und eine Taktart bezogen sein, aber auch ein metrisch ungebundener Rhythmus ist möglich.

Check up – Notennamen

Notennamen im Violinschlüssel
Notennamen im Bassschlüssel
Wie gut kennt ihr euch schon aus?

Eine Akkordfolge im Viervierteltakt zum Begleiten

Dreiklangstöne

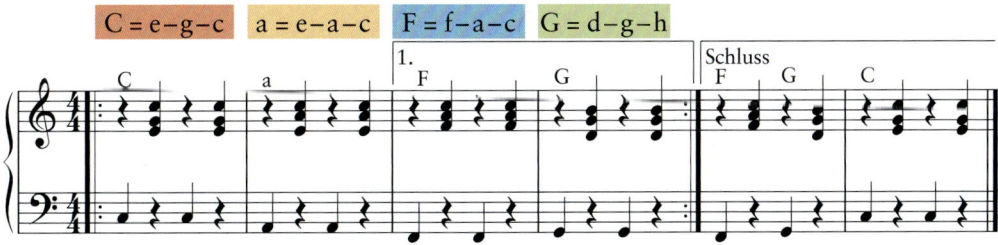

1. Lernt die Akkordfolge: Singt die Töne und spielt sie auf Instrumenten.

2. Begleitet die Akkordfolge mit Rhythmen eurer Wahl und versucht, auch eine passende Melodie zu erfinden.

Rhythmisches Training

Triole II, 11 (Playback)

Bei der Triole wird ein Notenwert in drei gleiche Teile aufgeteilt:

Halbe Note – Vierteltriole

Viertelnote – Achteltriole

Achtelnote – Sechzehnteltriole

Synkope II, 12 (Playback)

Hier verlagert sich die Betonung von einem „schweren" auf einen „leichten" Taktteil.

1. Übt alle Rhythmen: Zuerst jede Zeile einzeln, dann alle Zeilen hintereinander.
2. Verbindet alle Rhythmen und klatscht sie nacheinander zum passenden Playback.
3. Die Bodypercussion-Muster werden als Begleitung von einer Gruppe ausgeführt.

Zweivierteltakt II, 13 (Playback)

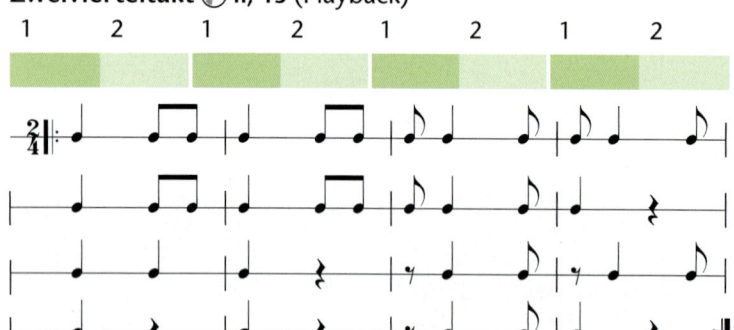

Die Viertelschläge werden unterschiedlich stark betont: 1 = stärker, 2 = schwächer.

Bodypercussion-Muster über 2 Takte

2/4	1	+	2	+	1	+	2	+
Sch								
K								
P								
Sta								

Sch = auf Brust schlagen
K = in die Hände klatschen
P = auf Oberschenkel patschen
Sta = mit Füßen stampfen

Betonung der Viertelschläge: 1 = stärker, 2 und 3 schwächer.

Bodypercussion-Muster über 1 Takt. Baut es von unten beginnend auf:

3/4	1	+	2	+	3	+
Sch						
K						
Sta						

Dreivierteltakt II, 14 (Playback)

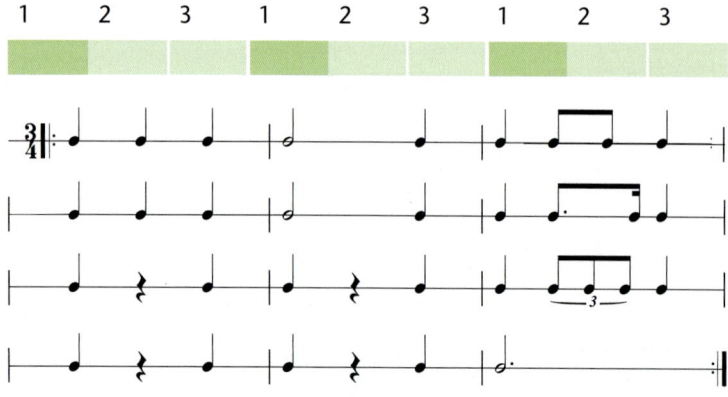

Der Fünfvierteltakt ist eine zusammengesetzte Taktart. Es gibt zwei Möglichkeiten:

  a) 2 + 3   b) 3 + 2

1. Welche Möglichkeit ist in den Noten dargestellt?

2. Wassermelone, Marzipantorte…: Findet noch andere Wörter mit gleichem Silbenrhythmus und bildet daraus eine Wortkette im Fünfvierteltakt.

Fünfvierteltakt II, 15 (Playback)

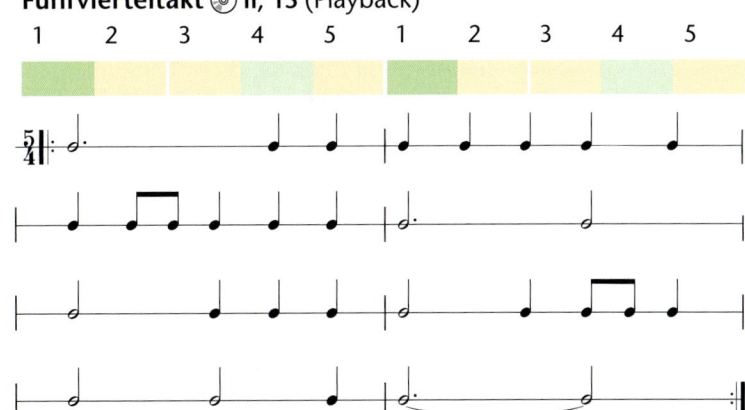

3. Wählt einen Text aus und sprecht ihn zum Playback einer Taktart eurer Wahl.

Ich hab Geduld und warte ab, bis ich sie verloren hab.
Nur um zu sehen, was passiert, wenn man die Geduld verliert.

Taktwechsel-Beispiel:

Ungewöhnlich wirkte er nicht, wie er so vor mir stand.
Aber etwas in seinem Gesicht machte ihn interessant.

Texte: Frantz Wittkamp
© Beltz & Gelberg

4. Erläutert die Betonungen der Schläge im Sechsachteltakt.

Sechsachteltakt II, 16 (Playback)

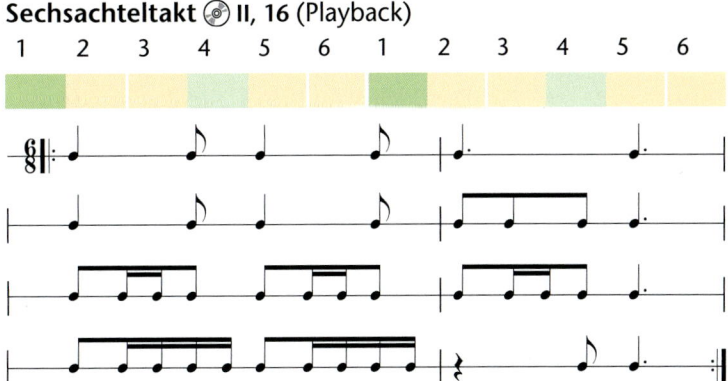

Der Klasse(n)boogie

Arbeitsschritte

Singt und spielt jede Stimme zuerst gemeinsam und teilt sie dann Instrumenten zu. Wenn eine neue Stimme gelernt wird, spielen einige die bereits bekannten Stimmen als Background mit. Langsam entsteht das Arrangement.

„Ohne Bass kein Spaß" – das gilt für viele Stile in der Musik. Der Bass gibt das harmonische Gerüst. Wie heißen die Töne der folgenden Bass-Stimme?

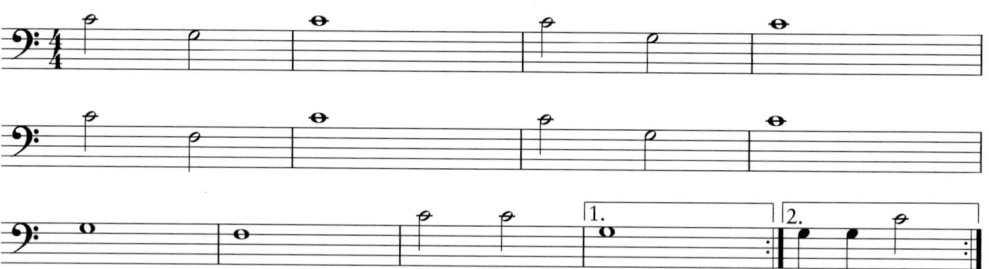

Mit dem „Walking-Bass" kommt schon richtig Stimmung auf.

Der „Fast-nur-1-Ton-Boogie" ist für keinen zu schwer! Wer jetzt dazu auf der zweiten und vierten Zählzeit mit den Fingern schnipst, bringt den richtigen „groove" ins Spiel.

Die Begleitstimmen 1 und 2 geben dem Arrangement harmonische Farben.

Rudolf Dobusch, © Klett

Die Melodien 1 und 2 können abwechselnd oder zusammen erklingen. Damit ist das Arrangement aufführungsreif. Aber Achtung: Für den richtigen Swing müssen die Achtel im Triolenfeeling (▶ S. 24) gespielt werden.

Melodie 1

Melodie 2

Melodie 3 unterstützt harmonisch wichtige Töne.

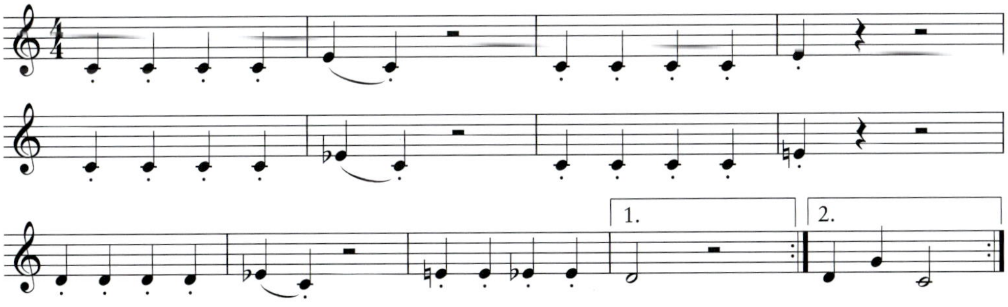

Wer wagt ein erstes Solo, indem er den Tonvorrat von Melodie 3 anders rhythmisiert? Melodie 1 und 2 machen dabei Pause. Versucht, ein Rondo A (Boogie gemeinsam), B (Boogie mit Solo), A, C etc. zu entwickeln.

Die Pianisten oder Keyboarder unter euch können jetzt noch die Harmonien weiter ausfüllen und die Melodiestimmen in ihren Synkopen unterstützen.

Rudolf Dobusch, © Klett

Notenschlüssel und Notennamen

Menuett II (aus der Feuerwerksmusik) IV, 6–8　　　　　　　　Georg Friedrich Händel (1685–1759)

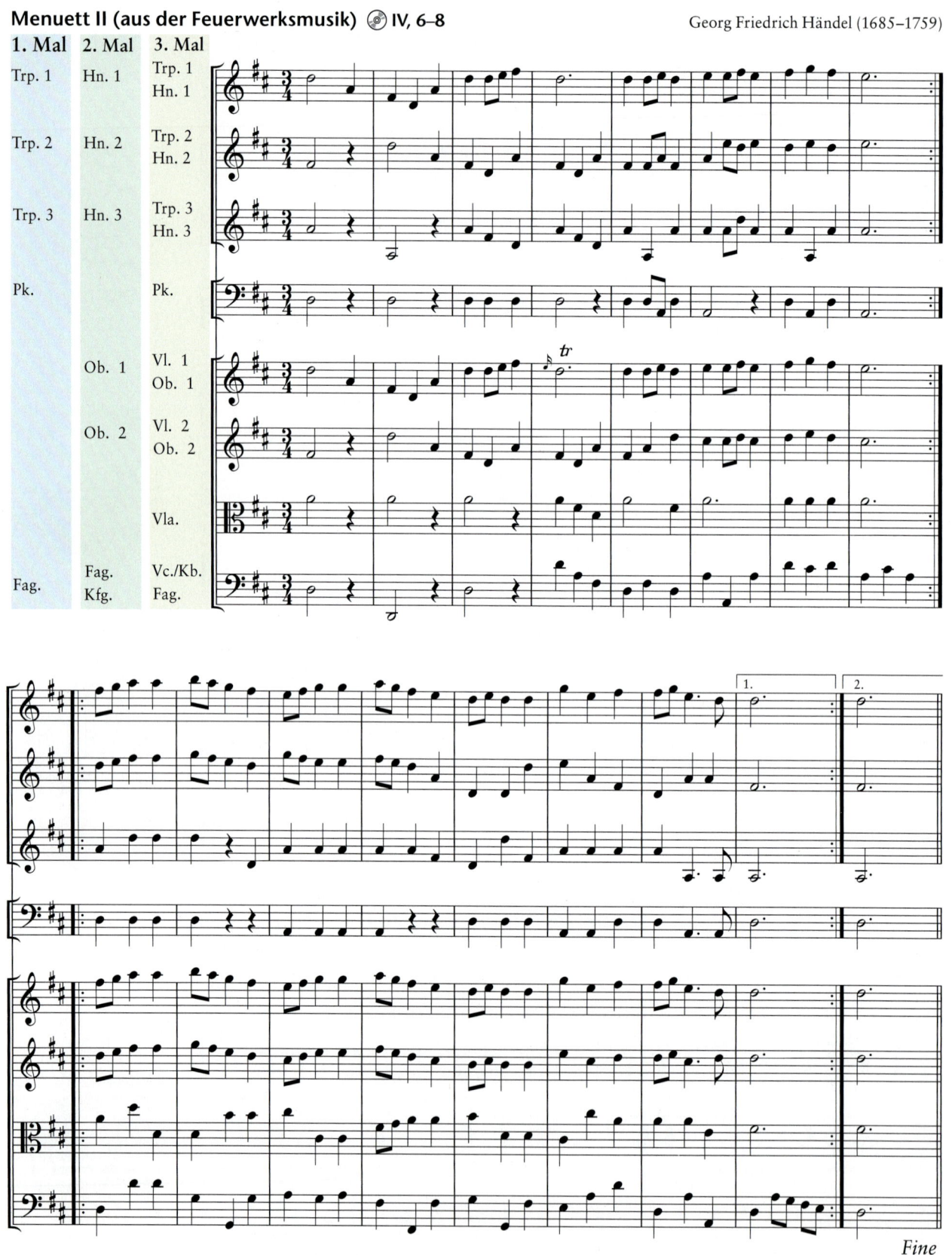

Fine

Eine Partitur mit drei Notenschlüsseln

Mit Notenschrift finden sich manche von euch leicht zurecht, andere brauchen mehr Zeit. Die folgenden Übungen verhelfen jedem von euch zu einem besseren Durchblick.

 **1.** In welcher Stimme der Noten auf S. 78 kommen nur zwei verschiedene Töne vor?

2. Welche Stimme hat den größten Tonumfang?

Notenschlüssel im Überblick

Notenschlüssel legen die Stellung der Töne im Liniensystem fest:

Violinschlüssel   Bassschlüssel

Man wählt den Schlüssel so, dass die jeweilige Stimme möglichst gut in den Bereich des Fünfliniensystems passt.

3. In welchen Takten und Stimmen findet ihr nur Töne des D-Dur-Dreiklanges (d–fis–a)?

4. Die Teile der Musik werden mehrmals wiederholt, wobei G. F. Händel die Klangfarben verändert (▶ S. 164 f.). Beachtet beim Hören die farbigen Felder.

5. Hört die Musik noch einmal und verfolgt dabei diesmal die Instrumente im Orchesterbild ▶ S. 118.

6. Welches Instrument in der Partitur ist im C-Schlüssel notiert?

> **Für Spezialisten: Der C-Schlüssel**
>
> Beim C-Schlüssel rückt die Note c1 an eine andere Stelle: hier in die Mitte des Liniensystems:
>
>

Stammtöne und Oktavbereiche

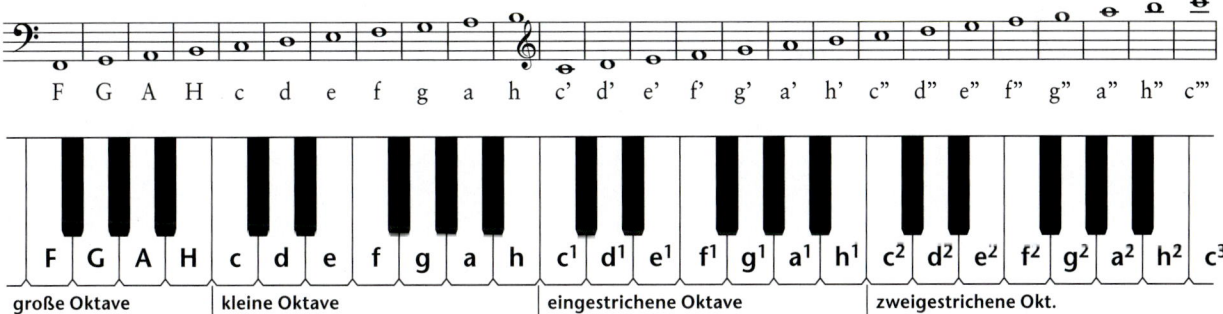

Vorzeichen

♯ = Kreuz: Erhöhung des Tons um einen Halbton.
♭ = „B": Erniedrigung des Tons um einen Halbton.

♮ = Auflösungszeichen: Kein Vorzeichen gilt mehr für diese Note.

Chromatische Skala aufwärts und abwärts

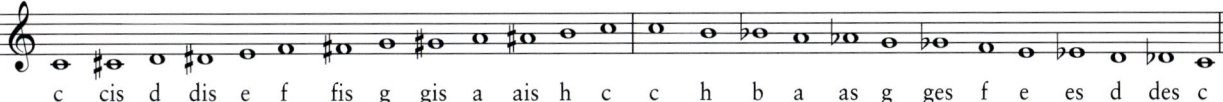

Wie Intervalle klingen

O-ye co-mo va mi rit-mo

▶ S. 100

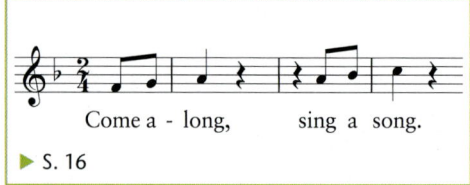

Come a - long, sing a song.

▶ S. 16

Intervalle zu bestimmen

…ist wichtig, um Tonleitern und Zusammenklänge von Tönen besser hören und verstehen zu können.

1. Manche Intervalle merkt man sich leicht durch Liedanfänge. Welche Intervalle erkennt ihr in den Beispielen?

„Tastatur" und „Schieber"

Kennt ihr diese Arbeitsmittel schon?

2. Übertragt nach Bedarf die Zeichnungen in größerem Maßstab auf Pappe. Durch Verschieben könnt ihr Intervalle von verschiedenen Anfangstönen aus sicher bestimmen.

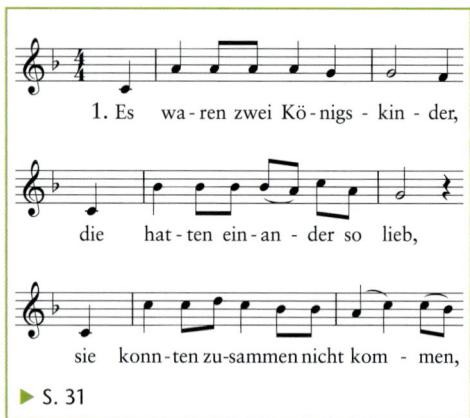

1. Es wa-ren zwei Kö-nigs - kin - der,

die hat-ten ein-an-der so lieb,

sie konn-ten zu-sammen nicht kom - men,

▶ S. 31

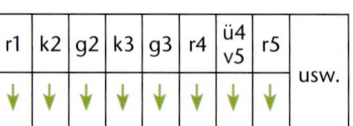

r1	k2	g2	k3	g3	r4	ü4 v5	r5	usw.

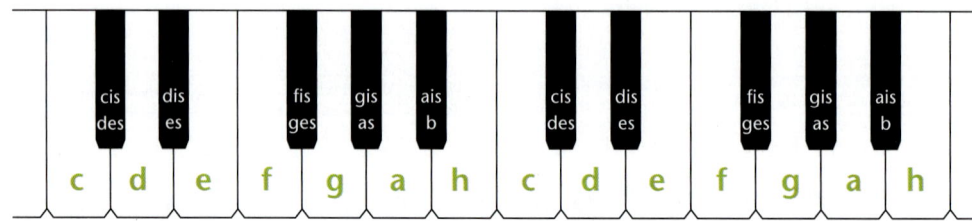

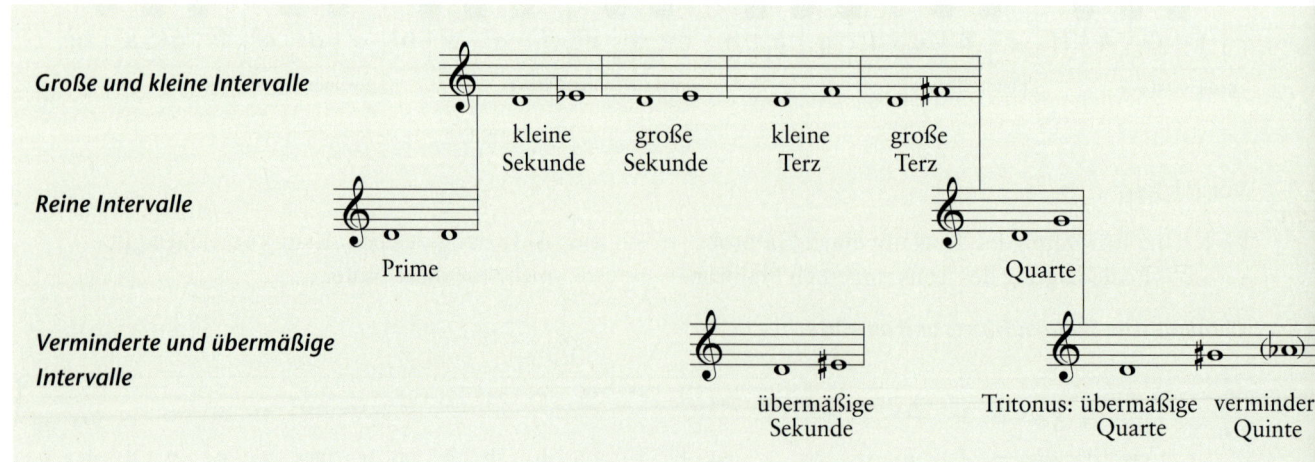

Große und kleine Intervalle

kleine Sekunde   große Sekunde   kleine Terz   große Terz

Reine Intervalle

Prime   Quarte

Verminderte und übermäßige Intervalle

übermäßige Sekunde   Tritonus: übermäßige Quarte   verminderte Quinte

Pentatonik (Fünftonskala)

In der ursprünglichen Musik vieler Völker findet man pentatonische Skalen (= Tonreihen). Die meisten sind halbtonlos.
Pentatonische Skalen können verschieden klingen:

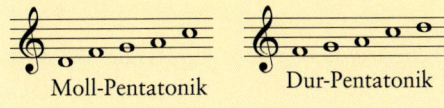

Moll-Pentatonik   Dur-Pentatonik

Cotton needs a-picking

Mit diesem Worksong begleiteten in den Südstaaten der USA Baumwollpflücker ihre Arbeit. Der Refrain ist nach dem Schema call („Cotton needs a-picking") und response („so bad") aufgebaut. Vorsänger und Arbeitsgruppe wechselten sich ab.

1. Probiert aus, wie das „call and response"-Singen im Refrain ablaufen könnte. Ihr braucht einen Vorsänger und einen Chor, der antwortet.

2. Schreibt die Melodietöne in einer Reihe auf. Erkennt ihr eine Dur- oder eine Moll-Pentatonik?

3. Begleitet euch mit den Tönen der pentatonischen Skala auf Instrumenten.

Text und Musik: aus den USA überliefert

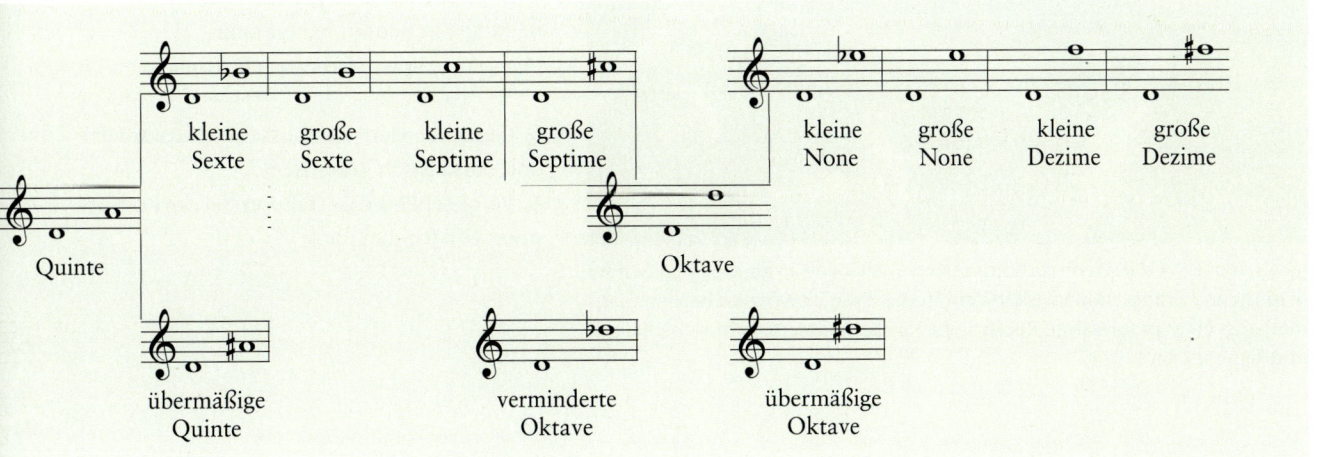

Musik aus dem Handy

Handy-Klingeltöne mit klassischer Musik sind weit verbreitet. Markante Motive aus populären Stücken erkennt jeder sofort wieder.

1. Summt, singt die Motive. Erkennt ihr sie wieder? Habt ihr sie auf dem Handy? Sind sie noch bekannt und beliebt?

2. Beschreibt ihre rhythmischen und melodischen Besonderheiten.

3. Versucht, eigene Melodien zu komponieren. Schränkt dabei den Tonvorrat ein (z. B. auf nur 5 Töne). Notiert eure Lösungen. Vergleicht sie mit den „Klassikern" oben.

„Wetten, dass jeder von uns eins hat? Wir dürfen es in der Schule nur nicht benutzen. Alles ist drin. Spiele, Logos, SMSen, MMSen, Fotografieren und ab ins Netz. Nur Telefonieren ist von gestern."

4. Führt das Statement des Schülers aus einer 8. Klasse fort. Macht den Text peppig und interessant. Sprecht ihn; wenn ihr Lust habt, rappt ihn auch (z. B. zu 🔘 **I, 23**).

„Mobile"

Die englische Komponistin Jocelyn Pook schrieb ein Stück über „Mobile" (engl. tragbares Telefon, dt. „Handy") für die King's Singers, ein renommiertes und weltweit bekanntes Männergesangsensemble.
Der dem Stück zu Grunde liegende Text äußert sich zum Handygebrauch:

Textausschnitt
The future's bright and present talking,
happens running, resting, walking –
it's held in the hand, in the open air,
or squeezed through a wire to the naked
ear –
connect, connected, silent, loud,
with public chats or private codes –
in gangs, in bed, in bars, alone,
news stays news with the telephone.
Text: Andrew Motion

5. Gestaltet den Textausschnitt sprachlich und musikalisch interessant.

6. Vergleicht eure Gestaltung mit der Komposition von Jocelyn Pook.

Jocelyn Pook (* 1960) studierte Komposition und Violine an der Guildhall School of Music and Drama London. Nach dem Studium war sie Mitglied bei den Communards, einer progressiven Rockgruppe. Sie komponierte zahlreiche Ballett- und Filmmusiken.

Mobile (Ausschnitt)

Text: Andrew Motion © Andrew Motion
Musik: Jocelyn Frances Pook © Edition Wilhelm Hansen, Hamburg

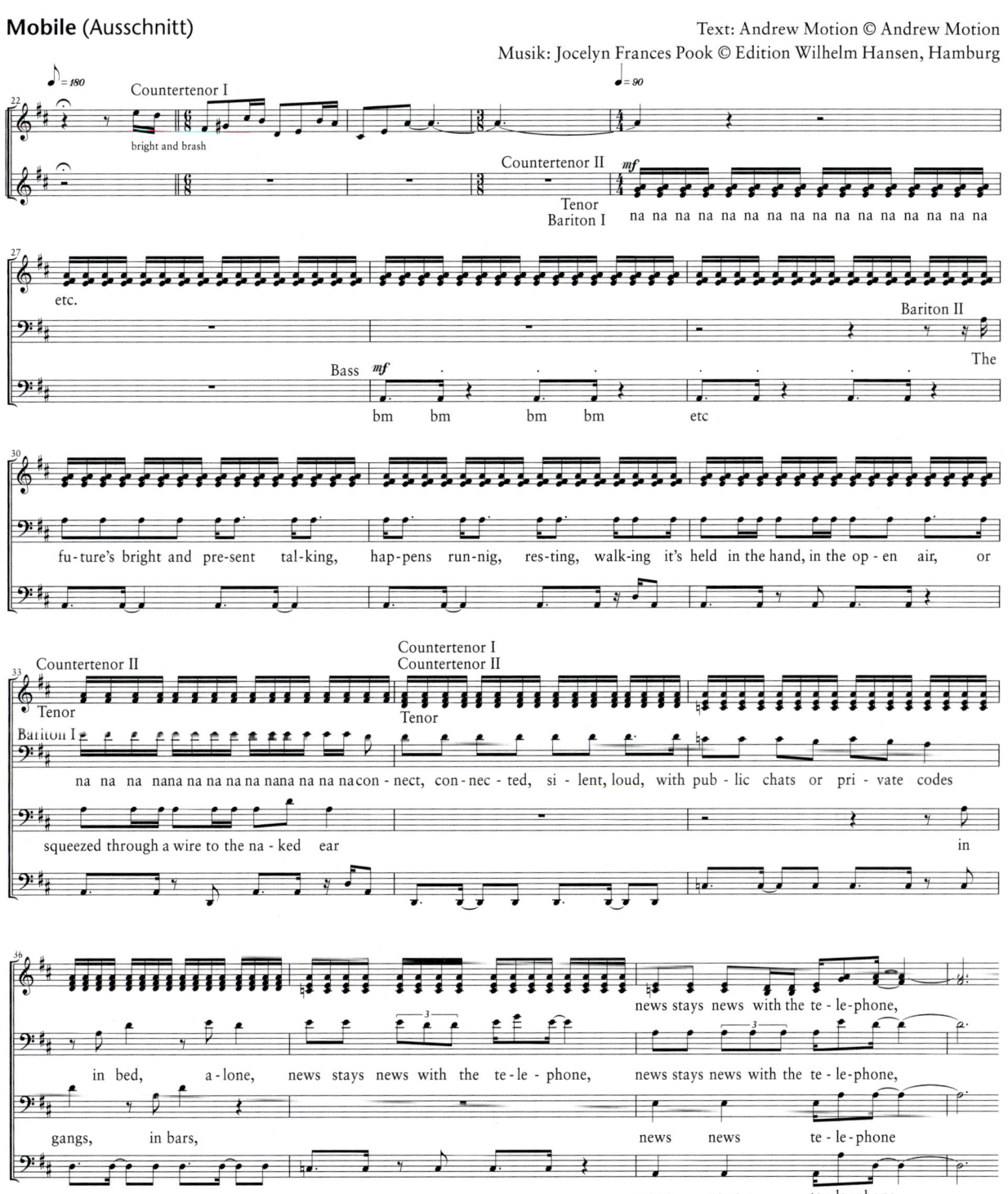

1. In einem Live-Mitschnitt von 2003 könnt ihr hören, wie das Publikum reagiert. Was könnt ihr selbst zu dem Stück sagen? II, 17

2. Versucht den Ausschnitt zu interpretieren. Macht auch Versuche mit Stimmen und Instrumenten (Repetitionen mit Keyboard oder Percussion).

Melodien in Dur und Moll

Morning has broken

Text: Eleanor Farjeon © Nachlass Eleanor Farjeon

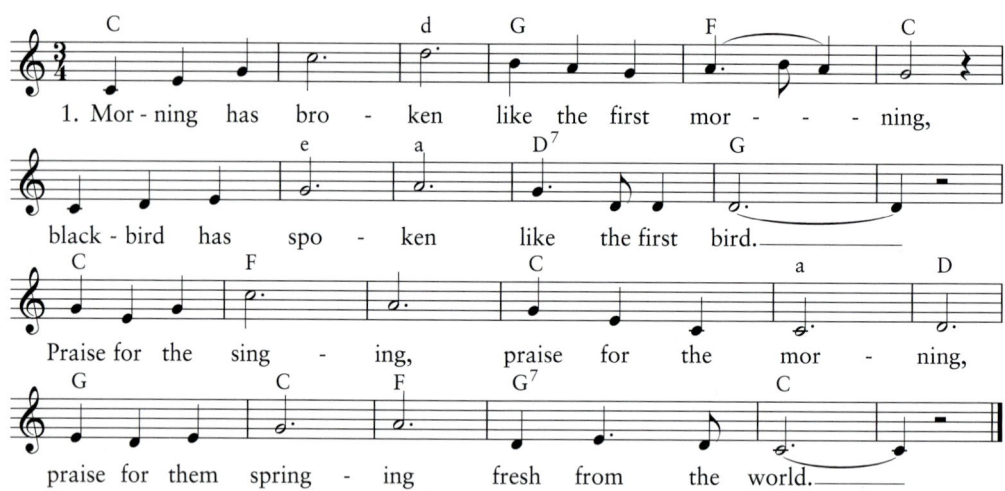

Dur-Tonleiter

Sie wird aus zwei gleichen Tetrachorden (Viertongruppen) gebildet.

1. Tetrachord   2. Tetrachord

1. Bestimmt den Umfang und den Tonvorrat der Liedmelodie. Ordnet die Töne zur Tonleiter.

2. Wo liegen Halbtöne? Um welche Tonleiter handelt es sich und wie ist sie aufgebaut?

3. Welcher Ton wird Leitton genannt und warum?

4. Singt das Lied in der notierten Tonlage. Empfinden das einige von euch vielleicht als etwas zu hoch? Transponiert dann die Melodie: Schreibt sie in einer passenden Tonart auf und singt sie in der neuen Tonlage.

Natürliche Moll-Tonleiter

Sie ergibt sich, wenn man zwei Töne (eine kleine Terz) unter der 1. Stufe einer Dur-Tonleiter einen neuen Grundton festlegt und darauf bei gleich bleibenden Tönen eine Tonleiter bildet.

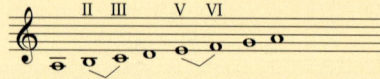

Harmonische Moll-Tonleiter

Sie lässt sich ausgehend von der natürlichen Moll-Tonleiter bilden, indem man die 7. Stufe (= Leitton) erhöht.

Parallele Tonarten

Eine Dur- und eine Molltonart mit gleichen Vorzeichen und Grundtönen im Abstand einer kleinen Terz werden parallele Tonarten genannt.

Melodische Moll-Tonleiter

Hier werden die 6. und 7. Stufe aufwärts erhöht, abwärts jedoch nicht.

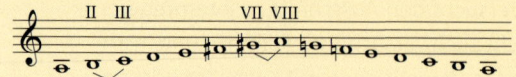

5. Woran könnt ihr Dur-Tonleitern und natürliche Moll-Tonleitern unterscheiden?

6. Bildet von den Tönen d und e aus alle drei Molltonleitern und nennt die parallelen Dur-Tonarten.

Hine matov

Text und Musik: aus Israel

1. Hi - ne ma-tov u - ma na – im she-vet a-chim gam - ya - chad.

2. Hi – ne ma – tov she-vet a-chim gam - ya - chad.

Text nach Psalm 133,1:
Siehe, wie fein und lieblich ist es, wenn Brüder einträchtig beieinander wohnen!

1. In welchen Moll-Varianten stehen die beiden Lieder auf dieser Seite?

Vem kan segla

Text und Melodie: aus Schweden
Textübertragung und Satz: R. N. © Klett

1. Vem kan seg - la för u - tan vind? Vem kan ro u-tan å - ror?
1. Wer kann se - geln ganz oh - ne Wind, ru - dern ganz oh-ne Ru - der?

1. Vem kan ro u-tan å - ror?
1. Ru-dern ganz oh-ne Ru - der?

Vem kan skil - jas från vän-nen sin u - tan att fäl - la tå - rar?
Wer kann schei - den von sei - nem Freund, oh - ne dass Trä - nen flie - ßen?

Vem kan skil - jas från vän-nen sin u - tan tå - rar?
Wer kann schei - den von sei - nem Freund, oh - ne Trä - nen?

Aussprache:
v = w,
u = ü,
å = o,
sk = sch

2. Jag kann segla för utan vind.
Jag kann ro utan åror.
Men ej skiljas från vännen min
utan att fälla tårar!

2. Ich kann segeln ganz ohne Wind,
rudern ganz ohne Ruder.
Doch nicht scheiden vom treuen Freund,
ohne dass Tränen fließen!

2. Lernt den schwedischen Text 🔘 **II, 18** und singt den Chorsatz auch in der Originalsprache.

Dreiklänge in Dur und Moll

Matilda, Matilda 🎵 II, 19

Text und Musik: Norman Span
© Hermann Schneider Musikverlag, Wien/Edition Primus Rolf Budde, Berlin

Dreiklänge in Melodien

Dass in der Melodie des Liedes „Matilda, Matilda" Dreiklänge eine Rolle spielen, sieht man in den Noten der ersten Zeile sehr schnell.

1. Welche Dreiklänge stellt ihr dort fest?

Dreiklänge auf Tonleiterstufen

Auf jeder Stufe einer Tonleiter kann mit den Tonleitertönen ein Dreiklang gebildet werden. Verschiedene Dreiklänge entstehen. Römische Ziffern geben die Stufen der Tonleiter an.

Dreiklangstöne

Sie werden nach ihrem Abstand zum Grundton bezeichnet:

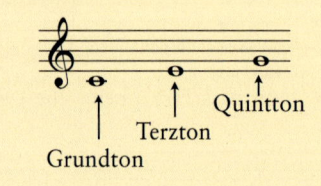

Haupt- und Nebendreiklänge in Dur

Die Dreiklänge auf der I., IV. und V. Stufe heißen *Hauptdreiklänge*, die anderen *Nebendreiklänge*.

Alle Hauptdreiklänge einer Dur-Tonart sind Dur-Dreiklänge. Sie werden oft mit besonderen Namen bezeichnet:

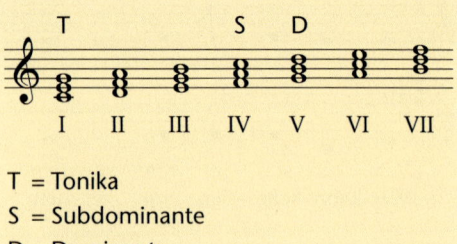

T = Tonika
S = Subdominante
D = Dominante

Dreiklänge in Begleitungen

Dreiklänge bestimmen nicht nur die Töne der Melodie des Liedes „Matilda", sondern auch die Begleitung.

2. Hört das Playback zum Lied 🎵 **II, 20**. Darin wird nur die Begleitung gespielt. Versucht, die Dreiklänge zu erkennen.

3. Welche Dreiklänge treten auf den anderen Stufen der Dur-Tonleiter auf? Versucht, sie hörend sowie aufgrund der Erklärungen auf ▶ S. 87 oben zu erkennen.

Vier Dreiklangsarten

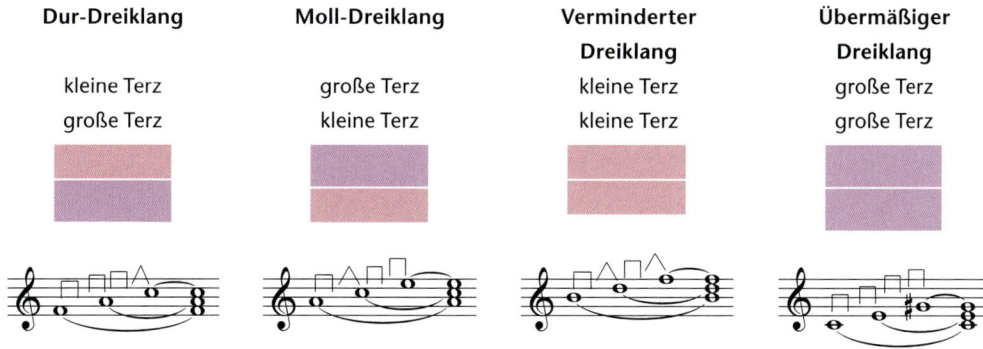

Dur-Dreiklang	Moll-Dreiklang	Verminderter Dreiklang	Übermäßiger Dreiklang
kleine Terz	große Terz	kleine Terz	große Terz
große Terz	kleine Terz	kleine Terz	große Terz

1. Bildet auf unterschiedlichen Tönen alle vier Dreiklangsarten.

Leitereigene Dreiklänge in harmonisch Moll

Beispiel a-Moll:

I   II   III   IV   V   VI   VII

Hauptdreiklänge in harmonisch Moll

t   s   D

I   II   III   IV   V   VI   VII

Tonika = t, Subdominante = s,
Dominante = D

(t, s = Kleinbuchstaben = Mollakkord)

2. Versucht, alle Dreiklänge auch nach dem Gehör zu unterscheiden und zu erkennen.

3. Vergleicht die Hauptdreiklänge in Dur und Moll.

Hevenu shalom alechem

Text und Melodie: aus Israel
Satz: Otmar Lang, © Klett

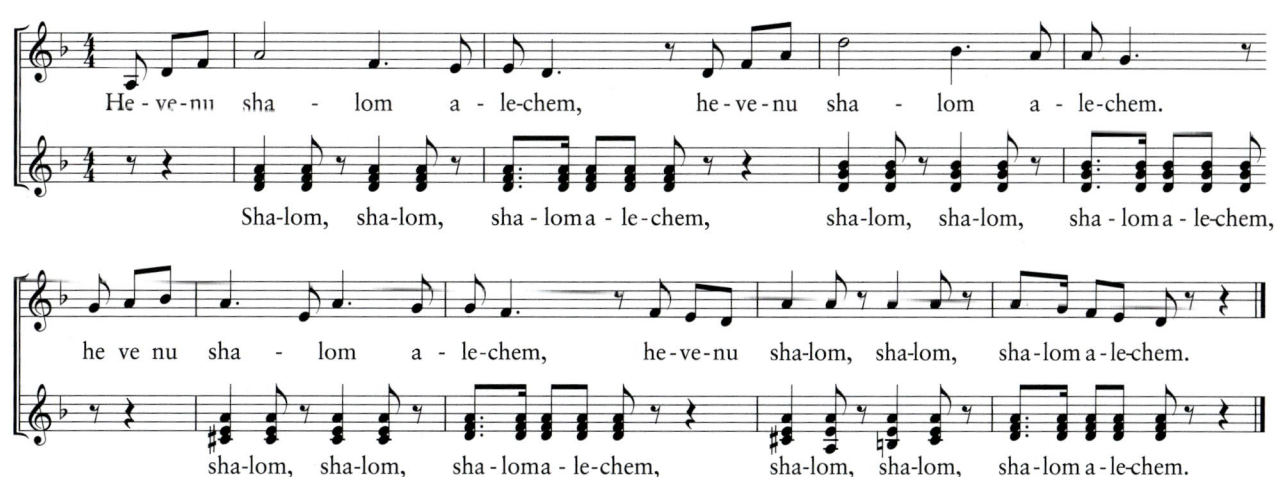

He-ve-nu sha - lom a - le-chem, he-ve-nu sha - lom a - le-chem.

Sha-lom, sha-lom, sha - lom a - le-chem, sha-lom, sha-lom, sha - lom a - le-chem,

he ve nu sha - lom a - le-chem, he-ve-nu sha - lom, sha-lom, sha-lom a - le-chem.

sha-lom, sha-lom, sha - lom a - le-chem, sha-lom, sha-lom, sha-lom a - le-chem.

Der hebräische Text des Liedes besagt: „Wir bringen Frieden für alle."

4. In welcher Tonart steht dieses Lied?
5. Wie heißen die Hauptdreiklänge?

Kadenz in Dur

Die Kadenz	Kadenz in Dur – Beispiel C-Dur
Die Folge der Hauptdreiklänge I–IV–V–I (Tonika, Subdominante, Dominante, Tonika) bildet einen Harmonieablauf, der jahrhundertelang und bis heute die harmonische Grundlage für viele Musikstücke darstellt: die Kadenz.	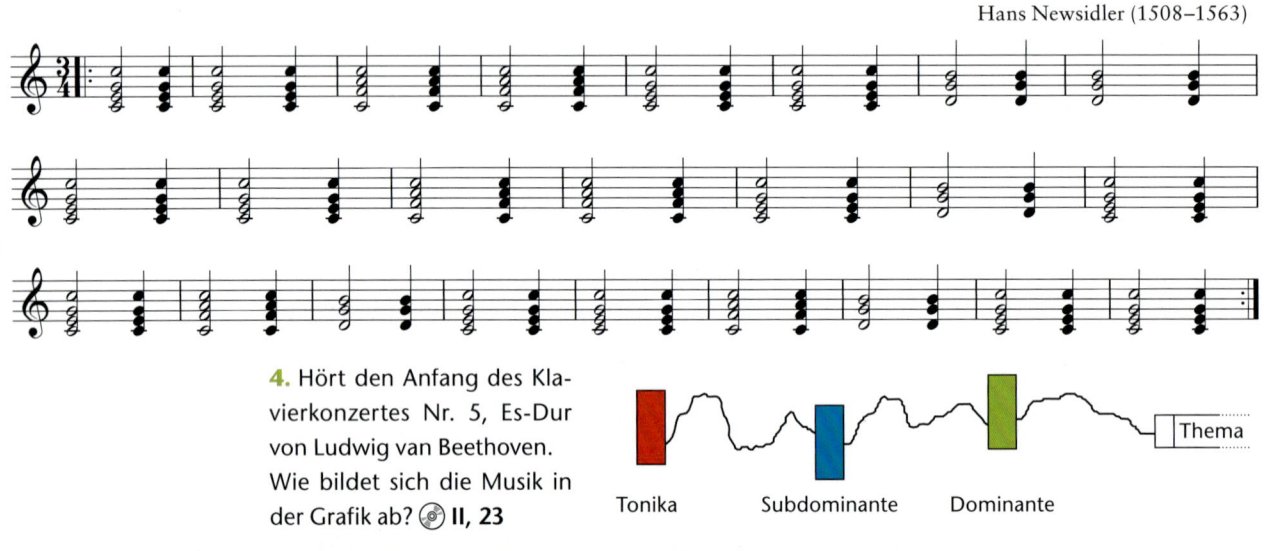

Kadenz zum Mitsummen

Im 16. Jahrhundert spielt der Komponist Hans Newsidler in einem Lautensatz mit den Akkorden der Dur-Kadenz. Er stellt die Akkorde dabei in verschiedener Reihenfolge vor.

1. Summt zuerst die Grundtöne der Akkorde.
2. Hört dann den Lautensatz und eine Variation. 💿 **II, 21, 22**
3. Versucht zum Schluss, die Akkorde in eurer Klasse langsam vierstimmig zu singen. Verdoppelt beim G-Dur-Akkord den Grundton.

Hans Newsidler (1508–1563)

4. Hört den Anfang des Klavierkonzertes Nr. 5, Es-Dur von Ludwig van Beethoven. Wie bildet sich die Musik in der Grafik ab? 💿 **II, 23**

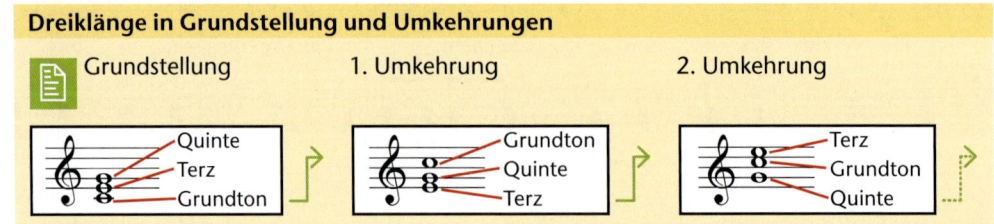

Tonika Subdominante Dominante

Dreiklänge in Grundstellung und Umkehrungen

Grundstellung   1. Umkehrung   2. Umkehrung

Verbindung der Hauptdreiklänge in der Kadenz – wichtige Regeln:

1. Gleiche Töne lässt man in derselben Stimme liegen.
2. Von Stimme zu Stimme geht man möglichst kleine Wege.
3. Der Leitton wird aufwärts zum Grundton geführt.

Beispiel: Kadenz in C-Dur von der Grundstellung aus:

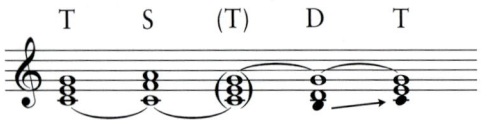

T   S   (T)   D   T

Fünf vor 12

Text: Michael Kunze,
Musik: Udo Jürgens (*1934) © Melodie der Welt

Und ich sah ei - nen Wald, wo man jetzt ei - nen Flug-platz baut.
Ich sah Re - gen wie Gift, wo er hin-fiel, da starb das Laub.
Und ich sah ei - nen Zaun, wo es frü - her nur Frei - heit gab.
Ich sah grau - en Be - ton, wo vor kur-zem die Wie - se lag.

Und ich sah ei - nen Strand, der ganz schwarz war von Öl und Teer.
Und ich sah ei - ne Stadt, in der zähl - te der Mensch nicht mehr.

Doch ich sah auch ein Tal, das voll blü-hen-der Bäu - me war.
Ei - nen ein - sa - men See, wie ein Spie-gel so hell und klar.

Und ich sah auf die Uhr: Fünf Mi - nu-ten vor Zwölf.

Ein engagiertes Lied

... soll mit Text und Melodie ein Problem wirkungsvoll darstellen. Beim Singen muss man seine Aussage inhaltlich bejahen und einen passenden Stimmausdruck finden.

1. Hört zunächst die Interpretation von Udo Jürgens. 💿 II, 24

2. Probiert dann aus, wie ihr die kurzen Textzeilen wirkungsvoll sprechen könnt.

3. Versucht dann, auch mit der Singstimme die Textzeilen packend zu gestalten, z. B. mit verschiedenen Lautstärken. Singt jemand allein, ist auch ein Sprechgesang möglich, bei dem die Melodie nicht genau wiedergegeben werden muss.

4. Schreibt eigene Textstrophen.

5. Erklärt die einfachen Harmonien des Liedes und begleitet euch beim Singen gegenseitig.

Mit „Merci, Cherie" wurde der österreichische Sänger und Komponist Udo Jürgens 1966 Sieger beim Grand Prix Eurovision. Viele seiner Schlager und Songs wurden populär. Die meisten davon komponierte und textete er selbst.

Und ich sah ei - nen Wald,

Kadenz mit Dominantseptakkord in Dur

Kadenz in Dur mit Bassstimme

Bei der vierstimmigen Kadenz wird mit den Grundtönen der Hauptdreiklänge eine Bassstimme gebildet. Neben dem Leitton trägt jetzt auch die fallende Quinte im Bass zur Wirkung der Kadenz bei (lat. cadere = fallen).

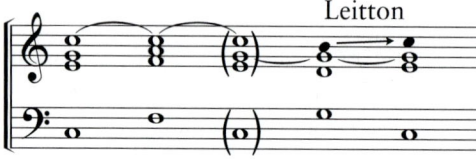

Kadenz in Dur mit Dominantseptakkord

Anstelle des Dominantdreiklangs wird oft der Dominantseptakkord (D^7) verwendet. Die kleine Sept ist hier dem Dreiklang zugefügt.

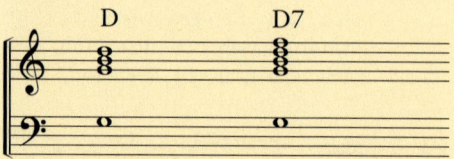

Der D^7 verstärkt die harmonische Spannung: Zusätzlich zum Leitton strebt jetzt auch die Septime nach einer Auflösung.

Deutscher Tanz

Ludwig van Beethoven (1770–1827)

Auch Beethoven schrieb populäre Musik wie diesen Tanz, einen Vorläufer des Walzers.

1. Erläutere die Gliederung der Melodie.

2. Welche harmonischen Stufen folgen aufeinander?

3. Zu welchen Dreiklangstönen und in welche Richtung lösen sich die Spannungstöne des D^7 auf?

4. Mit welchem Hauptdreiklang ist der Dreiklang d-f-a eng verwandt? Vergleicht die Dreiklangstöne. Wie ändert sich der Klang?

This is your land  II, 25

Woody Guthrie (1912–1967), © Essex Musikvertrieb, Hamburg

1. This land is your land,—— this land is my land,—— from Ca - li -
for - nia—— to the New York Is - land—— from the redwood for - est——
to the Gulf Stream wa - ters—— this land was made for you and me——

2. As I went walking that ribbon of highway,
   I saw above me that endless skyway,
   I saw below me that golden valley.
   This land was made for you and me.

3. I roamed and rambled and I followed my footsteps
   to the sparkling sands of her diamond deserts.
   All around me, a voice was sounding.
   This land was made for you and me.

4. In the squares of the city, in the shadow of the steeple,
   by the relief office I saw my people.
   As they stood there hungry I stood there whistling.
   This land was made for you and me.

ribbon = Band
sparkling = glitzernd
steeple = Kirchturm
relief = Sozialhilfe

1. Wie wechseln sich
T, S und D hier ab?

Eine Jazz-Interpretation

Jazzmusiker gehen bei ihren Improvisationen oft von den Harmonien der Musik aus, die in den Akkordsymbolen über den Noten angegeben sind. Über die Folge der Harmonien wird improvisiert. Manche Harmonien sind im Jazz durch Zusatztöne erweitert. (▶ S. 98)  II, 26

2. Welche Instrumente sind zu hören und wie tragen sie zur Musik bei?

 Erstellt zum Lied ein Arrangement mit einer rhythmischen Begleitung und den Akkorden:

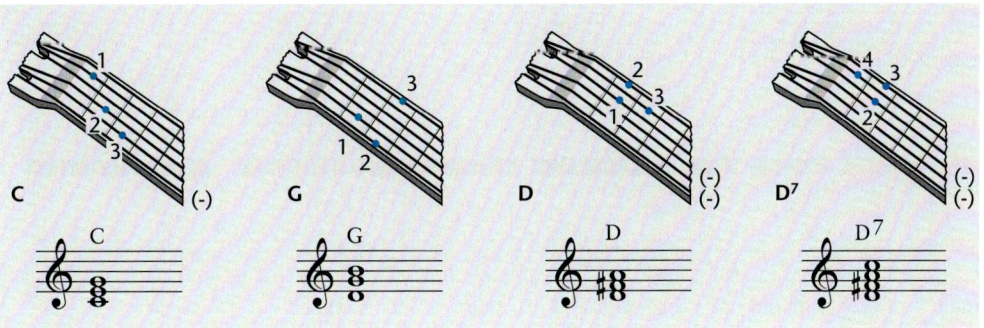

Kadenz mit Dominantseptakkord in Moll

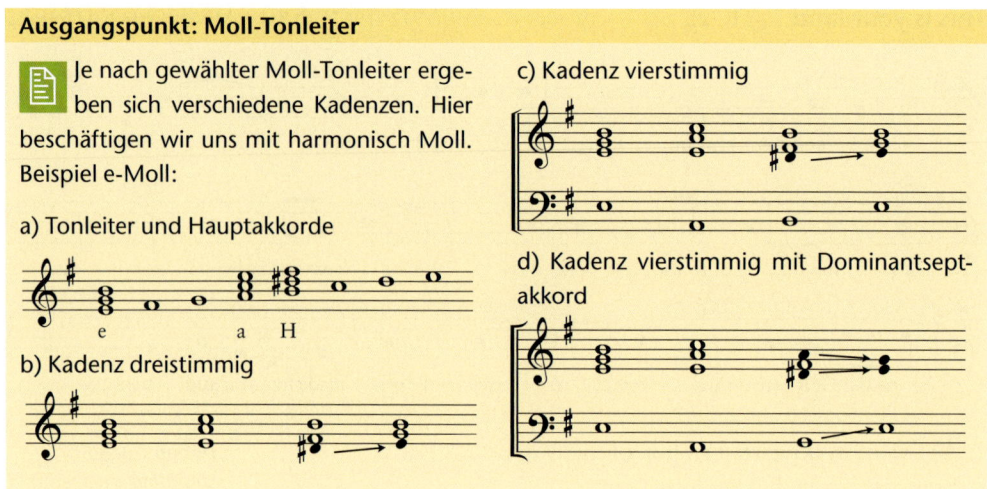

Ausgangspunkt: Moll-Tonleiter

Je nach gewählter Moll-Tonleiter ergeben sich verschiedene Kadenzen. Hier beschäftigen wir uns mit harmonisch Moll. Beispiel e-Moll:

a) Tonleiter und Hauptakkorde

e
a
H

b) Kadenz dreistimmig

c) Kadenz vierstimmig

d) Kadenz vierstimmig mit Dominantseptakkord

Dona, dona II, 27

Text: Aaron Zeitlin (jiddisch), Sheldon Secunda, Teddi Schwartz, A. Kevess (englisch)
Musik: Sholom Secunda © Neue Welt Musikverlag, Hamburg

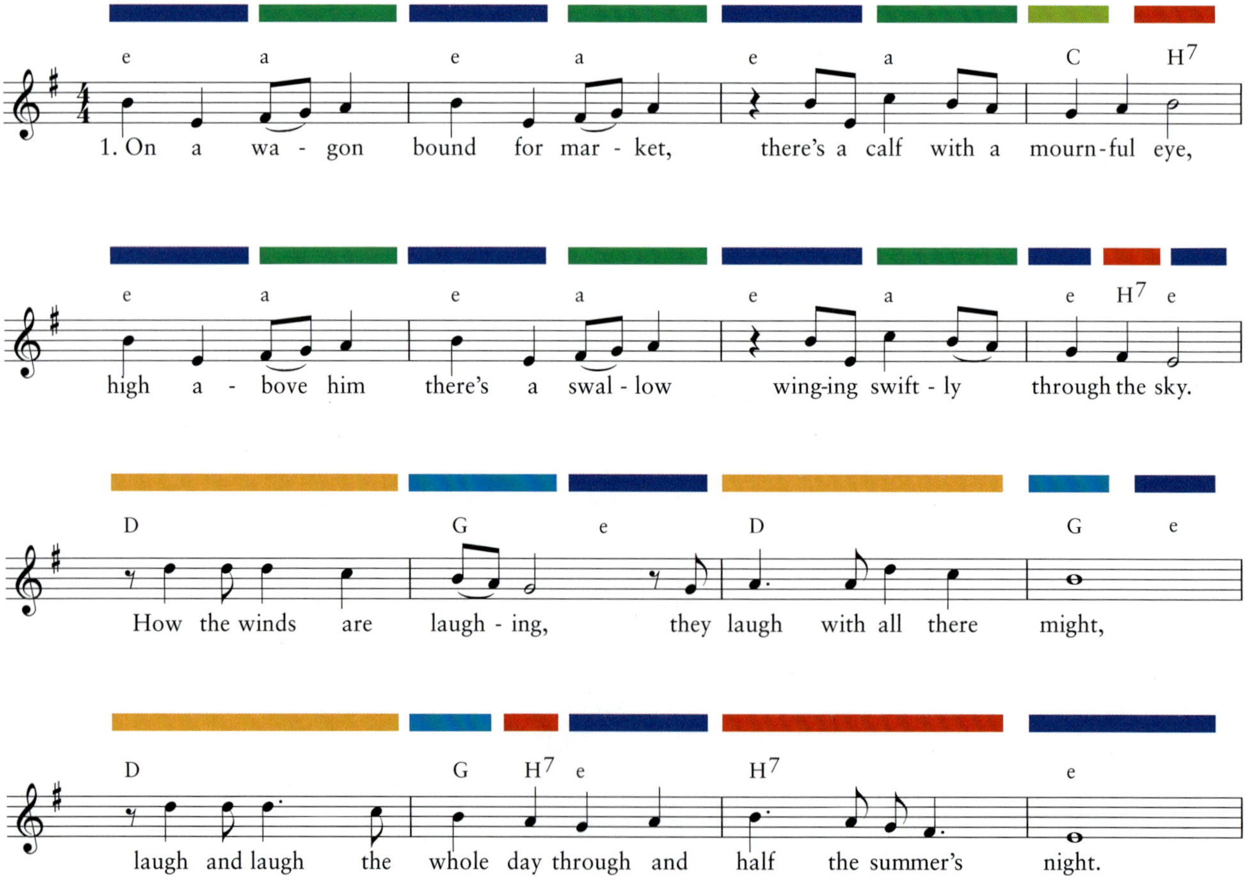
e a e a e a C H7
1. On a wa - gon bound for mar - ket, there's a calf with a mourn-ful eye,
e a e a e a e H7 e
high a - bove him there's a swal - low wing-ing swift - ly through the sky.
D G e D G e
How the winds are laugh - ing, they laugh with all there might,
D G H7 e H7 e
laugh and laugh the whole day through and half the summer's night.

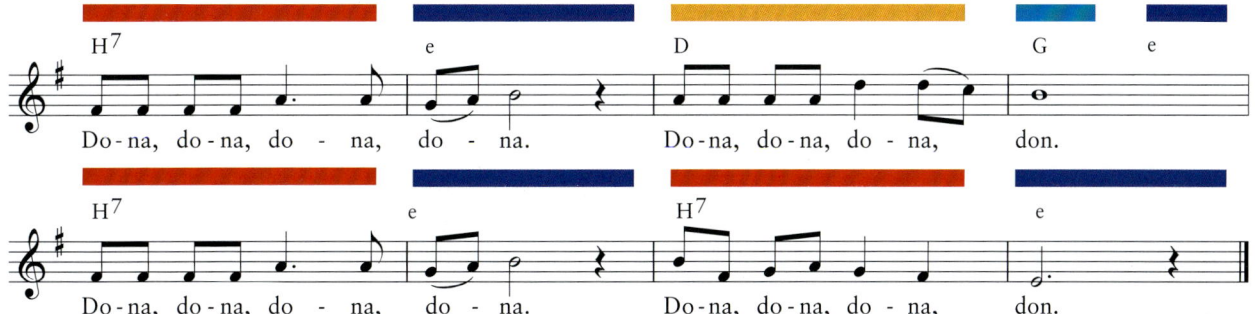

2. „Stop complaining!" said the farmer.
„Who told you a calf to be?
Why don't you have wings to fly with
like a swallow so proud and free?"
How the winds are ...

3. Calves are easily bound and sloughtered,
never knowing the reason why,
but whoever treasures freedom,
like the swallow has learned to fly.
How the winds are ...

Harmonie genau betrachtet

1. Wo findet ihr in den Harmonieangaben die Dreiklänge der Kadenz in harmonisch e-Moll?

Außer den Hauptdreiklängen sind über der Liedmelodie noch einige andere Akkorde angegeben. Sie bringen zusätzliche „harmonische Farben" in die Begleitung.

2. Welche Akkorde sind das?
3. Mit welchem Hauptdreiklang ist der C-Dur-Dreiklang eng verwandt? Vergleicht die Dreiklangstöne.

4. Mit welchem Hauptdreiklang ist der G-Dur-Dreiklang eng verwandt? Vergleicht auch hier die Dreiklangstöne.
5. D-Dur-Dreiklang: Er gehört nicht zum harmonischen e-Moll! Der Dreiklang tritt vor dem G-Dur-Dreiklang auf und bildet mit ihm außerhalb der Grundtonart einen kurzen eigenen harmonischen Raum. Beschreibt das harmonische Verhältnis von D-Dur zu G-Dur.

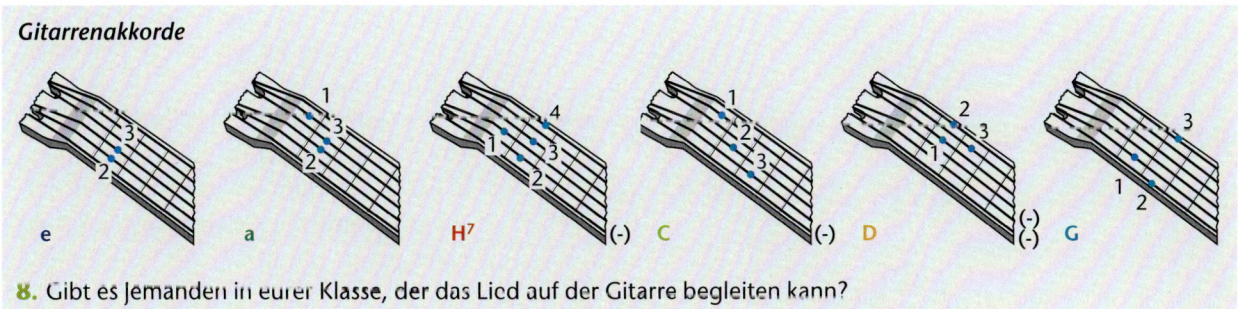

8. Gibt es jemanden in eurer Klasse, der das Lied auf der Gitarre begleiten kann?

„Dona, dona"

... geht zurück auf ein älteres Lied in jiddischer Sprache. Aber erst ein englischer Text und der Titel „Dona, dona" machten dieses Lied mit seiner tieferen Bedeutung populär. Auch Einspielungen berühmter Sänger(innen) wie Joan Baez oder Donovan trugen wesentlich dazu bei. II, 27
6. Was könnte mit dem Vergleich des Kalbs, das gebunden den Schlächter erwartet, und mit dem Bild des Vogels hoch am Himmel gemeint sein?

Von Tonart zu Tonart

Ungefähr um 1925 kamen Grammophone auf. Man drehte die Kurbel und spannte damit einen Federmechanismus, der die Scheibe mit der Schellackplatte zum Drehen brachte. Die Nadel lief in den Rillen der Platte und die aufgenommenen Schwingungen wurden durch den großen Trichter in den Raum hinein verstärkt. Es klang etwas schrill!

Der Textautor des Schlagers „Ich hab zu Haus ein Grammophon", Fritz Löhner-Beda, schrieb Texte vieler erfolgreicher Schlager. Einige hört man bis heute immer wieder, z. B. „Was machst du mit dem Knie, lieber Hans" und „Ausgerechnet Bananen". Löhner-Beda starb 1942 im Arbeitslager Monowitz.

Ich hab zu Haus ein Grammophon

Musik: Karel Hašler/Jara Beneš; Text: Fritz Löhner-Beda
© 1925 Wiener Bohème Verlag GmbH
(BMG Music Publishing Germany), München

Aus der musikalischen Trickkiste

Die Melodie wird jeweils einen Halbton höher gerückt, z.B. von C- nach Des-Dur, von Des- nach D-Dur, von D-Dur nach Es-Dur usw.

Die neue Tonart wird jeweils durch ihren Dominantseptakkord eingeführt.

1. 🔊 II, 28 Hört auf den harmonischen Trick und singt die Melodie Stufe um Stufe höher.

Die „Rückung" ist ein beliebtes harmonisches Mittel, um eine Melodie zu wiederholen, ihr gleichzeitig aber auch einen neuen „emotionalen Kick" zu geben.

2. Findet ihr zufällig ein Beispiel für den Rückungseffekt in eurem Musikrepertoire?

Modulation

Modulation bedeutet Tonartwechsel.
Das geschieht bisweilen „ruckartig" (= Rückung), oft aber auch sanft: über vermittelnde, verwandte Akkorde (= Modulation).

Melodien in andere Tonarten setzen – mit Keyboard und Computer kein Problem!

Wenn man ein Lied in einer zum Singen passenden Tonhöhe aufschreiben will, muss man es manchmal transponieren. Die Technik macht das Transponieren leicht:

– *Keyboards* (▶ S. 66)
haben meist einen Regler (Transpose), mit dem sich eine Tonfolge auf jede beliebige Tonstufe setzen lässt, obwohl man immer die gleichen Tasten spielt.

– *Musikprogramme für den Computer* (▶ S. 202 f.) können eine Tonfolge auf Wunsch automatisch in eine andere Tonart versetzen.

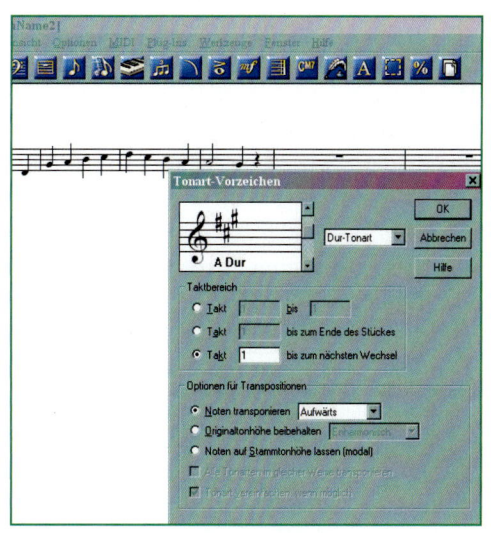

1. Setzt die Liedzeile „Ich hab zu Haus ein Grammophon" in verschiedene Dur-Tonarten.

2. Versucht, die verschiedenen Möglichkeiten des Auswahl-Menüs zu erklären.

Der „Quintenzirkel"

… gibt eine Übersicht über die Verwandtschaft der Tonarten. Diese sind in aufsteigenden bzw. fallenden Quinten angeordnet. Im Außen- und Innenkreis stehen die parallelen Tonarten (▶ S. 84) beieinander, die Durtonarten außen (Großbuchstaben), die parallelen Molltonarten innen (Kleinbuchstaben).

Spielt man die Quintschritte der Grundtöne in auf- und absteigender Folge, so kommt man „nach unten" zum Ton „ges", „nach oben" zum Ton „fis" – und auf dem Klavier zur gleichen Taste.

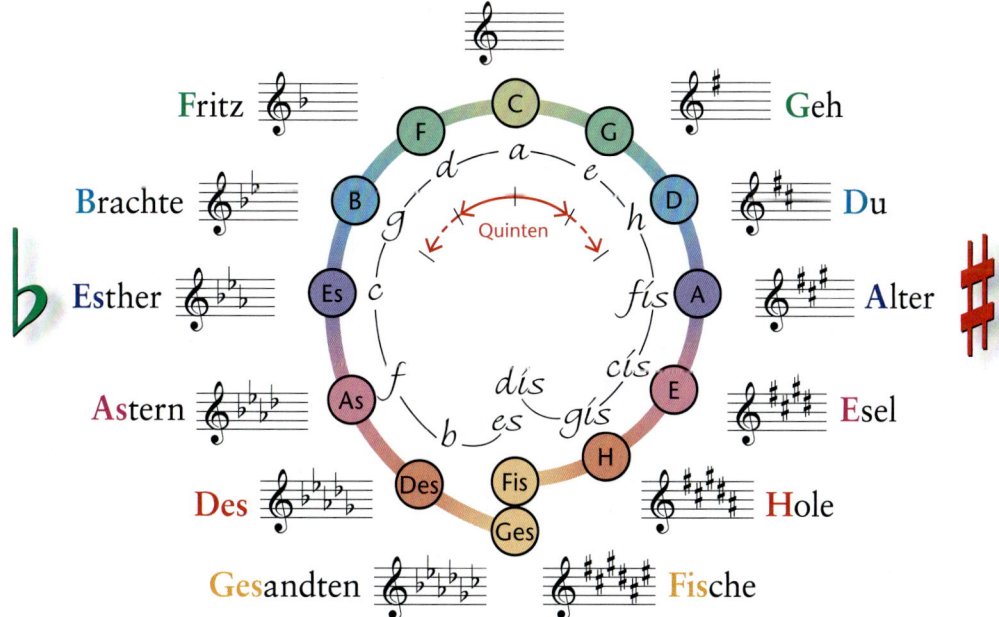

3. Lerne die Merksprüche – oder erfinde eigene.

4. Bilde Tonleitern in ausgewählten Tonarten.

Die Blues-Strophe

Der Blues

Zur Zeit seiner Entstehung am Ende des 19. Jahrhunderts wurde der Blues von Schwarzen gesungen, vor allem in den Südstaaten der USA. „Blues" meinte ursprünglich eine niedergeschlagene Stimmung. Das Wort wurde später auf die Musik, in der sich diese Stimmung ausdrückte, übertragen. Der Blues hat fast alle Stile der Jazz- und Rockmusik beeinflusst (▶ S. 182 ff.).

1. Das Notenbild kann die vielen Tonhöhenabstufungen des Blues-Gesangs nicht wiedergeben. Der Begriff „dirty intonation" deutet an, dass die Tonhöhen nicht exakt gesungen werden. Vergleicht die Notation der Melodie mit der Interpretation von Wizz Jones.

💿 **III, 1**

Blues and trouble   Text und Musik: aus den USA

Musikalische Merkmale

Blues-Skala

Viele Melodien verwenden die Blues-Skala. Sie kann als Moll-Pentatonik (▶ S. 81) mit zusätzlich eingefügter verminderter Quinte beschrieben werden:

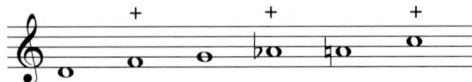

Blues-Akkorde

Die Dreiklänge der Dur-Kadenz werden in der Regel zu Septakkorden erweitert:

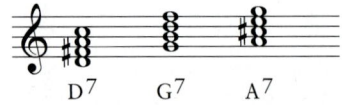

Blue notes

Die kleine Terz, die verminderte Quinte und die kleine Septime treten zu den Dur-Begleitakkorden in eine besondere Spannung. Diese „Blue notes" sind im Notenbild links mit + gekennzeichnet.

2. Erklärt die Blue notes an der Liedmelodie.

Blues-Strophe

Die Melodie des Blues ist häufig in drei Abschnitte gegliedert: a – a' – b. Die Pausen des Sängers/der Sängerin werden durch die begleitenden Instrumente gefüllt. Diesen Wechsel bezeichnet man auch als „call and response". ▶ S. 46, 81

Schema der 12-taktigen Blues-Strophe am Beispiel „Blues and trouble":

call		*response*		*call*		*response*					
D^7	(G^7)	D^7		G^7		D^7		A^7	(G^7)	D^7	A^7
1	2	3	4	5	6	7	8	9	10	11	12
a				a'				b			

Keine-Zeit-Blues

Text: Jürgen Spohn © Beltz & Gelberg
Musik und Satz: C. H. © Klett

1. Kei-ne Zeit, mich mal zu lo-ben, kei-ne Zeit, mal mit - zu-to-ben, kei-ne
Zeit, nach mir zu fra-gen, kei-ne Zeit, mal komm zu sa-gen, kei-ne

Zeit. _____
Zeit. _____ Gruppe 2

Kei-ne Zeit für lie-be Wor-te, kei - ne
Kei-ne Zeit, da-bei zu sein, a - ber

...kei-ne Zeit! _____ Uh,

Zeit für ei - ne Tor-te, kei - ne Zeit. _____
Zeit, mich an - zu-schrei'n, da - für Zeit!

uh, _____

da - für kei - ne Zeit,

Kei-ne Zeit mehr für ein Spiel, kei - ne Zeit das ist nicht

ne kei-ne Zeit. Kei-ne Zeit mehr für ein Spiel, kei - ne Zeit

viel!

2. Kei - ne

das ist nicht viel.

viel.

Schlagzeug-Rhythmen

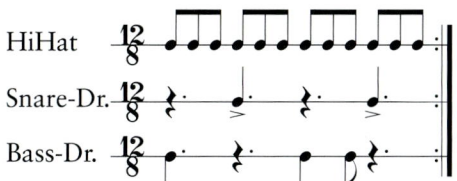

HiHat
Snare-Dr.
Bass-Dr.

1. Vergleicht „Blues and trouble" und „Keine Zeit-Blues". Worin ähneln sich beide Lieder? Entdeckt und erklärt die verschiedenartige rhythmische Notation.
2. Ein Blues-Text ist etwas Persönliches. Textet und singt euren eigenen Blues.

„Farbige" Akkorde

„Autumn leaves"

An die Melodie dieses Songs erinnert man sich bald: Denn der erste Teil hat ein auffallend kurzes Motiv, das mehrmals hintereinander wiederholt wird.

1. Welcher Fachbegriff passt zu dieser Art der Motivwiederholung? Schlagt auf ▶ S. 131 nach.

Auch die Folge der Begleitakkorde ist bei diesem Titel interessant und abwechslungsreich. „Autumn leaves" ist ein international gespielter „Standard" geworden, über den viele Jazzmusiker gerne improvisieren.

 2. Erläutert die farbig gekennzeichneten Akkorde.

3. Hört oder spielt die Akkorde des Liedanfangs einmal ohne und einmal mit Erweiterungstönen und vergleicht.

4. Singt selbst und begleitet nach Möglichkeit „Autumn leaves".

Akkorderweiterungen

Die Akkordangaben über der Melodie sind in einer international gebräuchlichen Weise aufgeschrieben:

  Großbuchstabe = Dur-Dreiklang

  Großbuchstabe + m = Dreiklang in Moll

Dazu kommen Töne, die den Dreiklang (Akkord) erweitern und der Musik interessante Farben geben – feine Farben wie die von Herbstblättern!

  7 = zum Dreiklang hinzugefügte kleine Septe

  Maj7 = Dur-Dreiklang mit hinzugefügter großer Septe

  ♭5 = verminderte Quinte (▶ S. 87)

Kadenzfolge II-V-I

Diese Akkordfolge ist an Stelle der klassischen Kadenz IV-V-I in Pop und Jazz häufig zu hören. In e-Moll heißen die Akkorde:

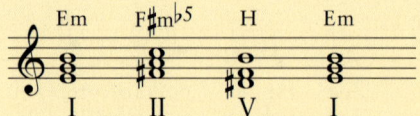

Mit einigen weiteren Tönen klingt die Kadenz I-II-V-I noch reizvoller:

Autumn leaves

Text: Jacques André Marie Prévert, Übersetzung: Johnny Mercer, Musik: Joseph Kosma, Satz: Philipp Nykrin © Editions Enoch & Cie., Paris, für Deutschland: Edition Marbot Hamburg

the sunburned hands I used to hold. Since you went a-way

the days grow long. And soon I'll hear old win-ter's song.

But I miss you most of all, my dar-ling,

when au-tumn leaves start to fall.

Französischer Originaltext

C'est une chanson qui nous ressemble
toi tu m'aimais et je t'amais.
Et nous vivions tous deux ensemble
toi qui m'aimais moi qui t'aimais.
Mais la vie sépare ceux qui s'aiment
tout doucement sans faire de bruit.
Et la mer efface sur le sable
les pas des amants désunis.

J. Prévert

Text (frz.): Jacques André Marie Prévert, Jacques
Charles Enoch © Editions Marbot, Hamburg

1. Hört, wie die Sängerin Dee Dee Bridgewater mit einer Jazzcombo „Autumn leaves" interpretiert. Notiert den Ablauf und eure Beobachtungen.

II, 29

Santana „Oye como va"

Carlos Santana mit
seiner Band

1. „Oye como va" war 1971 ein Hit in den USA und wurde auch in Europa sehr bekannt. Hört die Originalmusik. 🎧 **II, 30**

2. Klatscht die folgenden Rhythmen zum Anfang von Santanas Musik. Wenn es euch gelingt, muss genau am Ende der Gesang einsetzen!

Intro

Break

Ein kurzer, rhythmisch-melodischer Einschub in den grundsätzlichen Ablauf, oft solistisch.

Break 1

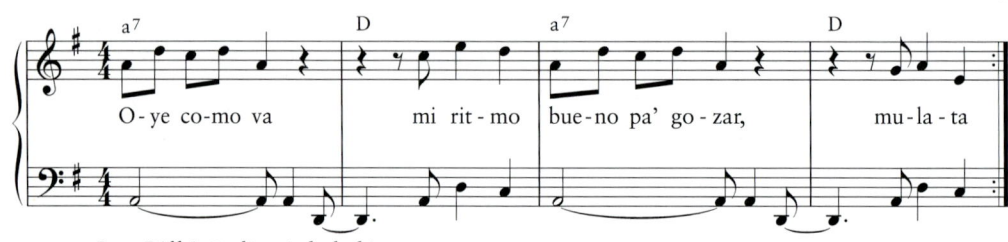

Oye como va

Text und Musik: Tito Puente
© EMI, Hamburg

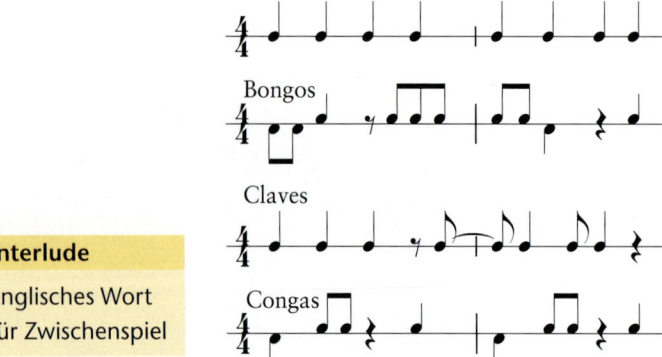

Bass-Riff *(ständig wiederholt)*

Riff

Ein ständig wiederholtes rhythmisches Motiv.

3. Übt die folgenden Rhythmen einzeln und in Kombination. Der typische Santana-Klang entsteht unter anderem durch die Verbindung von Drumset und Latin Percussion. Viele Schlaginstrumente können mitspielen – auch zur Originalaufnahme!

Cabaza

Kuhglocke

Bongos

Claves

Interlude

Englisches Wort für Zwischenspiel

Congas

Die Tonskala des Stückes

Rock- und Jazzmusiker legen ihrem Spiel gerne besondere Tonskalen zugrunde. „Oye como va" verwendet eine Tonreihe, die viele Jahrhunderte alt ist und zu den Kirchentonarten gehört. Sie heißt „dorisch".

4. Neigt die Reihe eurer Ansicht nach zu Dur oder zu Moll? Hört und betrachtet die Lage der Halbtöne.

So beginnt Carlos Santana seine Improvisation:

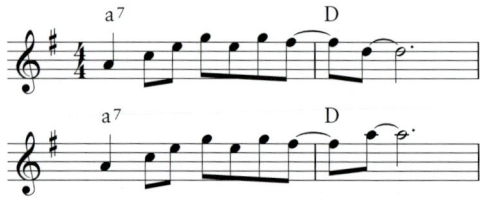

„Oye como va" – Übersicht in Takten zum Mitlesen

	1	2	3	4	5	6	7	8
Intro	1	2	3	4	5	6	7	8
Gitarrensolo	1	2	3	4	5	6	7	8
Break 1	1	2	3	4				
Strophe	1	2	3	4	5	6	7	8
	1	2						
Gitarrensolo	1	2	3	4	5	6	7	8
(Carlos Santana)	1	2	3	4	5	6	7	8
	1	2	3	4				
	1	2	3	4	5	6		
Interlude Break 2	1	2	3	4				
Gitarren	1	2	3	4	5	6	7	8
E-Orgel	1	2	3	4	5	6	7	8
(Greg Rolie)	1	2	3	4	5	6	7	8
	1	2	3	4	5	6		
Break 3	1	2	3	4	5	6		
Strophe	1	2	3	4	5	6	7	8
	1	2	3	4				
Gitarrensolo	1	2	3	4	5	6	7	8
	1	2	3	4	5	6	7	8
	1	2	3	4	5	6	7	8
Schluss	1	2	3	4				

1. Zeigt beim Hören die Takte im Buch mit.

2. Erläutert die verschiedenen Farbmarkierungen. Was gehört zusammen?

Akkorde für Keyboard

Akkorde für Gitarre

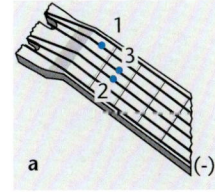
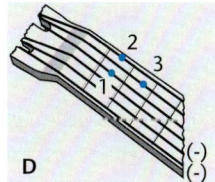

Euer Arrangement

3. Übt genügend Bausteine.

4. Erfindet auch selbst Melodien – zunächst über die Quinte a–e, 8 Takte lang.

5. Entwickelt abschließend ein eigenes Arrangement.

Pieces of Africa

Detailansicht einer Wand mit der Sonne und dem mauretanischen Mond-und Sterne-Emblem. Gemalt von Fenda Gandega aus dem Dorf Djajibinni Gandega. (Coverabb. von „Pieces of Africa")

Begegnung mit dem Fremden

Der Komponist Dumisani Maraire wurde 1944 in Chakohwa/Zimbabwe geboren. Als seine Mutter 1989 starb, hat er ihr das Musikstück „Mai Nozipo" (Mutter Nozipo) gewidmet. Für die Besetzung wählte er ein Streichquartett (2 Violinen, Viola und Violoncello) und eine Trommel.

Mai Nozipo (Thema)

Dumisani Maraire (1944–1999)
© United Methodist Church Music Service, Cashel, Simbabwe

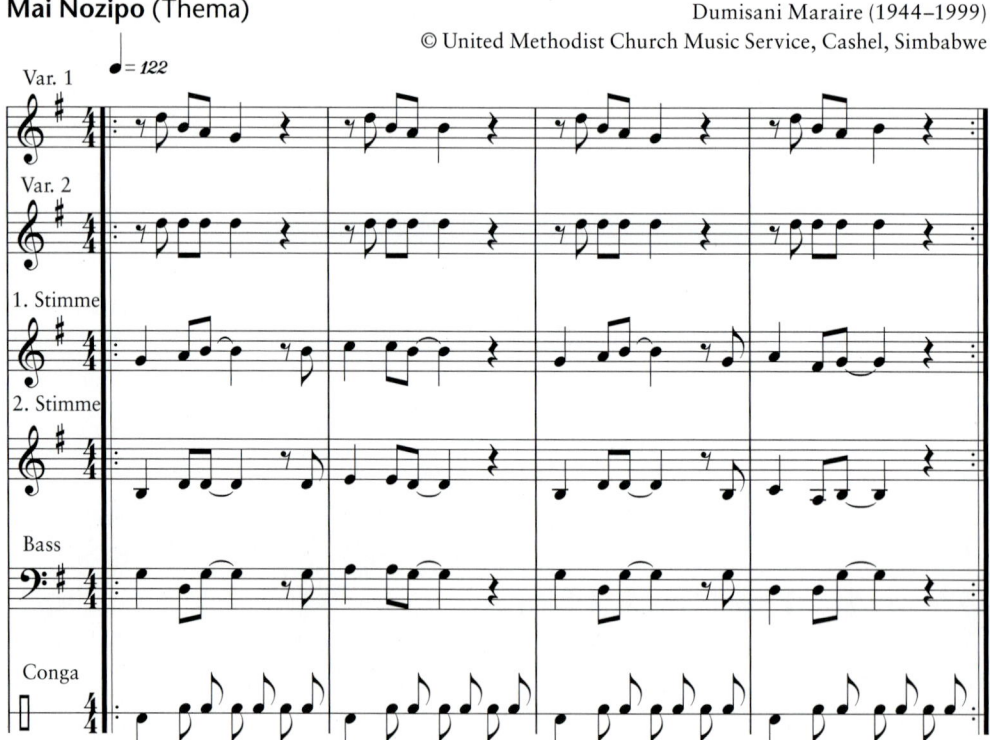

1. Übt die einzelnen Stimmen des „Themas".   **2.** Baut euren Satz Element für Element auf. Achtet auf genaues Zusammenspiel.

Der Komponist äußert sich zum Inhalt seiner Musik:

Mein Ziel war, das Leben meiner Mutter darzustellen. Ich schrieb das Stück in drei Teilen:

Der erste beschreibt mein Leben mit meiner Mutter auf der Erde. Es war sehr liebevoll, voller Fürsorge und Glück.

Der zweite Teil ist traurig, denn er dreht sich um den Tod.

Der dritte Satz (= Teil) ist wieder heiter und stellt dar, dass es meiner Mutter gut geht und wie sie sich um mich und ihre Kinder in der jenseitigen Welt oder im Himmel kümmert.

Wir werden sie wiedersehen, wenn wir sterben.

Aus dem Booklet zu „Pieces of Africa"

1. Lest den Text von Dumisani Maraire zu seinem Stück und vertieft euch in die Komposition. Arbeitet Merkmale zu den verschiedenen Teilen heraus, z. B. Spieltechnik der Instrumente, Dynamik, Tempo, Zusammenspiel und die Melodiegestaltung. II, 31–33

2. Das Plattencover „Pieces of Africa" ist mit Mustern von Hauswänden aus dem Senegal und aus Nigeria gestaltet. Seht ihr Zusammenhänge zur Komposition „Mai Nozipo"?

3. Maraire schreibt als Erinnerung an seine Mutter eine Komposition. Könntest du dir vorstellen, über deine Eltern zu schreiben?

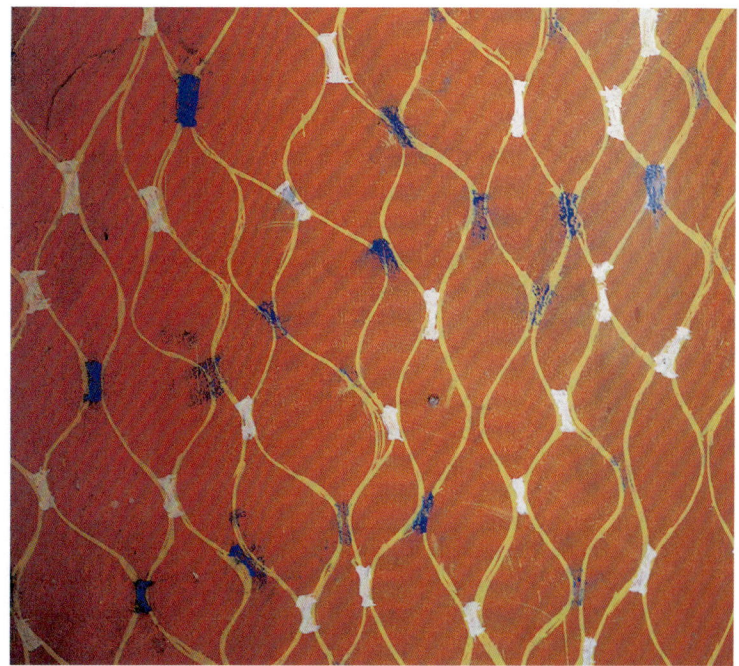

4. Die Interpreten des Stückes verfolgen mit ihrer Interpretation bestimmte Ziele. Wertet das folgende Zitat von David Harrington, dem 1. Geiger des Kronos-Quartetts, aus:

„I've always wanted the string quartet to be vital and energetic, and alive … and be beautiful and ugly if it has to be. But it has to be expression of life."

Feine Linien ergeben ein rhythmisches Muster – die Abbildung eines geknüpften Fischnetzes. Nri, Nigeria (Bookletabb. von „Pieces of Africa")

Das Kronos-Quartett im Konzert

Wichtige Spieltechniken auf Streichinstrumenten:

arco: mit dem Bogen gestrichen
pizzicato: mit den Fingern gezupft
vibrato: Belebung des Tons durch Bebung der linken Hand
glissando: Gleitklänge auf dem Griffbrett
col legno: mit dem Bogenholz gespielt
sul ponticello: am Steg gestrichen
sulla tastiera: auf dem Griffbrett
flautando: nahe am Griffbrett
heute auch perkussive Techniken

Lautes haut dich um

Hörschäden

Wenn Konzerte unvergesslich bleiben, hat es nicht immer mit dem tiefen Erleben zu tun, sondern in vielen Fällen auch mit einer irreparablen Schädigung des Gehörs. Zu laute Musik ist eine Gefahr für die Ohren. Dennoch gehört der hohe Schallpegel in der Freizeit junger Leute zum unverzichtbaren Lustfaktor.

Ein Open-Air-Konzert mit viel „Saft" bringt bei einem Lautsprecher von 1000 W im Abstand von 3 m 122–112 dB, von 10 m 102 dB und von 40 m immerhin noch 90 db.

Schäden durch Überbelastung zeigt das Hörorgan mit kurzzeitiger Ertaubung an. Akuter Sauerstoffmangel schädigt die Zilien (= Rezeptoren). Sie verkleben, verkümmern und brechen ab.

Zilien intakt

Zilien verklebt

Zilien absterbend

Der Verwaltungsgerichtshof Mannheim hat entschieden, dass der Eigentümer eines 60 m von einer Mehrzweckhalle entfernten Grundstücks die bei Disco-Veranstaltungen von dort mit 45–50 dB (A) hörbare Musik hinzunehmen hat, wenn die Veranstaltungen allenfalls achtmal im Jahr stattfinden und jeweils um 21:00 Uhr beendet sind (DWW 1986 S. 247).

1. Damit ihr einen Eindruck davon bekommt, wie sich das Hörvermögen verändert, wenn das Gehör geschädigt ist, hört euch die Beispiele ⓒ III, **2–5** an. Was genau hat sich verändert?

2. Kennst du das auch – Ohrensausen? Wann hast du es?

3. Wer ist für die Hörschäden verantwortlich? (Rollenspiel)

4. Wie schützt du dich gegen eine Überdosis Lärm?

Zulässige Schallbelastung

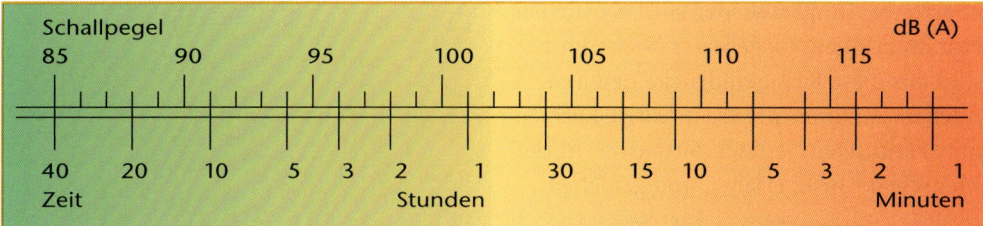

Schallpegel							dB (A)
85	90	95	100	105	110	115	
40 20 10	5 3 2	1	30	15 10	5 3 2	1	
Zeit	Stunden				Minuten		

Quelle: Arbeitsstät-
tenverordnung §15
(1975) und Unfall-
verhütungsvorschrift
Lärm VBG 121 (1990)

Events der Pop- und Rockmusik, Live-
konzerte, Open-Air-Veranstaltungen und
Disconächte sind mit hohen Lautstärken
verbunden. Musiker in klassischen Orchestern erleben ebenfalls sehr hohe Schallpegel, auch sie sind starken Lärmbelastungen
ausgesetzt .

1. Auf welche Musiker oder Instrumentengruppen trifft dies in besonderem Maße zu?
Versuche zu erklären, warum.

2. Welche Konsequenzen hat das z.B. für die
Dauer der Arbeitszeiten von Musikern (Proben, Konzerte, Studioarbeit, CD- und Rund-
funkaufnahmen)?

3. Informiert euch, wie sich Musiker bei der
Ausübung ihres Berufes gegen zu große Lautstärken schützen.

4. Wertet alle Darstellungen zur Belastung des
Gehörs aus.

5. Für wen können die Angaben auf der Skala
zur zulässigen Lärmbelastung Bedeutung in
der alltäglichen Arbeit haben?

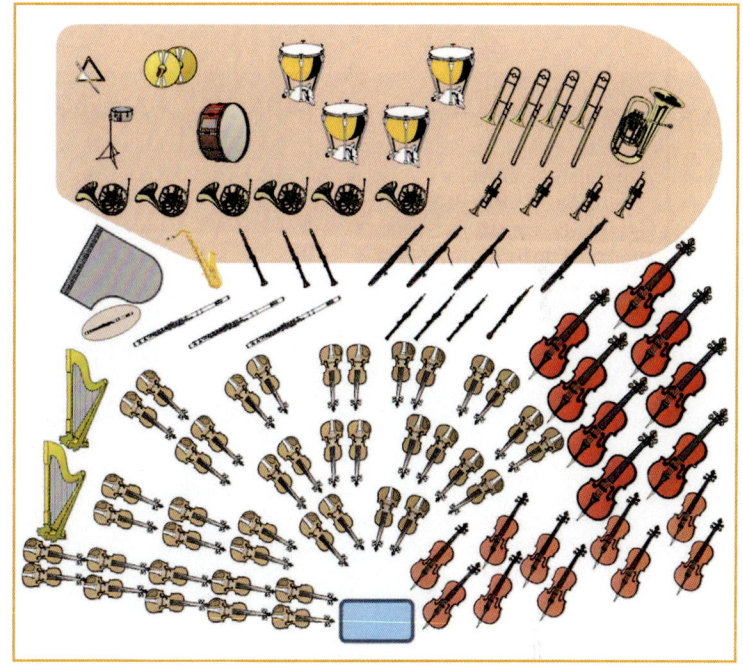

Orchester mit markierten Problemzonen

Schallpegel am Ohr eines Orchestermusikers in Konzerten

	Sinfonieorchester	Opernorchester (max.)
Violine/Viola	80–96 dB (A)	110 dB (A)
Cello/Kontrabass	82–88 dB (A)	106 dB (A)
Holzbläser	88–96 dB (A)	117 dB (A)
Blechbläser	89–98 dB (A)	122 dB (A)

Schallpegel vor einer Trompete

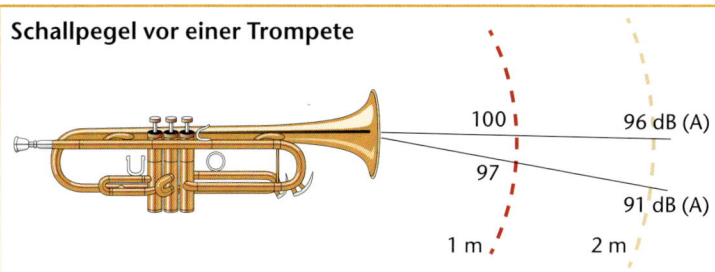

100 | 96 dB (A)
97
91 dB (A)
1 m | 2 m

Hertz (Hz), Maßeinheit für Frequenzen
(Schwingungen). Der Ton a^1 schwingt z.B.
440-mal pro Sekunde. Seine Frequenz beträgt
440 Hz.
Dezibel, Maßeinheit für die Schallstärke. Ein
schweres Fahrzeug im Straßenverkehr erzeugt
oft schon Werte um 90 dB. Das Surren des
Computers ist meist leiser als 15 dB.

Hörsituationen

Wir alle sind von Klängen und Geräuschen überflutet. Immer wieder sind wir neuen Hörsituationen ausgesetzt. Nicht immer sind uns diese Klangeindrücke bewusst. Auch im Zuhören gibt es vielfältige Formen und Haltungen, je nach Situation, in der Menschen Musik erleben und genießen.

Karl Henning Seemann,
Die Lauschenden

1. Versetzt euch in die verschiedenen Hörsituationen, die sich in den Bildern und Texten widerspiegeln, und diskutiert sie.
2. Nachdenken über das Hören: Einige akustische Spots können euch bei euren Überlegungen anregen 🔘 **III, 6, 7.**
3. Hören früher – Hören heute: Was hat sich verändert?

Die Bildung des Gehörs ist das Wichtigste. Bemühe dich frühzeitig, Tonart und Ton zu erkennen. Die Glocke, die Fensterscheibe, der Kuckuck – forsche nach, welche Töne sie angeben.

Robert Schumann, Musikalische Haus- und Lebensregeln (1848)

Aus der Werbung einer Hörgerätefirma
Wer die Welt verstehen will, muss sie hören können. Auch die menschliche Kultur basiert auf dem Gehör. Ohne das Verständnis von Sprache, ohne das Erlebnis der Musik hätten wir Menschen unsere jetzige Entwicklungsstufe nie erreicht. Denn unser Gehör dient als entscheidendes Medium der Kommunikation.

Ohren im Konzert

Der pianist lässt seine finger in die flasche rinnen, die ein klavier ist, und die flasche spritzt die finger als kölnischwasser in die ohrengalerie. Die ohren aber haben keine feinen nasen. Daher lassen sie das kölnischwasser in die ohrenständer rinnen, die innen hohl sind bis zu den plüschpolstern, auf denen sie als tiefe brunnen sitzen, und gähnen einander in den mund.

Ernst Jandl (1925–2000)

Abendständchen

Hör, es klagt die Flöte wieder,
Und die kühlen Brunnen rauschen,
Golden weh'n die Töne nieder –
Stille, stille, lass uns lauschen!

Holdes Bitten, mild Verlangen,
Wie es süß zu Herzen spricht!
Durch die Nacht, die mich umfangen,
Blickt zu mir der Töne Licht.

Clemens Brentano (1778–1842)

Wir sind heutzutage so daran gewöhnt, den ganzen Tag Musik zu hören, dass wir uns nur schwer vorstellen können, wie selten eine gute Aufführung früher zu hören war. Für einen Bauern des Mittelalters beschränkte sich Musik auf Lieder auf dem Feld und am heimischen Herd. Komplexere Musik als einfache Melodien waren nur in der Kirche oder auf Jahrmärkten zu hören, wo umherziehende Musiker/Sänger auftraten. Jeder musikalische Klang, so schlecht er auch ausgeführt wurde, war vermutlich so köstlich wie ein Festmahl an Feiertagen.

Aus: Robert Jourdain, Das wohltemperierte Gehirn, 2001 © Elsevier GmbH, Spektrum Akademischer Verlag, Heidelberg, S. 297

Crispin de Passe (1564–1637): Das Gehör
Oben am Rand steht: Audiatur altera pars. –
Man soll auf das Andere hören.

Vom Schall zur Musik

Forscher im alten Griechenland beschäftigen sich mit dem Entstehen von Intervallen. (Darstellung aus dem Jahre 1492)

Klangforschung

Schon um 500 v. Chr. erforschten griechische Philosophen Klänge. Sie spannten Saiten mit unterschiedlichen Gewichten und verglichen die Tonhöhen von Röhren verschiedener Länge.

1. Wie ändert sich die Tonhöhe bei größerer Saitenspannung und bei der Verlängerung von Röhren?

2. Versuche mit einer Gitarre: Verkürzt klingende Saiten durch Abgreifen im Verhältnis 1:2, 2:3, 3:4. Welche Intervalle entstehen dabei?

3. Sammelt Beispiele dafür, wie sich die physikalischen Gesetze im Bau von Musikinstrumenten niedergeschlagen haben.

4. Drückt das rechte Pedal des Klaviers. Sucht die Taste C und dann die Taste c. Drückt c so langsam, dass kein Ton entsteht und haltet die Taste gedrückt. Schlagt dann C kräftig und kurz an. Was ist zu hören und wie könnt ihr es deuten?

5. Wiederholt den Versuch mit anderen Obertönen.

Obertonreihe über dem Grundton C

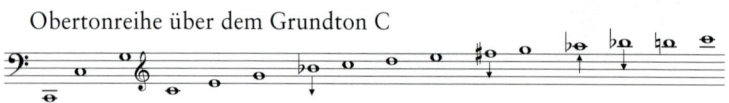

(↓↑ Abweichungen von der Tonskala des Klaviers)

Grundtöne – Obertöne – Klangfarbe

Der Klang eines Instruments setzt sich aus dem lauten Grundton und den leise mitschwingenden Obertönen zusammen.
Die unterschiedliche Lautstärke der Obertöne bestimmt die besondere Klangfarbe eines Instruments.

Ton – Klang – Geräusch

Sinustöne schwingen völlig regelmäßig (periodisch). Klänge enthalten periodische und aperiodische Schwingungen.
Geräusche sind aus aperiodischen Schwingungen zusammengesetzt.

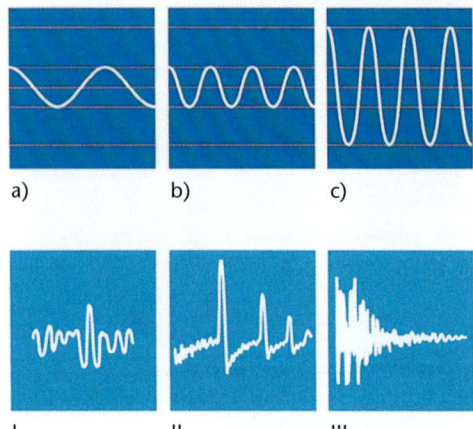

Schwingungen

Töne ohne Obertöne werden von einem Sinusgenerator (▶ Physikunterricht) erzeugt und auf einem Oszilloskop sichtbar gemacht. Tiefere und höhere Töne unterscheiden sich durch langsamere bzw. schnellere Schwingungen. (Hz ▶ S. 105)
Leisere Klänge haben eine kleinere Amplitude als lautere Klänge (Amplitude = Auslenkung der Schwingung im Bild des Oszilloskops nach oben und unten).

6. Wie unterscheiden sich die Klänge, die den drei Schwingungsbildern a) – c) entsprechen? Ordnet zu: tiefer – höher – leiser – lauter.

7. Welche Bezeichnung passt zu den Bildern I – III: Geräusch – gesungener Ton – Knall?

Die verblüffenden Leistungen unseres Gehirns beim Musikhören

Was klingt, das schwingt. Die Schwingungen einer Klaviersaite (= Generator) werden vom Klavierkörper (= Resonator) verstärkt und erreichen als Schallwellen mit einer Geschwindigkeit von ca. 340 m/sec unser Ohr. Unser Gehirn verarbeitet diese Schwingungen und deutet sie dabei – unmerklich und blitzschnell: Wir erkennen den Klavierklang und unterscheiden ihn von anderen Klängen und Geräuschen.

Aber noch vieles andere geschieht, wenn wir Musik erleben. Unser Gehirn ist dabei auf vielen Ebenen gleichzeitig aktiv: Es setzt Klänge und Töne in einen sinnvollen musikalischen Zusammenhang. Es erkennt z. B. Takte und Rhythmen, Zusammenklänge, Motive, Melodien und Formen. Die Arbeit des Gehirns verbindet Vergangenheit und Zukunft und bezieht in das Musikhören auch noch persönliche Erinnerungen und Gefühle ein.

Musik erleben und lernen mit allen Sinnen – Bericht über ein Experiment

Jugendliche lernten eine Tonleiter kennen, die ihnen unbekannt war. Der ersten Gruppe wurde die Tonleiter erklärt. Die zweite Gruppe erhielt eine Erklärung und hörte zusätzlich Tonbeispiele. Die dritte Gruppe erarbeitete die Tonleiter vor allem aktiv singend und an Instrumenten. Nach einiger Zeit wurde geprüft, wie viel Kenntnisse noch vorhanden waren. Am meisten hatte sich die dritte Gruppe gemerkt, weil sie die Tonleiter mit allen Sinnen aufgenommen hatte!

1. Versucht, die Leistungen des Gehirns zu ordnen und in Worte zu fassen.

2. Diskutiert, was aufmerksames Musikhören alles heißen kann.

3. Überlegt, in welchen Situationen ihr selbst Musik gelernt und behalten habt. Was macht es euch leicht, wann fällt es euch schwerer? Versucht, Gründe dafür zu sammeln.

Moderne Untersuchungsmethoden geben ein Bild davon, dass viele Bereiche unseres Gehirns (Großhirn) beim Musikerleben aktiv sind. Der Forscher Manfred Spitzer stellt diese Bereiche in der folgenden Übersicht dar:

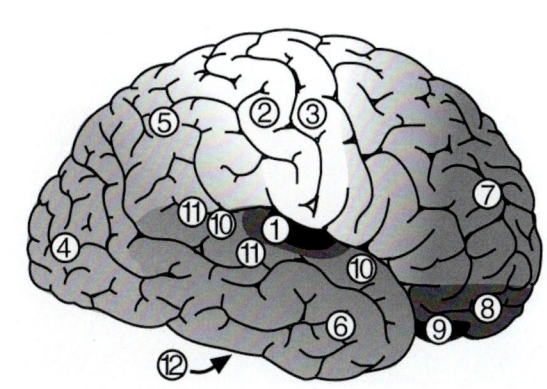

1 Akustische Analyse und Repräsentation
2 Tastempfinden beim Musizieren
3 Motorik beim Musizieren, Singen, Tanzen
4 Noten lesen
5 Raum und Körpersprache beim Tanzen
6 Metrum (Takt)
7 Erwartungen, Pläne, allgemeines Wissen
8 Persönlichkeit, Vorlieben, Musikgeschmack
9 Emotionen
10 Stimme hören
11 Melodie hören
12 Assoziationen, Erfahrungen, Episoden

Musik beschreiben

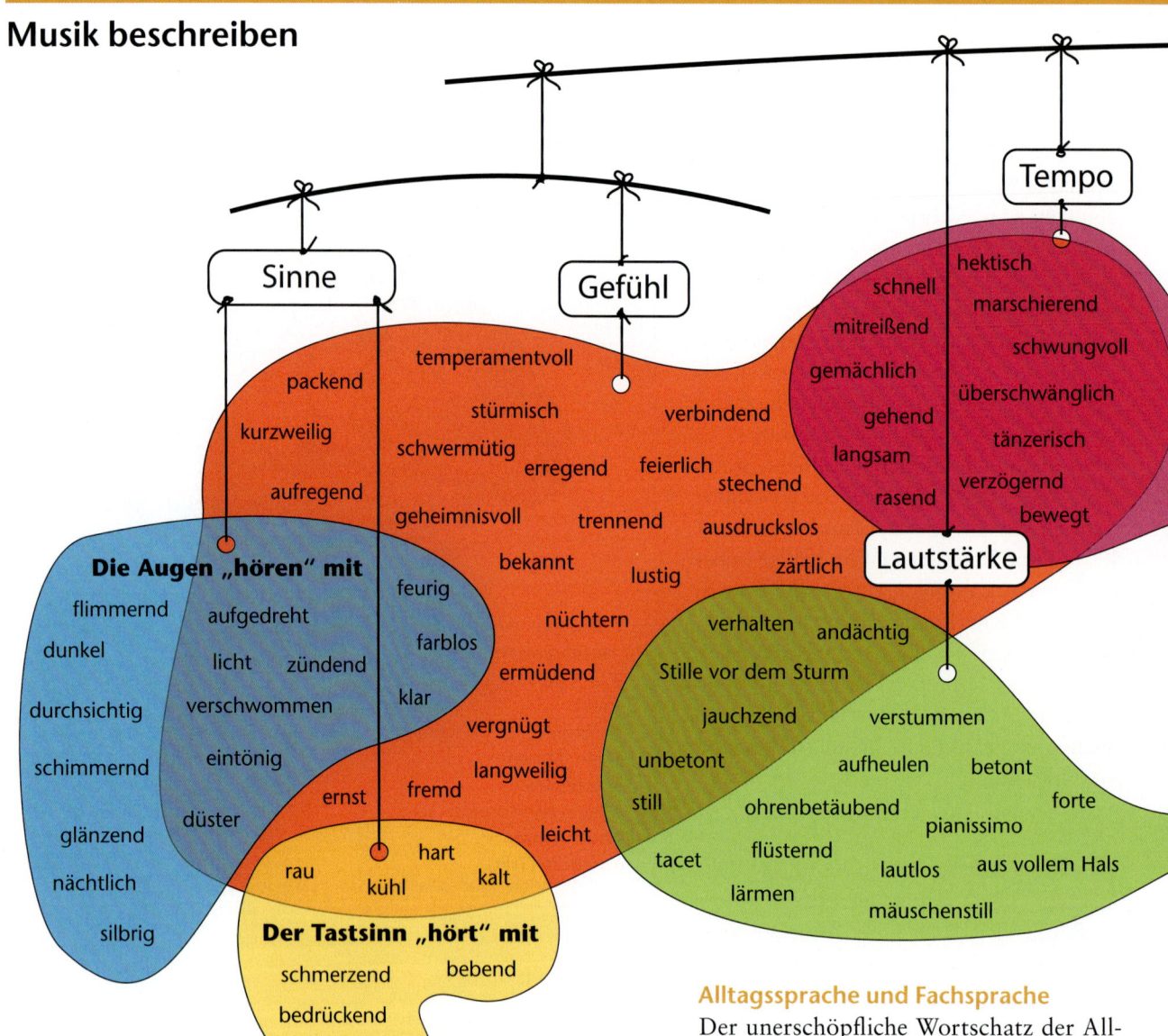

Tempo

Sinne

Gefühl

hektisch
schnell
marschierend
mitreißend
schwungvoll
gemächlich
überschwänglich
gehend
tänzerisch
langsam
verzögernd
rasend
bewegt

packend
temperamentvoll
stürmisch
verbindend
kurzweilig
schwermütig
erregend feierlich
aufregend
stechend
geheimnisvoll
trennend ausdruckslos
bekannt
zärtlich
lustig

Die Augen „hören" mit
feurig
flimmernd aufgedreht
nüchtern
dunkel
licht zündend
farblos
durchsichtig
verschwommen
ermüdend
klar
schimmernd
eintönig
vergnügt
langweilig
glänzend
ernst fremd
düster
nächtlich
leicht
silbrig
rau
hart
kühl kalt

Lautstärke

verhalten andächtig
Stille vor dem Sturm
jauchzend
verstummen
unbetont
aufheulen betont
still
forte
ohrenbetäubend
pianissimo
tacet flüsternd
lautlos aus vollem Hals
lärmen
mäuschenstill

Der Tastsinn „hört" mit
schmerzend bebend
bedrückend
pulsierend

Über Musik sprechen, sie beschreiben

Schallwellen erreichen unser Ohr. Wie wir die Schallwellen als Musik erfassen und welche Bedeutungen wir dieser Musik geben – das liegt auch bei uns.
Welche Empfindungen, Gefühle und Gedanken ruft ein Musikstück bei uns wach? Darüber sollten wir sprechen können und uns mit anderen austauschen.
1. *In Worte fassen – beschreiben – betiteln – unterscheiden – erklären – beurteilen – kritisieren …* Beschreibt den Sinn dieser Wörter in Bezug auf Musik.

Alltagssprache und Fachsprache

Der unerschöpfliche Wortschatz der Alltagssprache kann uns helfen, zum Ausdruck zu bringen, was wir hören und mit der Musik erleben.
Die musikalische Fachsprache wird quer über Nationalitäten und Sprachen hinweg verstanden. Viele Fachbegriffe entstammen der italienischen Sprache.
Das „Wortmobile" oben zeigt nur einen kleinen Ausschnitt des Wortfeldes, mit dem sich Musik sinnvoll beschreiben lässt.
2. Findet weitere passende Wörter.
3. Greift ungewohnte Wörter heraus, setzt sie zu anderen in Bezug, erklärt sie euch.
4. Manche Wörter passen zu mehreren Feldern. Sucht Beispiele und sprecht darüber, wie sich die Wortfelder überschneiden.

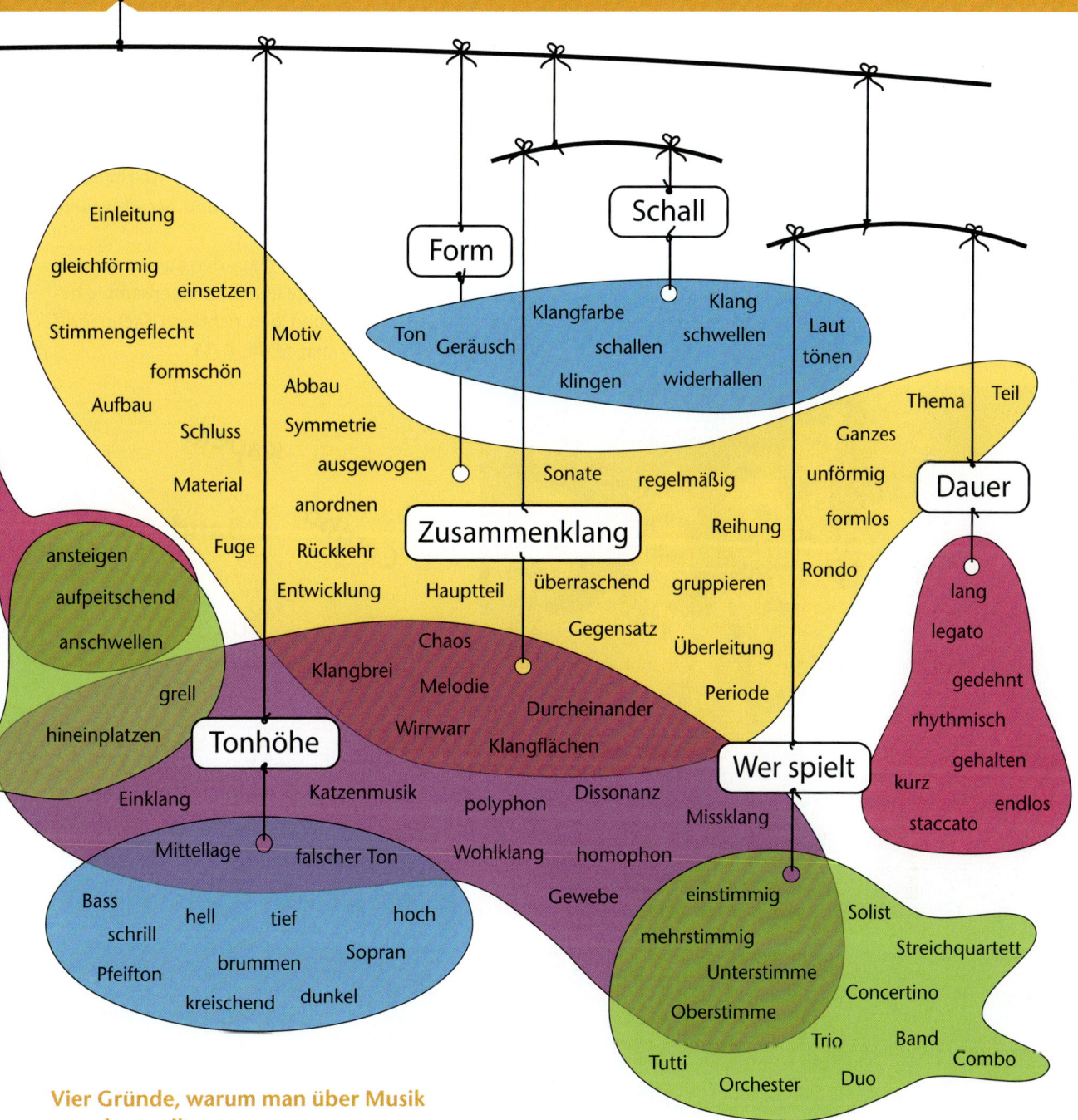

Form · **Schall** · **Zusammenklang** · **Dauer** · **Tonhöhe** · **Wer spielt**

Einleitung · gleichförmig · einsetzen · Stimmengeflecht · formschön · Aufbau · Schluss · Material · Motiv · Abbau · Symmetrie · ausgewogen · anordnen · Fuge · Rückkehr · Entwicklung

Ton · Geräusch · Klangfarbe · schallen · klingen · Klang · schwellen · widerhallen · Laut · tönen

Sonate · regelmäßig · Reihung · Hauptteil · überraschend · gruppieren · Gegensatz · Überleitung · Periode

Thema · Teil · Ganzes · unförmig · formlos · Rondo

lang · legato · gedehnt · rhythmisch · gehalten · kurz · staccato · endlos

ansteigen · aufpeitschend · anschwellen · grell · hineinplatzen

Chaos · Klangbrei · Melodie · Durcheinander · Wirrwarr · Klangflächen

Katzenmusik · polyphon · Dissonanz · Missklang · falscher Ton · Wohlklang · homophon · Gewebe

Einklang · Mittellage

Bass · schrill · hell · tief · hoch · Pfeifton · brummen · Sopran · kreischend · dunkel

einstimmig · mehrstimmig · Unterstimme · Oberstimme · Tutti · Orchester · Duo

Solist · Streichquartett · Concertino · Trio · Band · Combo

Vier Gründe, warum man über Musik sprechen sollte

a) Damit man sich selbst darüber klar wird, was man gehört hat.

b) Damit man andere (Hörer) besser versteht.

c) Damit man besser hören lernt – das kann zu erhöhtem Genuss führen.

d) Weil wir uns freuen, wenn wir mit anderen etwas gemeinsam haben und unsere Eindrücke mit ihnen teilen können.

1. Inwieweit teilt ihr diese Begründungen?

Hörbeispiele

2. Versucht, Musik zu denken, die zu einzelnen oder zu mehreren Wörtern aus dem „Wortmobile" passt. Was für eine Art von Melodie, Rhythmus oder Harmonie müsste die Musik haben, welche Instrumente würden passen?

3. Hört kurze Werke und Werkausschnitte, die an anderer Stelle in diesem Buch ausführlich behandelt werden. Beschreibt in einer Wortsammlung möglichst genau, was ihr hört.

Verschiedene Besetzungen

„Besetzung" nennt man die Zusammenstellung bestimmter Instrumente. Viele Musikstile werden in typischen Besetzungen gespielt, die oft eigene Namen haben. Manche Namen geben die Zahl der Mitspieler genau oder ungefähr an. Oft werden die beteiligten Instrumente genannt. Und manchmal erfährt man aus den Namen, welche Musik das jeweilige Ensemble spielt.

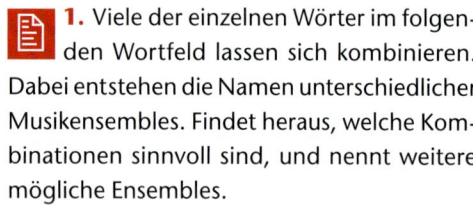

1. Viele der einzelnen Wörter im folgenden Wortfeld lassen sich kombinieren. Dabei entstehen die Namen unterschiedlicher Musikensembles. Findet heraus, welche Kombinationen sinnvoll sind, und nennt weitere mögliche Ensembles.

2. Hörquiz: Versucht aus den kurzen Aufnahmen das jeweilige Instrumentalensemble herauszuhören und den richtigen Fachbegriff dafür zu nennen. ⊚ **III, 8–15**

Jazz   Kapelle   Klavier   Combo   Band   Sinfonie   Akkordeon   Horn   Quintett   Duo   Quartett   Orchester   Blas   Bläser   Gitarren   Streich

Wie heißen die Ensembles?

1. Zwei Instrumente spielen zusammen.
2. Großes Ensemble verschiedener Instrumente.
3. Fünf Instrumente spielen zusammen.
4. Der eher selten verwendete Begriff bezeichnet ein kleines Ensemble mit bis zu acht Musikern (vorwiegend im Bereich der Popularmusik und des Jazz).
5. Drei Instrumente spielen zusammen.
6. Instrumentalgruppe im Bereich Jazz – Rock – Pop.
7. Vier Instrumente spielen zusammen.

1. Schon einmal gehört? Auch die Wörter Sextett, Septett, Oktett oder Nonett kommen manchmal im Namen eines Ensembles vor. Was bedeuten sie?

Benjamin Britten „The Young Person's Guide to the Orchestra" (1)

Benjamin Britten (1913–1976)

Brittens „The Young Person's Guide to the Orchestra" hat drei große Teile:
I = Thema,
II = Variationen,
III = Fuge.
Britten bringt darin nicht nur die Instrumente des Orchesters zu Gehör, sondern verschiedene Möglichkeiten, Musik zu komponieren und zu instrumentieren.

Teil I (Thema)

Hier wird die Melodie des englischen Komponisten Henry Purcell (1659–1695) vorgestellt, die als Thema über die ganze Komposition hinweg immer wieder zu hören ist.

Instrumente und Instrumentengruppen in der Partitur

Holzblasinstrumente

Piccoloflöte, Querflöte: Ein von den Lippen gebündelter Luftstrom trifft auf die Kante des Anblasloches und erzeugt durch Hin- und Herpendeln abwechselnd Unter- und Überdruck (= Schwingungen) in der Röhre.

Oboe, Fagott (Doppelrohrblattinstrumente): Zwei feine Bambusblätter schlagen im Mundraum des Bläsers gegeneinander und lassen die Luft nur stoßweise in schneller Folge in die Röhre strömen.

Klarinette: Ein einfaches Rohrblatt schlägt im Mundraum des Bläsers auf das Mundstück und schwingt durch seine Eigenspannung wieder zurück. Die in die Röhre strömende Luft wird dabei in schneller Folge unterbrochen.

Blechblasinstrumente

Trompete, Horn, Posaune, Tuba: Die auf dem Mundstück liegenden Lippen schwingen und lassen die Luft stoßweise in die Röhre strömen. Bei Holzbläsern entsteht der höhere Ton durch Verkürzen der Luftsäule in der Röhre (= Öffnen der Grifflöcher). Blechbläser können allein durch Veränderung der Lippenspannung eine Folge von Tönen, die Naturtonreihe (▶ S. 108), spielen. Zusätzlich kann die Röhre mit dem Zug (*Posaune*) und den Ventilen (*Trompete, Horn, Tuba*) verlängert (= tiefer gestimmt) werden. So wird das Spiel der chromatischen Tonreihe möglich. Bei allen Blasinstrumenten beeinflusst die Form der Röhre die Klangfarbe.

Schlaginstrumente

Pauken, Trommeln: Das angeschlagene Fell schwingt und die Luft im Instrumentenkörper verstärkt den Klang. Stärkeres Spannen des Fells bewirkt einen höheren Ton. Pauken können exakt gestimmt werden. Bei der *kleinen Trommel* liegen Spiralen (so genannte Schnarrsaiten) auf dem unteren Fell auf. Bei den Selbstklingern – *Tam-Tam, Becken, Celesta, Glockenspiel, Triangel, Röhrenglocken* – gibt der angeschlagene Klangkörper seine Schwingungen direkt an die Luft ab.

Zupfinstrumente

Sie bilden im Orchester keine Gruppe und werden am häufigsten durch die *Harfe* vertreten.

Streichinstrumente

Violine, Viola, Violoncello, Kontrabass: Sie werden mit dem Bogen gestrichen. Beim „pizzicato" werden sie gezupft. Alle diese Saiteninstrumente haben aufgespannte Saiten als Schwingungserzeuger und einen Holzkörper zur Verstärkung der leisen Saitenschwingungen. Höhere Töne entstehen durch Verkürzen der Saiten, durch dünnere Saiten oder eine stärkere Saitenspannung.

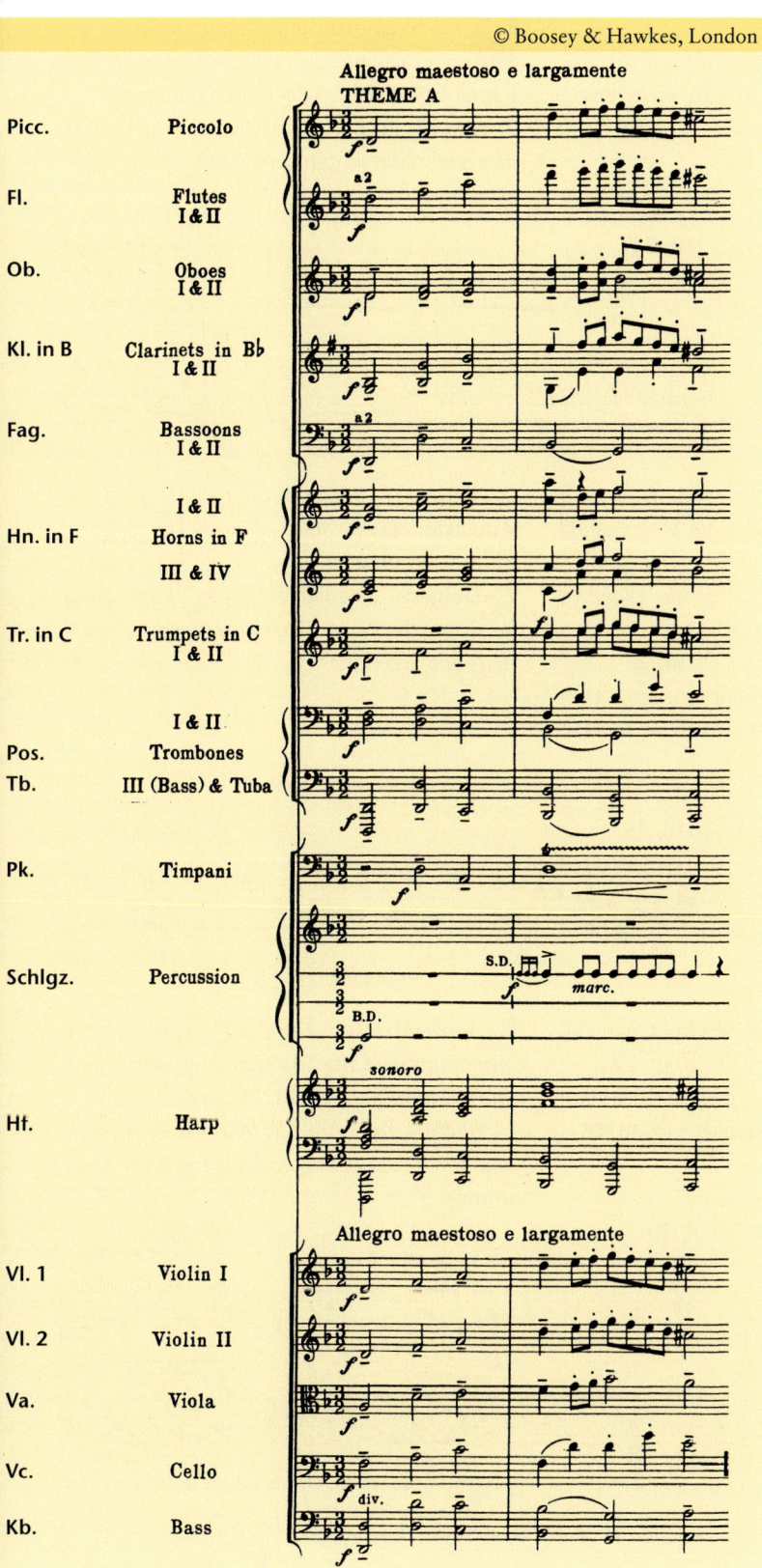

© Boosey & Hawkes, London

1. Prägt euch das Thema auf S. 114 ein: Zeichnet den Verlauf der Tonhöhen nach.

2. Zunächst spielt das ganze Orchester. Welche Instrumente fallen euch auf? ◎ **III, 16**

3. In welcher Reihenfolge erklingen dann die einzelnen Instrumentengruppen? ◎ **III, 17–21**

4. Welche Dreiklänge findet ihr in den Noten des Themas?

5. Welcher Fachbegriff passt auf die Kompositionstechnik in Takt 3 bis 5? Er wird auf ▶ S. 131 erklärt.

In der Partitur

Bezeichnungen und Abkürzungen

Am Beginn der Partitur Brittens sind die Instrumente dem englischen Sprachgebrauch entsprechend bezeichnet. Davor wurden die deutschen Abkürzungen der Instrumente aufgeführt.

6. Wie lauten die vollständigen Namen der Instrumente?

Transponierende Instrumente

Bei einigen Instrumenten weicht der Klang von der notierten Tonhöhe ab.

Beispiel: Horn in F

Notiert ist:

Es klingt:

7. Beschreibt, wie ein „Horn in F" tiefer transponiert.

8. Auf welchen Tonhöhen klingen die Töne der Hörner III und IV in Takt 1 der Partitur? Auch Klarinetten in B transponieren. Und die Piccoloflöte klingt eine ganze Oktave höher als aufgeschrieben.

Partiturlesen

9. In welcher Tonhöhe sind am Beginn der Musik Brittens die Pauken gestimmt?

10. Welches Instrument spielt im Partiturausschnitt den höchsten, welches den tiefsten Ton? Wie heißen die Töne?

11. Welche Töne sind für die Klarinetten im ersten Takt notiert? Welche erklingen tatsächlich?

Benjamin Britten „The Young Person's Guide to the Orchestra" (2)

Teil II (Variationen)

Hier kommen die Instrumente mit ihren jeweiligen Besonderheiten zum Klingen. Jedes Instrument variiert das Thema frei und eigenständig.

1. Benjamin Britten beschreibt die Instrumentalklänge verhältnismäßig kurz. Beschreibt die Klänge selbst noch genauer.

2. Wo seht ihr Purcells Melodie (► S. 114) in den Noten der Flöten versteckt?

A – Variation der Flöten 🎧 III, 22

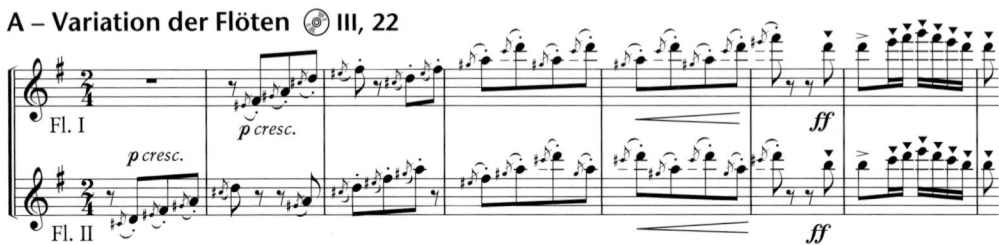

A – Flöten: *„The highest of the Woodwind team is the clear, sweet voice of the Flute, with its shrill little brother, the Piccolo."*

B – Oboen: *„Oboes have a gentle, plaintive quality, but they can be forceful enough when the composer wants them to."* 🎧 III, 23

C – Klarinetten: *„Clarinets are very agile. They make a beautifully smooth, mellow sound."* 🎧 III, 24

D – Fagotte: *„Bassoons are the largest of the Woodwind team, so they have the deepest voices."* 🎧 III, 25

E – Geigen: *„The highest voices in the String family are the Violins. They play in two groups – Firsts and Seconds."*

E – Variation der Geigen 🎧 III, 26

F – Bratschen: *„Violas are a bit larger than Violins, and so are deeper in tone."* 🎧 III, 27

G – Celli: *„Cellos sing with splendid richness and warmth. Listen to this fine sound!"* 🎧 III, 28

H – Kontrabässe: *„The Doublebasses are the grandfathers of the String family, with heavy, grumbling voices."* 🎧 III, 29

I – Harfe: *„The Harp has fourty-seven strings, and seven foot-pedals to alter the pitch of its strings."*

I – Variation der Harfe 🎧 III, 30

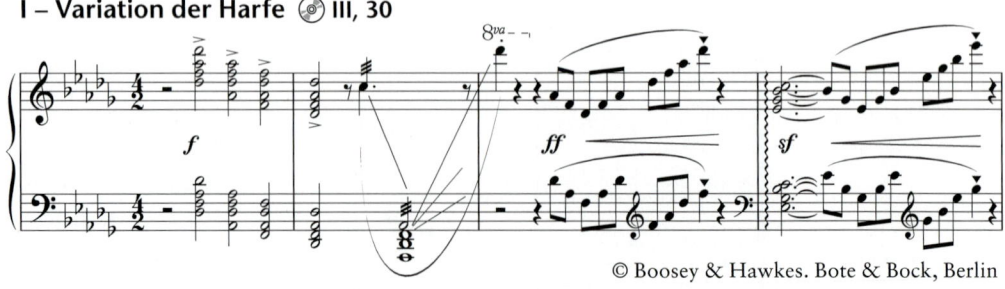

© Boosey & Hawkes. Bote & Bock, Berlin

3. Welcher Fachbegriff aus der Kompositionstechnik erklärt das Harfenmotiv am Beginn? (► S. 131)

J – Hörner:  III, 31

„The Brass family begins with the Horns. These are made from brass tubing coiled into a circle."

K – Trompeten: III, 32

„I expect you all know the sound of Trumpets."

L – Posaunen, Basstuba:

„The Trombones have heavy brassy voices. The bass Tuba is heavier still."

L – Variation der Posaunen III, 33

M – Schlaginstrumente: *„There is an enormous number of Percussion instruments. We can't play them all, but here are the most familiar ones. First the Kettle Drums – often called Timpani.… The Bass Drum and Cymbals… The Tambourine and Triangle… The Side Drum and Chinese Block… The Xylophone… The Castanets and Gong… and before they all play together, the Whip."* III, 34

M – Aus der Variation der Schlaginstrumente

Pauke
Peitsche
Triangel
Gong
Becken
Gr. Trommel
Kastagnetten
Kl. Trommel

Teil III (Fuge) III, 35, 36

Im letzten Teil des „klingenden Orchesterführers" treten noch einmal einzelne Instrumente in den Vordergrund – dann, wenn sie die unten stehende Melodie spielen.

1. Der Schlussteil (Fuge) dauert ca. 2 Minuten und 40 Sekunden.

Tragt auf einer Zeitleiste die Instrumente ein, die hervortreten.

2. Was ist etwa ab 1'55'' zu hören? III, 36

3. Beschreibt, wie Britten den Schluss seines Werkes gestaltet. Welche Rolle spielen Tempo, Lautstärke und Klangfarben bei der Schlusswirkung?

Thema des Schlussteils (Fuge)

Allegro molto

Das Sinfonieorchester

Sitzordnung im Sinfonieorchester

In der Sitzordnung wie auch in der Partitur werden artverwandte Instrumente zu Gruppen zusammen gefasst. Akustische Besonderheiten beeinflussen die Anordnung zusätzlich: Laute Instrumente werden weiter hinten, leisere mehr vorn platziert, damit sich ein ausgewogenes Klangbild ergibt. Bläser und Schlagzeug sitzen oft erhöht auf Podesten, damit ihr Klang über die Masse der Streicher hinweg trägt.

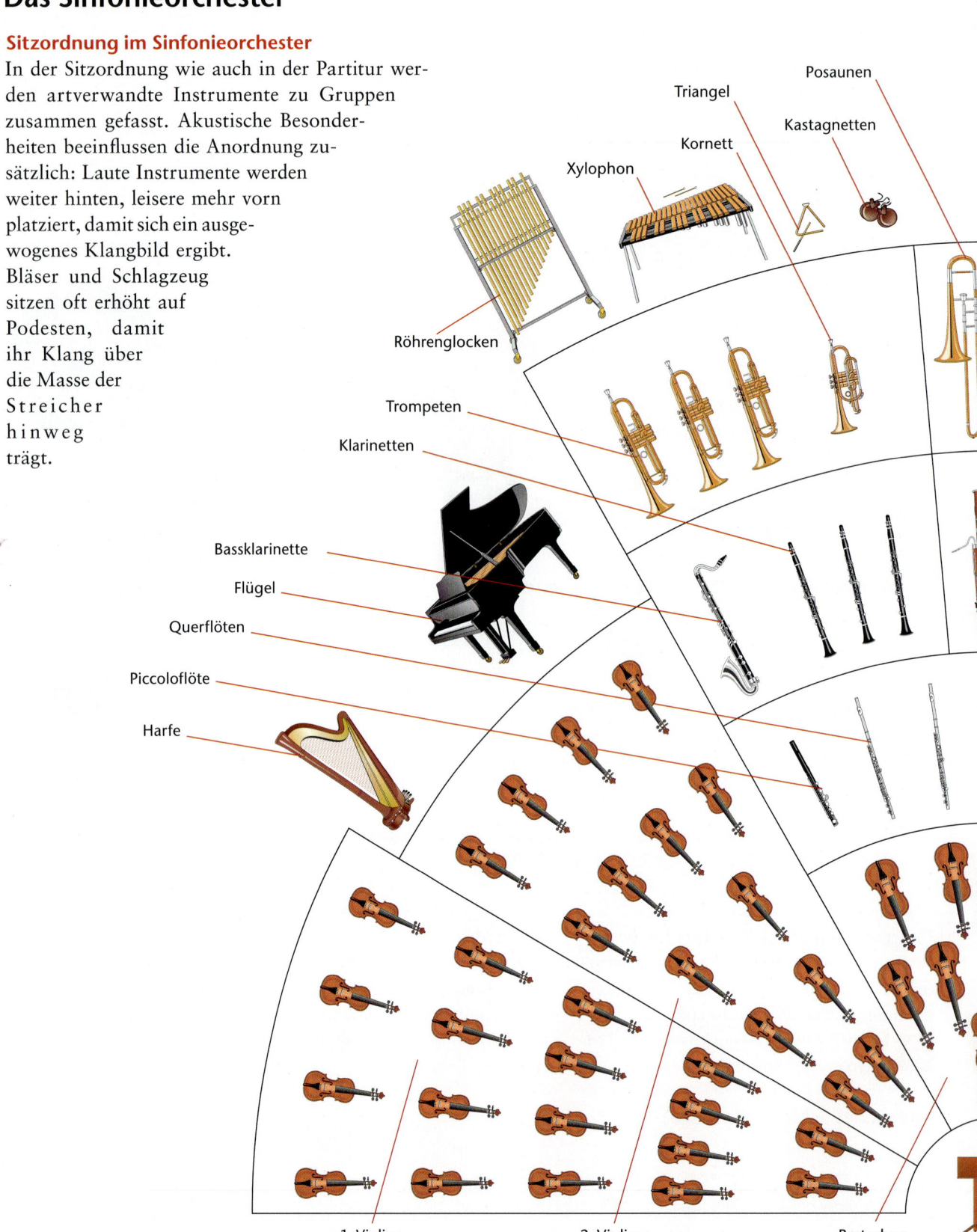

Triangel
Posaunen
Kastagnetten
Kornett
Xylophon
Röhrenglocken
Trompeten
Klarinetten
Bassklarinette
Flügel
Querflöten
Piccoloflöte
Harfe

1. Violine
2. Violine
Bratschen

Das Schaubild zeigt eine von mehreren möglichen Aufstellungen der Instrumentengruppen im Sinfonieorchester. Bei einigen Orchestern sitzen die Holzbläser auch in einer Reihe vor den Blechbläsern. Grundsätzlich gilt, dass Instrumente, die häufig zusammenspielen, eng zusammen sitzen, damit sie sich gegenseitig gut hören können.

1. Hört euch ein Orchesterstück an, mit dem ihr euch in den letzten Wochen beschäftigt habt oder das euch vertraut ist, und findet auf diesem Schaubild die Instrumente oder Instrumentengruppen, die jeweils im Vordergrund zu hören sind.

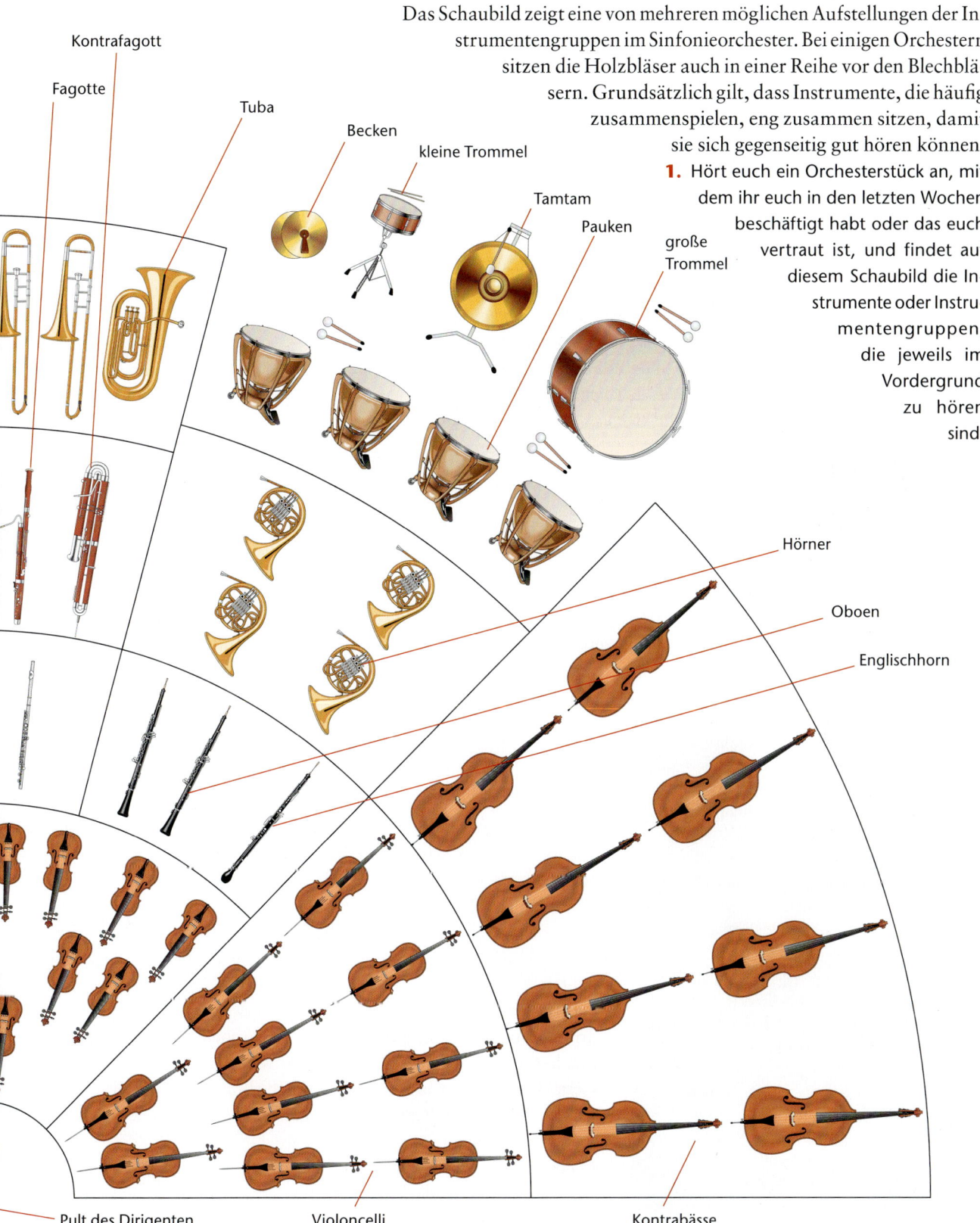

Kontrafagott

Fagotte

Tuba

Becken

kleine Trommel

Tamtam

Pauken

große Trommel

Hörner

Oboen

Englischhorn

Pult des Dirigenten

Violoncelli

Kontrabässe

Mittelalter

Die Epoche, die wir Mittelalter nennen, beginnt um das Jahr 500. Sie endet ungefähr 1000 Jahre später um 1500, dann folgt die Renaissance. Ca. 250 Jahre liegen zwischen den folgenden beiden Texten. In dieser Zeit hat sich viel verändert.

Mittelalter

Wer gibt meinen Augen den Tränenquell, dass ich beweine den bejammernswerten Eintritt in das menschliche Dasein … Aus Erde geschaffen, in Schuld empfangen, zur Strafe geboren, tut der Mensch Böses, was er nicht soll, Verwerfliches, was sich nicht ziemt, Nutzloses, was sich nicht lohnt, wird er Nahrung für das Feuer, Köder für den Wurm, ein Haufen Dreck. … Geschaffen ist der Mensch aus Staub, aus Lehm, aus Asche. … Empfangen ist er … im Sumpf der Sünde. Geboren ist er für die Qual, für die Furcht, für den Schmerz, und was noch elender ist: für den Tod.

Innozenz III. (Papst 1198–1216)
„Über das Elend des menschlichen Daseins"

1. Nennt Begriffe, mit denen Innozenz III. die Menschen charakterisiert.
2. Wie bewertet Innozenz III. das irdische Leben?

Renaissance

Aber als … [Gott sein] Werk [die Erschaffung der Welt] vollendet hatte, da wünschte [er] …, es möge jemand da sein, der die Vernunft eines so hohen Werkes nachdenklich erwäge, seine Schönheit liebe, seine Größe bewundere. Deswegen dachte er … an die Schöpfung des Menschen.

Pico della Mirandola (1463–1494) in seiner „Rede über die Würde des Menschen", die er im Alter von 24 Jahren verfasst hat.

3. Welche Aufgabe wird dem Menschen in dieser Schilderung der Schöpfungsgeschichte zugeschrieben?
4. Erläutert, wie die Erschaffung des Menschen begründet und das irdische Leben bewertet wird.
5. Vergleicht Picos Auffassung mit der von Papst Innozenz III.

Im Mittelalter war das Leben vieler Menschen in Europa von Not und Elend geprägt. Krankheiten und Hungersnöten waren sie hilflos ausgeliefert. Not, so dachte man, sei unabwendbarer Bestandteil des menschlichen Lebens, weil der Mensch durch die Erbsünde, den Sündenfall im Paradies, belastet sei. Daher wurde das irdische Leben häufig verachtet und als Durchgangsstadium zum Jenseits – zum Paradies oder zur Hölle – gesehen.
Diese Haltung, die Ausrichtung des Lebens auf das Jenseits hin, finden wir auch in den christlichen Gottesdiensten im Mittelalter wieder – und sogar in den großartigen, aufstrebenden Kirchenbauten.
Perotin (ca. 1165–1220) war Musiker an der neu erbauten Kathedrale Notre Dame in Paris. Für die Menschen damals – wie für uns heute – war dieses Bauwerk ein Wunder. Gewaltige Höhe, vielfarbige Fenster und eine lang nachklingende Akustik gaben den Menschen den Raum, weltvergessen zu meditieren.

6. Betrachtet die Bilder und hört Perotins Musik  **III, 37**. Was meint ihr: Warum glaubten die Menschen im Mittelalter, in dieser Kirche schon fast im Paradies zu sein?

Trauer und Freude

Im Tanz leben Menschen von jeher starke Gefühle aus. Tempo, Klang und Charakter der Musik machen das Erleben in der Bewegung intensiv. Tiefe Traurigkeit und ausgelassene Freude werden auf diese Weise unmittelbar spürbar. Lamento bedeutet Klagegesang. Das „Lamento di Tristano" ist ein bekannter langsamer Tanz aus dem 13. Jahrhundert. Kontrastiert wird er von der „Rotta", einem schnellen Nachtanz.

Lamento di Tristano

Rotta

  1. Untersucht die Melodie des „Lamento di Tristano". Achtet auf den Melodieverlauf, den Tonumfang, die Motive und die zu Grunde liegende Tonleiter.
III, 38

2. Welche Instrumente hört ihr? Welches führt die Melodie an, welches umspielt sie. Haltet eure Beobachtungen fest.

3. Gibt es Bezüge zur „Rotta", dem schnellen Nachtanz? III, 39

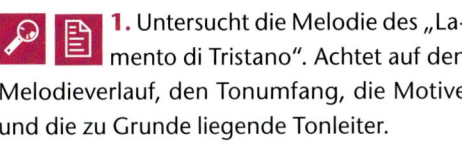 

Renaissance: Das Leben – ein Fest

Johann Theodor de Bry (1561–1623): Musikkapelle mit tanzenden Herren und Damen

Pavane: Belle, qui tiens ma vie

bei Thoinot Arbeau (1519–1595)

1. Bel - le qui tiens ma vi - e cap - ti - ve dans tes yeux,
1. Mit dei - nen schö - nen Au - gen fingst du mich ganz und gar,

qui m'as l'â - me ra - vi - e d'un sou - ris gra - ci - eux,
der See - le Frie - den raub - te dein Lä - cheln wun - der - bar.

viens tôt me se - cou - rir ou me fau - dra mou - rir
O hilf! Sei mit - leids - voll, wenn ich nicht ster - ben soll.

Pavane

Aus Italien stammender langsamer Schreittanz in geradem Takt. Die Pavane war als zeremonieller Hoftanz im 16./17. Jahrhundert in ganz Europa verbreitet. Sie hat einen charakteristischen Grundrhythmus:

 1. Übt den Grundrhythmus und begleitet das Musikstück. ⊚ **III, 40**

2. Probiert die Figuren der Pavane aus und entwickelt einen eigenen Ablauf aus getanzten Teilen und solchen, bei denen ihr zuhört.

Figuren der Pavane

„Revérence" Sie wird am Anfang, vor Beginn der Melodie, und auf den Schlussakkord getanzt. Die Dame macht mit geschlossenen Füßen einen kleinen Knicks. Der Herr führt das rechte Bein zurück und verbeugt sich, „wobei man den Körper und das Gesicht der Dame zuwendet und Gelegenheit hat, ihr einen graziösen Blick zuzuwerfen."

„Pas simple" Es werden immer zwei „Simple" nacheinander getanzt: Kleiner Schritt links vor, rechts anstellen, dann rechts vor und links anstellen. Die Schritte können auch rechts begonnen werden.

„Pas double" Drei kleine Schritte (links–rechts–links), den vierten (rechts) anstellen. Auch der „Double" kann rechts begonnen werden.

Bei der Umschreitung des Ballsaals, aber auch bei feierlichen Einzügen in Kirchen wurde eine **Prozessionspavane** getanzt, wobei alle Schritte meist vorwärts ausgeführt wurden.

Galliarde: A lieta vita

Giovanni Gastoldi (um 1550–1622)

1. A lie-ta vi-ta a-mor e'in-vi-ta, fa la la la la

1. An hel-len Ta-gen, Herz, welch ein Schla-gen! Fa la la la

la la la. Chi gio-ir bra-ma se di cor a-ma don-ne-ra'l

la la la. Him-mel dann blau-et, Au-ge dann schau-et, Herz wohl den

cuo-re a un tul si-gno-re, fa la la la la la la la la la la.

bei-den man-ches ver-trau-et. Fa la la la la la la la. la.

> **Galliarde**
>
> Von italienisch *gagliardo* = stark, rasch abgeleitet, ein im 16. Jahrhundert weit verbreiteter lebhafter Paartanz im Dreiertakt. Oft wurde die Galliarde als Nachtanz zur langsamen Pavane getanzt.

1. Spielt die Begleitrhythmen auch zu 🔵 **III, 41**

1 ‖: ♩ ♩ ♩ | ♩ ♩ ♩ ♩ | ♩ ♩ :‖

2 ‖: 𝅗𝅥 ♩ | ♩ 𝅗𝅥 | ♩ ♩ | ♩ ♩ 𝄾 :‖

3 ‖: ♩ ♩ ♩ | ♩. ♪ ♩ | ♩ ♩ ♩ | ♩ 𝄾 :‖

2. 🔵 **III, 41** Auf welche Weise setzt dieses Ensemble das Stück um? Haltet eure Beobachtungen fest.

3. Wie tanzen die Menschen auf den beiden Abbildungen? Beschreibt und vergleicht mit eurer Art zu tanzen.

4. Ihr seht auch typische Instrumente der damaligen Zeit. Welche Ähnlichkeiten mit heute gebräuchlichen Instrumenten gibt es?

Johann Theodor de Bry: Musikanten mit tanzenden Bauern und Bäuerinnen

Schlosskonzert

Würzburg, Residenz, erbaut 1737–1742

Konzert im Zwingerhof Dresden, erbaut 1711–1728

1. Zwei Bauten aus der Barockzeit (17.–18. Jahrhundert). Beschreibt Formen und Verzierungen des Barockstils.

2. Benennt Schlösser in eurer Region. Findet heraus, in welchem Stil sie erbaut wurden.

Schlosskonzerte früher

Schlösser zeugen mit ihrem Prunk von Macht und Reichtum der Könige, Fürsten und Bischöfe. Architektur, Malerei, Inneneinrichtung und Gartenanlage verbanden sich zu einem großen Gesamtkunstwerk. Oft gab es im Schloss oder Schlosspark auch ein eigenes Theater und Hunderte von Bediensteten, darunter auch Musiker und Schauspieler.

Nicht nur die Besitzer, sondern auch ihre zahlreichen Gäste wollten unterhalten sein. Darum hatten die Musiker viele Dienste zu leisten: Musik bei den Essen (Tafelmusiken), Musik bei Gartenfesten (Serenaden), Opernaufführungen und Schauspiele im Schlosstheater und sonntags Musik im Gottesdienst. Bei den großen Festen freuten sich die adeligen Gäste auf Feuerwerk im Garten und kunstvolle Tanzmusik im Festsaal des Schlosses. Einfache Leute waren damals nicht zugelassen.

Schlosskonzerte heute

Die Macht der Fürsten jener Zeit ist vergangen. Die prachtvollen Schlösser mit ihrer kunstvollen Architektur sind nun allen zugänglich. Wenn wir im Schlossgarten Musik hören, wenn wir die Treppe hinaufschreiten und ein Schlosskonzert besuchen, so können wir beim Klang der Musik aus jener Zeit etwas von dem Leben erahnen, das damals diese Räume erfüllte.

Barock

(von portugiesisch barucca = unregelmäßig geformte Perle): Bezeichnung für eine Epoche in Kunst, Literatur und Musik zwischen ca. 1600 und 1750. In der Musik der Barockzeit entstanden u.a. der Generalbass (Basso continuo), Kantate und Oratorium, die Oper und das Concerto für große Besetzungen sowie Kompositionslehren und Lexika zur Musik.

3. Wo gibt es in eurer Nähe Schlosskonzerte? Sucht auch im Internet.

Arcangelo Corelli „Concerto grosso g-Moll"

Arcangelo Corelli

Mit 18 Jahren kam Corelli als anerkannter Musiker nach Rom. In den Palästen der Kardinäle leitete er Oratorien, Opernaufführungen und Konzerte. Zeitweise wohnte er sogar dort. Kardinal Ottoboni, mit Corelli befreundet, veranstaltete alle zwei Wochen als gesellschaftliches Ereignis Konzerte, bei denen Corelli als virtuoser Geiger auftrat.

Seine Trio-Sonaten und Concerti grossi galten in vielen Ländern als beispielhaft. Viele Musiker, auch Georg Friedrich Händel, kamen damals nach Rom, um von ihm zu lernen. Auch heute werden Corellis Werke gern in Schlosskonzerten gespielt.

Arcangelo Corelli
(1653–1713)
Gemälde von
Jan Frans van Douven
(Zuschreibung)
um 1700

Barocke Instrumentalmusik verstehen

Georg Muffat, Schüler Corellis in Rom, schrieb auf, wie man in der Barockzeit Musik gestaltete und wie man einen größeren Klang erzeugen konnte.

Sonate: Pro Stimme spielt nur ein Instrument.

Concerto grosso: Gleiche Stimmen werden mehrfach (grosso) besetzt.

Trio-Sonate: Sie besteht aus zwei hohen Instrumenten und dem Basso continuo.

Basso continuo (= ital. durchgehender Bass): Ihn spielen zwei Instrumente, meist Violoncello und Cembalo – passende Akkorde werden in Zahlenkurzschrift notiert.

Concertino (Solist oder Solistengruppe) und Ripieno (mehrfach besetztes Streichorchester) bilden kontrastierende Klanggruppen.

1. Erläutert diese Angaben an der Partitur. Wo findet ihr die Trio-Sonate?

Erzeugung von größerem Klang:

Concertino: forte und piano intensiv ausführen, Oberstimme auch doppelt besetzen.

Ripieno: Violinen und Violoncello mehrfach besetzen, dann Bratschen hinzufügen, dann Kontrabass und andere Harmonieinstrumente für den Basso continuo hinzufügen.

 2. Erläutert an der Partitur, welche Aufgabe das Ripieno hat.

3. Satz- und Tempo-Abfolge des ganzen Concertos weisen es als Kirchenkonzert aus. Notiert beim Hören die Tempo-Abfolge. 💿 **III, 42–46**

4. Corellis Konzert endet mit einer ergänzenden Pastorale und bekam dadurch einen bekannten Beinamen. Findet heraus, wie das Concerto heute genannt wird.

Antonio Vivaldi „Der Sommer"

Dies Bild zeigt vermutlich Vivaldi um 1700.

Der Sommer

Unter der harten Zeit sengender Sonne
leiden Mensch und Herde, und es glüht die Pinie.
Kuckuck erhebt seine Stimme, und bald singen ihr
Einverständnis Taube und Distelfink.

Der sanfte Zephir weht, doch plötzlich
fängt Boreas Streit an mit seinem Nachbarn.
Und der Hirte klagt, denn er bangt
vor dem wilden Sturm und um sein eigenes Schicksal.

Den müden Gliedern nimmt ihre Ruhe:
Furcht vor Blitzen und wilden Donnern
und der Fliegen und Mücken wildes Schwirren.

Ach, wie wahr sind seine Befürchtungen,
es donnert und blitzt der Himmel, und Hagel
bricht das Haupt der Ähren und des hohen Getreides.

Ein Priester als Virtuose

Antonio Vivaldi (1678–1741), ein Priester mit auffallend roten Haaren, zeitlebens von Asthma gequält, war einer der produktivsten Komponisten seiner Zeit: Er schrieb u. a. mehr als 500 Konzerte und 49 Opern. Vivaldi lebte in Venedig. Als einer der größten Violinvirtuosen seiner Zeit entwickelte er neue Spieltechniken für die Violine und schrieb für sein Instrument über 200 Konzerte – unter ihnen „Die vier Jahreszeiten". Im reichen Venedig verdiente er mit seiner Musik viel Geld.

1703 hatte Vivaldi als Violinlehrer am Ospedale della Pietà, einem kirchlichen Internat für Mädchen, begonnen. Unter seiner Leitung wurde das Internatsorchester wegen seiner Präzision und Virtuosität bald zu einem der berühmtesten Orchester Europas. Für dieses Mädchenorchester schrieb er die meisten seiner Konzerte.

Später veränderte sich der Musikgeschmack: 1740 ging Vivaldi nach Wien, um dort seine Musik anzubieten, jedoch ohne Erfolg. Dort starb er 1741.

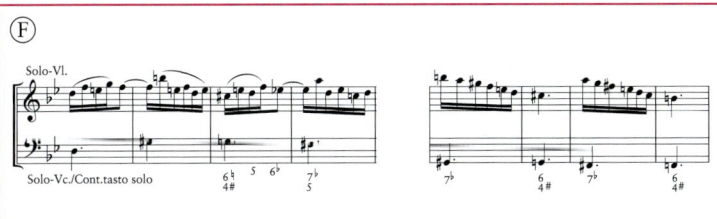

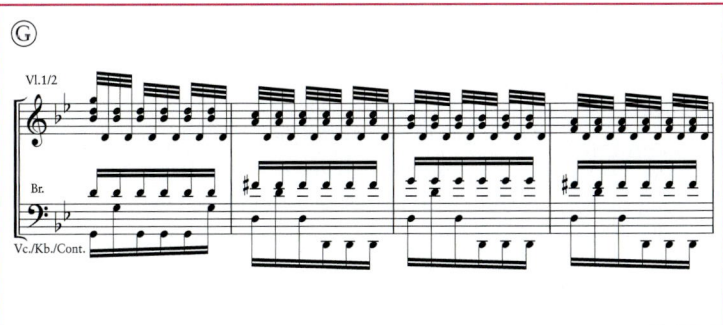

Die Jahreszeiten: „Der Sommer"

„Kühne Versuche mit der Harmonie und der Erfindung" überschreibt Vivaldi seine vier Konzerte op. 8, welche die vier Jahreszeiten darstellen. Diese Konzerte sind heute sehr populär. Ein Gedicht in Sonettform erläutert, was wir in seiner Musik hören können. Ideenreich verbindet Vivaldi seine Naturbeobachtungen mit einer von ihm selbst entwickelten musikalischen Form, dem Ritornellkonzert, das viele Musiker wie z. B. Johann Sebastian Bach von ihm übernahmen.

1. Untersucht die Sonettform. Welche Wörter oder Aussagen eignen sich für eine Vertonung?

2. Hört einzelne Teile des 1. Concerto-Satzes. Was sagen sie aus? Ordnet sie den Notenbeispielen zu. 🎵 **III, 50–59**

3. Vergleicht originale Vogelstimmen mit Vivaldis Nachahmung. 🎵 **III, 47–49, 51, 53, 54**

4. Erforscht am 1. Satz, wie Vivaldi sein Ritornellkonzert formal gestaltet.
Rondoform: A (Tuttiritornell), B (Concertino), A' (Tuttiritornell), …

5. Diskutiert den folgenden Text des Dirigenten Nikolaus Harnoncourt und vergleicht ihn mit euren Hörerfahrungen.

Vivaldis Musik spricht, malt, drückt Gefühle aus, schildert Ereignisse und Konflikte, und dies nicht brav hintereinander, sondern zugleich und durcheinander, wie es theatralische Lebensdarstellung italienischen Temperaments zur Barockzeit verlangt. Vivaldi hatte allerdings Hörer, denen diese Sprache zutiefst vertraut war… Für uns ist das Verständnis unvergleichlich schwieriger; es bleibt uns nur, uns entweder auf die verständlich gebliebenen Komponenten zu beschränken, oder zu versuchen, diese Musik neu zu hören, naiv dem Dialog zu folgen, schließlich werden wir ihn wieder begreifen.

Nikolaus Harnoncourt: Musik als Klangrede. 1982

Musik in der Kirche: „Wachet auf, ruft uns die Stimme"

1. »Wa-chet auf«, ruft uns die Stim - me

der Wäch-ter sehr hoch auf der Zin - ne,

»wach auf, du Stadt Je - ru - sa - lem!

Mit - ter-nacht heißt die-se Stun - de«;

sie ru - fen uns mit hel-lem Mun - de:

»Wo seid ihr klu - gen Jung-frau - en?

Wohl - auf, der Bräut' - gam kommt,

steht auf, die Lam - pen nehmt!

Hal - le - lu - ja! Macht euch be - reit zu der

Hoch-zeit, ihr müs-set ihm ent-ge-gen-gehn!«

Choral „Wachet auf"

Dieser Choral gehört zu den bekanntesten Liedern der evangelischen Kirche.

1. Stellt den Ausruf „Wachet auf" improvisierend, sprechend und singend dar. Nutzt Tempo und Körpersprache aus.

2. Macht euch mit der Melodie vertraut, singt und analysiert sie:
- Beschreibt den Melodieverlauf. Achtet dabei auf Dreiklänge und ihre Umkehrungen.
- Zu welchem Dreiklang gehören die Töne, die die Melodie in den ersten drei Zeilen maßgeblich bestimmen?
- Gliedert die Melodie in sinnvolle Abschnitte und markiert gleiche Abschnitte und Motive.

3. Dem Text des Chorals und der Kantate liegt u. a. das folgende Gleichnis zugrunde. Informiert euch über dessen Bedeutung.

Dann wird es mit dem Himmelreich sein wie mit zehn Jungfrauen, die ihre Lampen nahmen und dem Bräutigam entgegengingen. Fünf von ihnen waren töricht, und fünf waren klug. Die törichten nahmen ihre Lampen mit, aber kein Öl; die klugen aber nahmen außer den Lampen noch Öl in Krügen mit. Als nun der Bräutigam lange nicht kam, wurden sie alle müde und schliefen ein. Mitten in der Nacht aber hörte man plötzlich laute Rufe: Der Bräutigam kommt! Geht ihm entgegen! Da standen die Jungfrauen alle auf und machten ihre Lampen zurecht. Die Törichten aber sagten zu den Klugen: Gebt uns von eurem Öl, sonst gehen unsere Lampen aus. Die Klugen erwiderten ihnen: Dann reicht es weder für uns noch für euch; geht doch zu den Händlern und kauft, was ihr braucht. Während sie noch unterwegs waren, um das Öl zu kaufen, kam der Bräutigam; die Jungfrauen, die bereit waren, gingen mit ihm in den Hochzeitssaal, und die Tür wurde zugeschlossen. Später kamen auch die anderen Jungfrauen und riefen: Herr, Herr, mach uns auf! Er aber antwortete ihnen: Amen, ich sage euch: Ich kenne euch nicht. (Mt 25, 1–12)

Im Alter von 38 Jahren wird Johann Sebastian Bach (1685–1750) Kantor an der Thomaskirche in Leipzig. Zu seinen Aufgaben gehören hier u. a. die musikalische Gestaltung der Gottesdienste in den Kirchen der Stadt und das Abhalten von Lateinunterricht in der Thomasschule. Bach war vertraglich verpflichtet, für jeden Sonntag des Kirchenjahres eine Kantate zu komponieren. Innerhalb mehrerer Jahre sind so etwa 300 Kantaten entstanden.

Johann Sebastian Bach
Kantate „Wachet auf …" ◎ IV, 1

Choralstrophen spiegeln die Gemeinde und Rezitative/Arien den einzelnen gläubigen Christen in der Kirche wider.

1. Zeigt diesen Dialog im Ablauf der Kantate. Am leichtesten von allen Sätzen zugänglich ist der 1. Teil der Kantate. Dort ist der Choral deutlich in der Sopranstimme, die vom Horn verstärkt wird, zu hören. Die anderen Stimmen entfalten eigene Motive.

2. Hört den Anfang des Chorsatzes. Charakterisiert die Atmosphäre der Komposition.

3. Notenbeispiele: Untersucht auch, wie Bach mit seinem Zusammenspiel von Stimmen und Instrumenten den Text ausdeutet.

4. Wo überall ist im folgenden Notenbeispiel (Takt 5+6) in den Melodien der Anfang des Chorals zu finden?

5. Charakteristische Motive prägen den ganzen Satz. Untersucht die ersten Takte in Violinen und Viola, Oboen und der Bassstimme.

Chor: „Wachet auf, ruft uns die Stimme"

Johann Sebastian Bach (1685–1750)

Sätze der Kantate:

1. Chor:
„Wachet auf, ruft uns die Stimme"

2. Rezitativ (Tenor):
„Er kommt, er kommt"

3. Duett (Sopran + Bass)
„Wann kommst du mein Heil"

4. Choral (Tenor)
„Zion hört die Wächter singen"

5. Rezitativ (Bass)
„So geh herein zu mir"

6. Arie mit Choral (Sopran + Bass)
„Mein Freund ist mein"

7. Chorsatz/Choral
„Gloria sei dir gesungen"

Hausmusik: Johann Sebastian Bach „Invention C-Dur"

Clavichord von Johan Waiss, Stuttgart 1702

Beim Clavichord, dem „Hausinstrument" der Barockzeit, wird der Ton durch das Anschlagen der Saite mit einem Messingplättchen erzeugt, das in der Taste fest verankert ist.

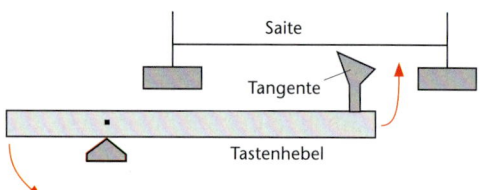

Invention C-Dur, BWV 772 III, 63

Johann Sebastian Bach (1685–1750)

Klavierspielen mit Bach

…davon werden angehende Pianisten viel erzählen können. Bach komponierte für seinen ältesten Sohn das „Clavierbüchlein für Wilhelm Friedemann Bach" – ein dickes Buch, das auch 15 zweistimmige Inventionen enthält. Friedemann sollte nicht nur daran üben, zwei selbstständige Stimmen „cantabel", d. h. gesanglich auf dem Klavier zu spielen. Er sollte zugleich auch lernen, in der Art seines Vaters polyphone Musik selbst zu erfinden (lat. inventio = Erfindung).

Die Invention

Ein Einfall am Anfang bestimmt das ganze Stück. Bach erfindet nur ganz wenige Bausteine, die er in überlegter Weise verändert und zu einer größeren Form verbindet.

Johann Sebastian Bachs selbst entworfenes Siegel

1. Wo sind die Anfangsbuchstaben in Bachs Siegel zu entdecken? Betrachtet es auch als Spiegelbild.

Polyphonie

Polyphonie bedeutet, dass mehrere selbstständige und gleichwertige Stimmen zusammen erklingen.

2. Studiert die unten dargestellten Möglichkeiten polyphoner Komposition. Versucht, sie in Bachs Invention zu entdecken.
3. Vergleicht den Clavichord-Klang mit dem Klang eines modernen Klaviers. III, 62

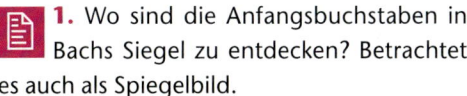

Imitation
Das Originalmotiv wird in einer anderen Stimme nachgeahmt.

Umkehrung
Die Tonfolge wird in die umgekehrte Richtung geführt.

Sequenz
Eine Tonfolge wird in der gleichen Stimme auf anderen Tonstufen wiederholt.

Vergrößerung
Alle Notenwerte werden um das gleiche Maß größer.

Abspaltung
Von einem Motiv wird ein Teil abgetrennt und als neuer Baustein verwendet.

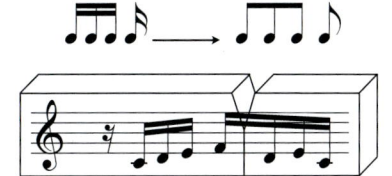

Ein politischer Anlass: Georg Friedrich Händel „Feuerwerksmusik"

„Georg Friedrich Händel im Staatsrock"
Gemälde von Thomas Hudson

Georg Friedrich Händel (1685–1759)

Organist, Cembalist, Geiger, Hofkapellmeister, Opernunternehmer und Komponist, im Dienste des Königs und anderer adeliger Auftraggeber groß besetzte Werke schaffend – das sind Merkmale einer „europäischen Künstlerpersönlichkeit" dieser Zeit, effektvoll, weit gereist und immer in Kontakt mit den Herrschenden.

Nach abgebrochenem Rechtsstudium verließ Händel seine Geburtsstadt Halle und ging nach Hamburg, wo er mit ersten eigenen Opern Erfolg hatte. Das Neueste an Opern und Konzerten konnte man damals am besten in Italien studieren. Vier Jahre bereiste Händel Italiens Musikzentren (▶ S. 125). 1712, nach einer kurzen Zwischenstation in Hannover, übersiedelte er nach London und wurde dort mit Opern, Oratorien und Konzertveranstaltungen zum Ereignis ersten Ranges. Die Engländer ehrten 1759 „ihren George Fredric Handel" mit der Beisetzung in Londons Westminster Abbey, der Krönungsstätte englischer Könige.

„Feuerwerksmusik" zum Staatsakt

1748 hatte der Aachener Friedensvertrag lange Kriegsjahre für England glücklich beendet. König Georg II. selbst erteilte Händel den Auftrag zu einer großen Festmusik. Auf seinen Befehl sollten Instrumente der Militärmusik verwendet werden: Oboen und Fagotte vom Heer, Trompeten und Pauken als Fanfaren des Königs, Hörner als Klangsymbol für das königliche Jagdprivileg. ⊚ **IV, 2** Später nahm Händel noch ein Streichorchester hinzu, um mehr Abstufungen der Klangfarben zu erzielen. ⊚ **IV, 9** Schon bei der Generalprobe am 21. April 1749 hörten rund 12 000 Londoner den über 100 Musikern zu. Während des Festes erklang im Green Park Händels „Feuerwerksmusik", überlagert von Salutschüssen aus 101 Kanonen. Das Feuerwerk lief wegen technischen Versagens nicht ab wie geplant. Händels großartige Musik rettete jedoch die Feierlichkeit des Tages.

„Feuerwerksmusik", Ouvertüre, Allegro-Teil (Anfang)

Feuerwerk in London um 1749

Die „Feuerwerksmusik" – eine Suite voller Symbole

Suiten (frz. = Folge), eine Abfolge bestimmter Tanzsätze mit einer Einleitung, gehörten damals zum höfischen Fest. Händel hat Typ und Abfolge der Tanzsätze so passend zum Anlass gewählt, dass damals viele die Bedeutung verstehen konnten:

Ouvertüre

Eine feierliche Einleitung mit der Tempofolge Adagio – Allegro – Lentement nach dem Vorbild der Hofmusik des mächtigen französischen „Sonnenkönigs" Louis XIV.

Bourreé

Dieser volkstümlich und fröhlich klingende Tanz gibt dem Anlass Ausdruck: Alle Volksschichten freuen sich über den Frieden.

La Paix (Largo alla siciliana)

„Der Friede" wird durch eine beruhigende sizilianische Hirtenmusik dargestellt.

La Réjouissance (Allegro)

„Die Fröhlichkeit" folgt auf die Friedensbotschaft.

Menuet I und Menuet II

Mit diesem Tanztyp, gespielt in voller Besetzung, verweist Händel zum Abschluss wieder auf den König: Nur Aristokraten beherrschten die kunstvollen Tanzfiguren eines Menuetts.

Eine Partitur lesen lernen

1. Welche Besetzung schreibt Händel vor? Studiert einzelne Instrumentengruppen. Wie wird dieser Partiturausschnitt klingen? 🔊 **IV, 9**

2. Klopft Rhythmen, die ihr entdeckt.

3. Vergleicht Händels Besetzung mit der des Sinfonieorchesters (▶ S. 118).

4. Wie wirken die Sätze der Suite auf euch als Hörer von heute? 🔊 **IV, 2–8**

5. Welche Musik erklingt heute bei feierlichen öffentlichen Anlässen?

Georg Friedrich Händel: „Halleluja" aus „Der Messias"

Händel-Gedenkfeier 1784 in London, Westminster Abbey

Halleluja! Halleluja!…
Denn Gott, der Herr, regieret allmächtig!
Das Königreich der Welt
ist fortan das Königreich des Herrn
und seines Christ.
Und er regiert auf immer und ewig.
Herr der Herr'n, der Welten Gott.

Dieser kurze Text liegt dem wohl berühmtesten Chorstück Händels aus dem Oratorium „Der Messias" zugrunde. Als König Georg II. es zum ersten Mal hörte, erhob er sich von seinem Sitz und mit ihm das gesamte Publikum. Auch heute stehen, in England und auch in Amerika, immer wieder die Zuhörer beim Erklingen des mächtigen Chorstückes von ihren Plätzen auf.

„Der Messias" – ein Musikwerk bewegt die Welt

Der Text des Oratoriums „Der Messias" handelt von den Prophezeiungen der Ankunft des Messias und ihrer Erfüllung durch Geburt, Leben und Opfertod Jesu und soll den Menschen Hoffnung auf die eigene Auferstehung geben. In nur 24 Tagen schrieb Händel die Musik auf.

Die Uraufführung fand 1742 in Dublin (Irland) zu wohltätigen Zwecken statt. Das Orchester war sehr klein: Die Singstimmen wurden hauptsächlich von einer Orgel und einigen Streichinstrumenten begleitet. An entsprechenden Stellen traten Trompeten und Pauken hinzu. Auch der Chor war mit nur 32 Sängern viel kleiner als bei heutigen Aufführungen. Durch den bei der Uraufführung erzielten Erlös konnte Händel unter anderem 142 Insassen eines Schuldgefängnisses freikaufen.

Erfolg und Bekanntheit des „Messias" wuchsen mit der Zeit immer weiter an. Schon bald wurde das Werk in größeren Besetzungen aufgeführt. Sogar Wolfgang Amadeus Mozart erhielt 1789 den Auftrag, den „Messias" zeitgemäß zu orchestrieren. Er ergänzte vor allem die Blasinstrumente. Denn je größer die Chöre bei den Aufführungen wurden, desto voller musste der Orchesterklang sein. Mozarts Instrumentation wurde zur Grundlage für viele weitere Ausgaben des Werkes.

Zur Vertonung

Händel verwendet folgende wirkungsvolle Kompositionstechniken seiner Zeit:
– Er lässt die verschiedenen Stimmen im gleichen Rhythmus zusammenwirken, wobei Melodie und Harmonie in den Vordergrund treten (= Homophonie):

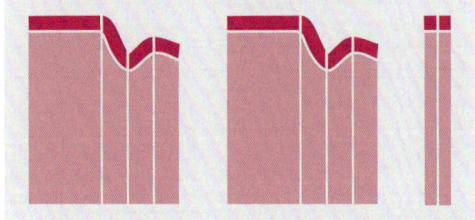

– Er gibt jeder Stimme einen selbstständigen Verlauf und ordnet sie kunstvoll in der zeitlichen Reihenfolge (= Polyphonie):

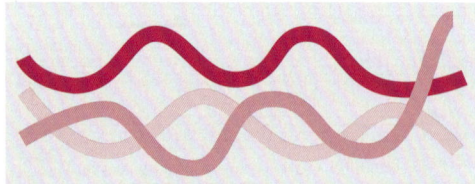

I *Halleluja!* 💿 III, 64

📄 **1.** Sprecht das Wort „Halleluja" in unterschiedlichen Rhythmen, auch in jenen von Händel. Welche Rhythmen empfindet ihr als besonders ausdrucksvoll?

Oratorium

Mehrteiliges Werk meist geistlichen Inhalts für Soli, Chor und Orchester.
Es beinhaltet vom Orchester begleitete Rezitative und Arien (▶ S. 169), Chöre und reine Instrumentalsätze.

Halleluja!  III, 64

II *Denn Gott, der Herr, regieret allmächtig!*

 III, 65

1. Die Bibel spricht von einem einzigen Gott. Wie verdeutlicht Händel diesen Glaubenssatz musikalisch?

2. Beschreibt, wie sich die Musik nach diesem Anfang entwickelt.

III *Das Königreich der Welt ist fortan das Königreich des Herrn und seines Christ.*  III, 66

3. Welche Gestaltungsmittel entdeckt ihr hier beim Hören?

IV *Und er regiert auf immer und ewig.*  III, 67

4. Hört und beschreibt die Gestaltung dieses Teils und den weiteren Verlauf.

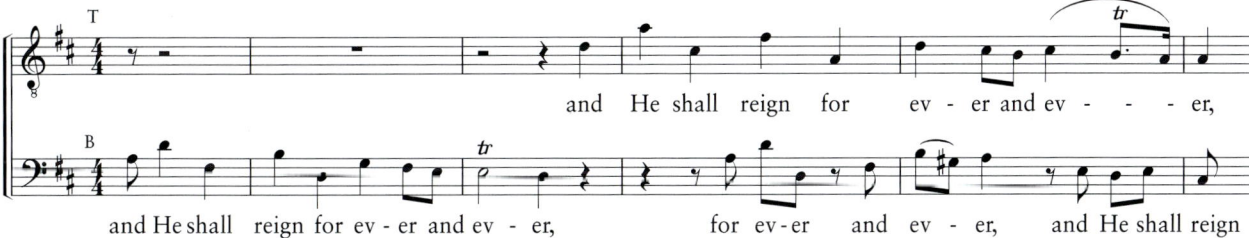

V *Herr der Herr'n, der Welten Gott*  III, 68
Die Oberstimmen beginnen hier im Einklang.

5. Wie wird die Melodie weitergeführt? Deutet die Musik auch hier aus dem Text heraus.

6. Und wie baut Händel das Werk bis zum Schluss auf? Versucht, die euch schon bekannten Kompositionstechniken herauszuhören.

7. Erklärt die Bedeutung von Trompeten und Pauken in diesem Werk geistlicher Musik.

8. Verfolgt beim Hören die Pauke. Ihr Klang ist für die Wirkung des „Halleluja" sehr wichtig. Versucht, den Rhythmus selbst zu spielen.

Joseph Haydn „Klaviersonate D-Dur" (1)

Franz Marc
(1880–1916)
„Spielende Formen"

Gestaltungsprinzipien

Zu jeder Zeit hatten Menschen den Willen, etwas Schönes zu gestalten. Dabei werden immer grundlegende Gestaltungsprinzipien berücksichtigt:
– Wiederholung gleicher Elemente
– Veränderung bzw. Variation
– Gegensatz, Kontrast.

1. Betrachtet Gegenstände in eurer Umgebung wie Bilder, Grafiken oder Möbel. Wie wird dort mit den Mitteln Wiederholung, Veränderung / Variation, Gegensatz / Kontrast gestaltet?

2. Wie baut Franz Marc sein Bild „Spielende Formen" auf?

3. Experimentiert in Gruppen mit Klängen und Geräuschen. Bildet klangliche Gegensätze. Versucht, Brücken zwischen Gegensätzen zu gestalten.

Die Grafik unten verdeutlicht, wie diese Möglichkeiten der Gestaltung auch in der Sonatenhauptsatzform angewendet werden.

Sonate

(lat. sonare = klingen) Sonate bezeichnet im 17. und 18. Jahrhundert ein instrumental ausgeführtes Musikstück. Mit der Sonate verbindet sich aber auch eine Form, eine Gliederung eines Musikstückes, wie sie sich im 18. Jahrhundert herausbildete. Die Grafik unten zeigt den Aufbau vieler Sonatensätze.

4. Achtet beim Hören des 1. Satzes der Klaviersonate von Haydn auf verschiedene Abschnitte. Meist sind deren Anfang und Ende deutlich zu erkennen. 💿 **IV, 10–16**

5. Abschnitte von 8 Takten sind hier sehr oft zu finden. Mögliche weitere Unterteilungen zeigt die Grafik:

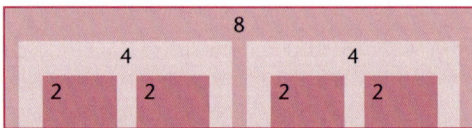

🔍 Untersucht den Aufbau einzelner Abschnitte in Haydns Musik noch genauer.

Ablauf der Sonatenhauptsatzform (Durtonart)

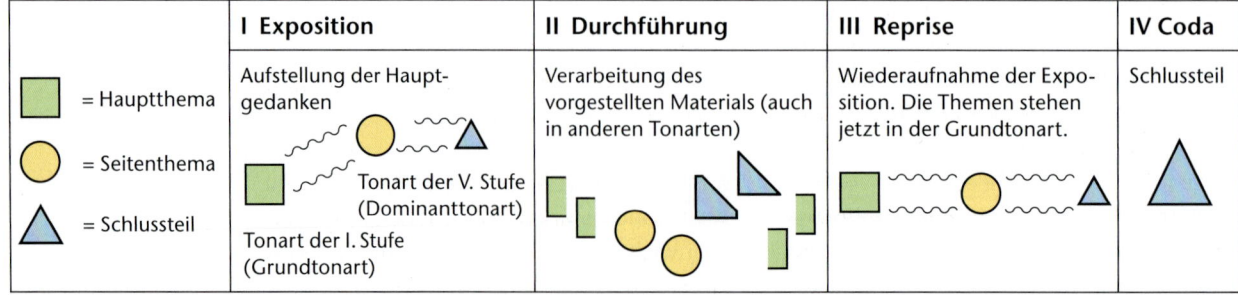

		I Exposition	II Durchführung	III Reprise	IV Coda
🟩	= Hauptthema	Aufstellung der Hauptgedanken	Verarbeitung des vorgestellten Materials (auch in anderen Tonarten)	Wiederaufnahme der Exposition. Die Themen stehen jetzt in der Grundtonart.	Schlussteil
🟡	= Seitenthema	Tonart der V. Stufe (Dominanttonart)			
🔺	= Schlussteil	Tonart der I. Stufe (Grundtonart)			

Sonate D-Dur, 1. Satz, Allegro con brio Joseph Haydn (1732–1809)

I Exposition

Hauptthema
– Tonart
– Rhythmik
– Melodik
– Dynamik
– Artikulation
– Begleitung
– Gliederung

**Zwischenteil/
Überleitung 1**

Seitenthema
– Vergleich mit dem
  Hauptthema

**Zwischenteil/
Überleitung 2**
– Gestalt der unter-
  schiedlichen Motive

Joseph Haydn „Klaviersonate in D-Dur" (2)

Schlussteil
– Vergleich mit voraus-
  gehenden Takten
– Funktion der Akkord-
  folgen

II Durchführung
– Motivsuche
– Motivverarbeitung

III Reprise
(Ausschnitte)
Hauptthema
– Vergleich mit
Exposition

Zwischenteil/
Überleitung 1
– Vergleich mit
Exposition

Seitenthema
– Tonart

Zwischenteil/
Überleitung 2

Schlussteil

Der Kontretanz – ein Hit zu Mozarts Zeit

Augustin Saint-Aubin: „Le bal paré", 1773

Jede Zeit hat ihre eigenen Tänze – ob sie nun Breakdance oder Hip-Hop, Menuett oder Kontretanz heißen. Der Kontretanz (auch Kontratanz, Contredanse oder Contre genannt) war in der 2. Hälfte des 18. Jahrhunderts sehr beliebt. Er war der eigentliche Modetanz dieser Zeit.

Tanzunterricht, Tanzmeister

Mit dem Aufstieg des Bürgertums wurden Tanzsäle für die unterschiedlichsten Bevölkerungsgruppen zugänglich (z.B. Handwerker, Kaufleute, Ärzte, Beamte, je nach finanziellen Möglichkeiten auch Bauern, Dienstboten). Damit wuchs auch der Bedarf nach sachkundiger Unterweisung. Tanzunterricht war nicht mehr nur adeligen Gesellschaftskreisen vorbehalten. Tanzmeister traten als Unternehmer auf, eröffneten Tanzschulen und erteilten allen Interessierten Unterricht.

1. Vergleicht die Situation mit der heutigen Szene.

Die Tanzform

Kontretanz: Wie schon der Name andeutet, tanzen die Paare nicht nur miteinander, sondern auch „gegeneinander". Im Laufe des Tanzes wechseln mehrfach die Partner und die Plätze.

Die besondere Beliebtheit dieses Tanzes ist wohl auch damit zu erklären, dass der Reichtum an Figuren, die immer wieder neu erfunden oder kombiniert wurden, das Tanzen sehr abwechslungsreich macht. Der Kontretanz war ein lebhafter, fröhlicher Tanz – sowohl für Mittanzende als auch für Zuschauer. Neben der Aufstellung in der Form einer „Gasse" forderte besonders das „Viereck" zu immer neuen Figurenverbindungen und Raumwegen heraus.

Die Tanzmusik W. A. Mozarts

Mozart gehörte zu jenen Komponisten, die nicht nur mitreißende Tanzkompositionen schufen, sondern selbst auch leidenschaftlich gern tanzten. Er stand mitten in der Tanzkultur seiner Zeit. Im Auftrag von Ballveranstaltern komponierte er Tanzmusiken für bestimmte Säle und Ensembles, insbesondere auch für Veranstaltungen in der Wiener Hofburg.

Beschreibung eines Kontretanzes zu einer Tanzmusik von W. A. Mozart

Dieser Kontretanz ist mit einfachen Gehschritten auszuführen, in der Regel erfolgt auf jedes Taktviertel ein Schritt.

⌒ Tänzerin
△ Tänzer
einander zugewandt

Grundstellung:
Ausgangsplatz der 4 Paare im Viereck, vgl. ①. Zu Beginn und am Ende jeder Figur soll die Grundstellung eingenommen werden.

Aus „Fünf Kontratänze" (KV 609, Nr. 3) ⊚ IV, 17   Wolfgang Amadeus Mozart (1756–1791)

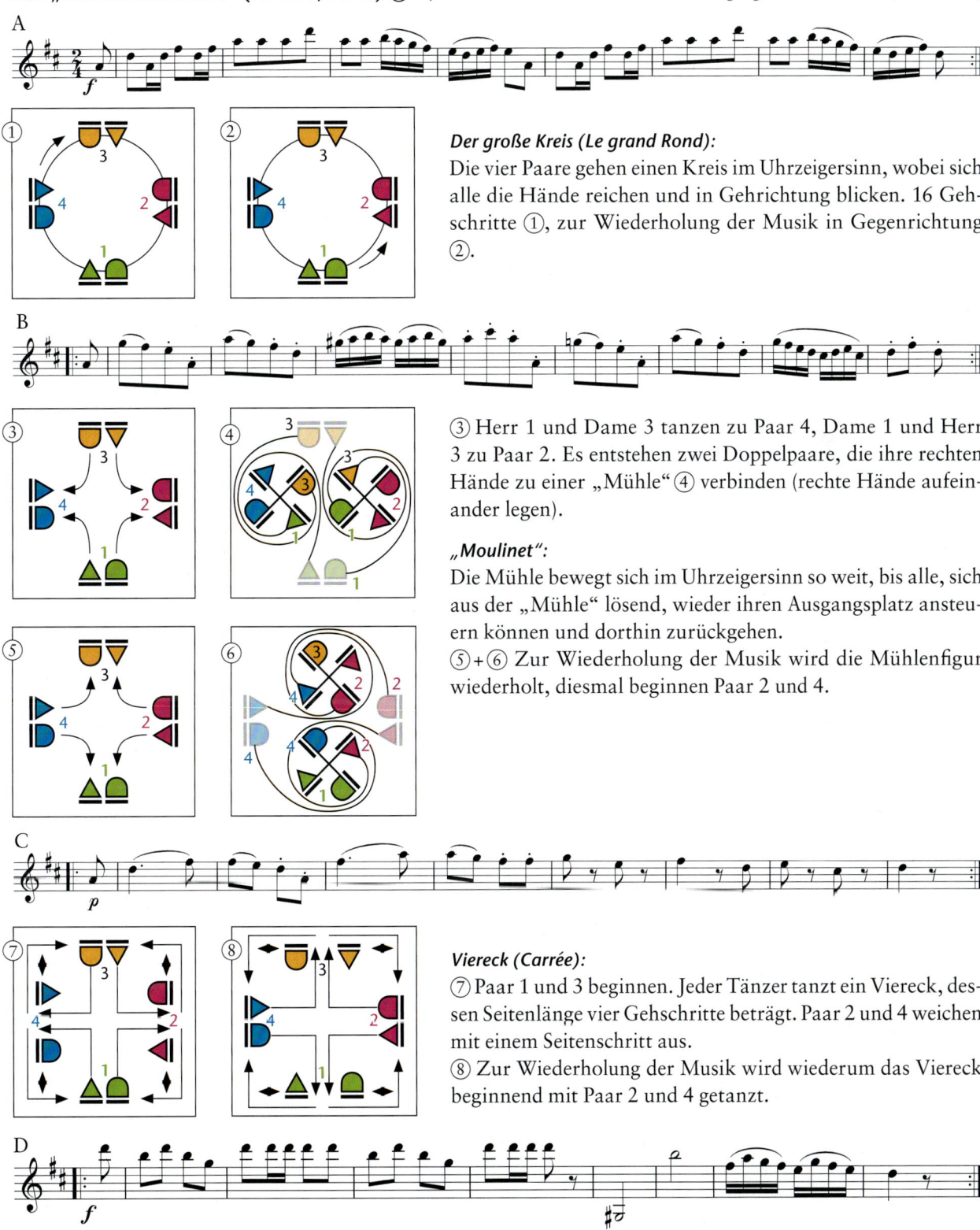

A

Der große Kreis (Le grand Rond):
Die vier Paare gehen einen Kreis im Uhrzeigersinn, wobei sich alle die Hände reichen und in Gehrichtung blicken. 16 Gehschritte ①, zur Wiederholung der Musik in Gegenrichtung ②.

B

③ Herr 1 und Dame 3 tanzen zu Paar 4, Dame 1 und Herr 3 zu Paar 2. Es entstehen zwei Doppelpaare, die ihre rechten Hände zu einer „Mühle" ④ verbinden (rechte Hände aufeinander legen).

„Moulinet":
Die Mühle bewegt sich im Uhrzeigersinn so weit, bis alle, sich aus der „Mühle" lösend, wieder ihren Ausgangsplatz ansteuern können und dorthin zurückgehen.
⑤ + ⑥ Zur Wiederholung der Musik wird die Mühlenfigur wiederholt, diesmal beginnen Paar 2 und 4.

C

Viereck (Carrée):
⑦ Paar 1 und 3 beginnen. Jeder Tänzer tanzt ein Viereck, dessen Seitenlänge vier Gehschritte beträgt. Paar 2 und 4 weichen mit einem Seitenschritt aus.
⑧ Zur Wiederholung der Musik wird wiederum das Viereck beginnend mit Paar 2 und 4 getanzt.

D

Zum Schluss der Musik wiederholen alle den großen Kreis im Uhrzeigersinn und in Gegenrichtung.

Im Konzertsaal: Ludwig van Beethoven „Sinfonie Nr. 5 c-Moll" (1)

Wien, Großer Musikvereinssaal, erbaut 1867–1870
1744 Sitzplätze und 300 Stehplätze

London, Royal Albert Hall, erbaut 1867–1871
6080 Sitzplätze, 2,5 sec. Hall

Berlin, Neue Philharmonie, erbaut 1960–1963
2218 Sitzplätze, 1,95 sec. Hall

Konzerte – ein besonderes Ereignis

Wachsendes Selbstbewusstsein gegenüber dem Adel und zunehmender Wohlstand des Bürgertums führten zur Entwicklung eines öffentlichen Konzertlebens. Ab etwa 1800 wurden Konzerte zum gesellschaftlichen Ereignis, in dessen Mittelpunkt selbstständige Musiker standen, die mit ihrer Musik oder Virtuosität das Publikum faszinieren mussten, um von den Konzerteinnahmen leben zu können. Einer der ersten, dem das gelang, war Ludwig van Beethoven.

Die Geschichte öffentlicher Konzerte begann in England, wo es schon vor 1700 Konzertveranstaltungen gegen Eintrittsgeld gab. Rund 50 Jahre später veranstalteten Unternehmer auch in Wien, Paris, Berlin und Leipzig Konzertreihen. So entstand das heute von Städten und Konzertgesellschaften getragene Konzertleben.

Konzertsäle

Für Architekten ist es eine besondere Aufgabe, den großen Raum mit vielen Sitzplätzen so zu gestalten, dass sich eine optimale Raumakustik ergibt: Jedes Instrument muss gut hörbar sein, der Zusammenklang des Orchesters muss sich gut mischen. Der Nachhall in diesen Räumen darf nicht zu lang sein und muss weich ausklingen. Aber auch die festliche Atmosphäre eines Konzertes soll durch die Raumarchitektur unterstützt werden.

1. Beschreibt Architektur, Orchesterpodium und Atmosphäre der abgebildeten Säle.
2. Wo finden in eurer Region Konzerte statt?
3. Prüft den Nachhall z. B. eurer Schulaula mit der Stoppuhr.

Wiener Klassik

Stilbezeichnung für Werke der Komponisten J. Haydn, W. A. Mozart und L. v. Beethoven, die in Wien zwischen 1780 und 1827 entstanden und u.a. die Sonatenhauptsatzform enthielten. Das Wort „klassisch" bedeutet so viel wie einmalig, vollkommen, lange gültig.

Ludwig van Beethoven

Er wurde 1770 in Bonn geboren. Sein Geburtshaus ist heute ein Museum und zeigt viele Lebenszeugnisse des Komponisten. Sein Vater, Hofmusiker in Bonn, erteilte ihm schon früh Musikunterricht. Nach kurzer Zeit übernahmen jedoch fähigere Kollegen des Vaters die Ausbildung, darunter der Organist Johann Gottlieb Neefe, der ihm Klavierwerke Johann Sebastian Bachs zum Studium gab. 1778 spielte Beethoven schon in einem öffentlichen Konzert. 1782 wurden seine ersten Klavierkompositionen gedruckt, und mit 14 Jahren war er bereits als Organist und Cembalist fest am Bonner Hof angestellt.

Wien aber sollte Beethovens zweite Heimat werden. Hier erweiterte er seine Fachkenntnisse und lernte dabei auch Mozart und Haydn kennen. Empfehlungen adeliger Familien halfen ihm, in Wien Fuß zu fassen. Bald fand er auch ein bürgerliches Publikum, das wohlhabend, gebildet und interessiert an seiner Kunst war. Man lud ihn zu Hauskonzerten ein, wo er mit seinen Improvisationen und Sonaten am Klavier Aufsehen erregte. Mit Fürsten, Königen und vielen bekannten Musikern stand er in Kontakt.

Ein unheilbares Gehörleiden ließ ihn ab 1798 langsam ertauben. Bald konnte er sich nur noch schriftlich verständigen und wurde sehr einsam. Seine Vorstellungskraft blieb jedoch ungebrochen, wenn er auch seine Werke nur noch innerlich hören konnte. Es entstanden große Kompositionen, die bis heute das Publikum faszinieren, darunter auch die 5. Sinfonie in c-Moll.

1. Informiert euch über Beethovens Leben. Was bedeutet es, wenn ein Mensch sein Gehör verliert (▶ S. 104/105)?

2. Informiert euch in Konzertführern über die 5. Sinfonie.

3. Schreibt die Standardbesetzung auf, die Beethoven im 1. Satz verwendet (Partitur ▶ S. 145).

Ludwig van Beethoven
(1770–1827)
Willibrord Joseph Mähler
(um 1804)

Beethovens Konzertprogramm am 22. 12. 1808 – aus der Ankündigung: *... Sämtliche Stücke sind von seiner Komposition, ganz neu und noch nicht öffentlich gehört worden ...*

Erste Abteilung: *1. Eine Sinfonie in F-Dur – 2. Arie – 3. Hymne im Kirchenstil mit Chor und Solos – 4. Klavierkonzert, von ihm selbst gespielt*

Zweite Abteilung: *1. Große Symphonie in c-Moll – 2. Heilig, im Kirchenstil mit Chor und Solos – 3. Fantasie auf dem Klavier allein – 4. Fantasie auf dem Klavier, welche sich nach und nach mit Eintreten des ganzen Orchesters, und zuletzt mit Einfallen von Chören als Finale endet.*

4. Vergleicht das Programm mit einem heutigen Sinfoniekonzert.

Zur Entstehung der 5. Sinfonie

Beethoven kannte Haydn und seine Sinfonien. Zunächst übte und erprobte er deren Form mit Klavierkompositionen, ehe er sich an die Komposition einer Sinfonie heranwagte. Seit 1803 arbeitete er an der 5. Sinfonie; erst 1808 war sie fertiggestellt. Offenbar war sie für ihn etwas Besonderes: Im vierten Satz erweitert er den Tonumfang des Standard-Orchesters durch Piccolo-Flöte und Kontrafagott; drei Posaunen verstärken die Klanggewalt. Ein pochendes Motiv verbindet alle vier Sätze.

Sinfonie – Vorbilder

Sinfonie (von griechisch symphonia = Zusammenklang) war zunächst ganz allgemein die Bezeichnung für einen instrumentalen Einleitungssatz. Als Alessandro Scarlatti um 1680 seine dreisätzigen Opernouvertüren „Sinfonia" nannte, hatte er auch eine bestimmte Tempofolge der Sätze geplant: 1. schnell – 2. langsam – 3. schnell. Viele Komponisten folgten diesem Vorbild, und zwischen 1720 und 1810 entstanden Tausende von Sinfonien. Mit der Einfügung des Menuetts als 3. Satz wurde die Sinfonie zur viersätzigen Großform, zu der Haydn mit seinen über 100 Sinfonien viel beitrug. Haydn erfand auch langsame Einleitungen, um die Spannung zu steigern.

Im Konzertsaal: Ludwig van Beethoven „Sinfonie Nr. 5 c-Moll" (2)

Mit dem Gesichtsausdruck, mit Hand- und Körperbewegungen überträgt der Dirigent Riccardo Chailly seine Interpretationsvorstellungen auf das Orchester.

Dirigenten

Im 18. Jahrhundert gab im Orchester der Kapellmeister, selbst oft der Komponist, mit der Violine oder vom Cembalo aus die Einsätze. Zusammen mit der vergrößerten Orchesterbesetzung und den vielen öffentlichen Konzerten entstand im 19. Jahrhundert der Beruf des Dirigenten.

Heute sind Dirigenten umfassend ausgebildet und oft gefeierte Stars in den Konzertsälen der Welt. Diese Musikspezialisten, deren „Instrument" das ganze Orchester ist, erarbeiten mit genauer Partiturkenntnis, mit Klangfantasie und mit ihrer Dirigiertechnik zusammen mit dem Orchester die Interpretation eines Werkes.

Ein Dirigent berichtet von seiner Vorbereitung

Zunächst verschaffe ich mir einen Überblick über die ganze Sinfonie. Die 5. Sinfonie Beethovens hat, wie damals üblich, vier Sätze. Die Tempobezeichnungen geben mir erste Hinweise für die Interpretation:

1. Satz	2. Satz	3. Satz	4. Satz
Allegro con brio	Andante con moto	Allegro	Allegro

Der 1. Satz ist „schnell, feurig", der 2. Satz „schreitend, lebhaft" zu spielen. Der 3. und 4. Satz tragen die gleiche Tempobezeichnung: „schnell": Tatsächlich lässt Beethoven den 3. Satz direkt in den 4. übergehen.

Dann untersuche ich die Form, um die „Architektur" der Musik den Zuhörern zu verdeutlichen. Im 1. Satz folgt Beethoven dem bekannten Schema der Sonatenhauptsatzform: Haupt- und Seitenthema bilden darin Gegensätze im Ausdruck. Ältere Komponisten versuchten diese Gegensätze in einem Satz zu versöhnen. Doch Beethoven geht hier neue Wege: Er verwendet dazu alle vier Sätze – darum ist seine „Fünfte" auch so berühmt geworden!

1. Betrachtet das Schema des Sinfoniesatzes und versucht, beim Hören die Teile zu erkennen.

Schema des 1. Sinfoniesatzes (Sonatenhauptsatzform)

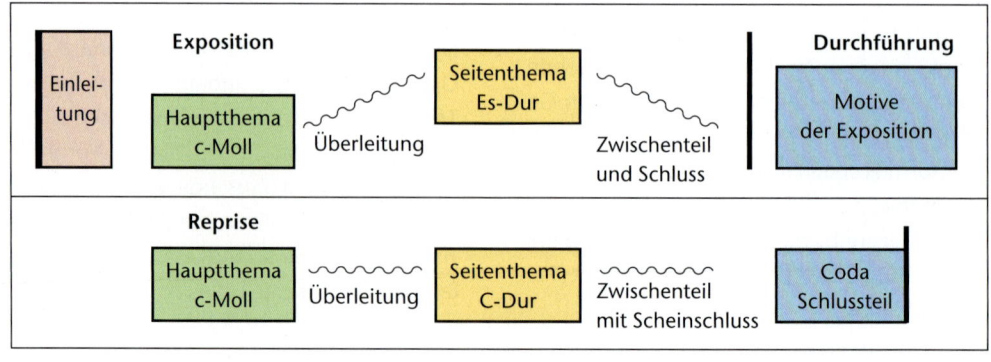

Arbeit mit der Partitur

Bei den Proben und im Konzert muss ich als Dirigent nicht nur den Ablauf der Komposition genau im Kopf haben, sondern auch den Orchesterinstrumenten wichtige Einsätze geben. Die Partitur hilft mir dabei dies alles zu überblicken.

Ein pochendes Motiv in Moll bestimmt das Hauptthema und den ganzen 1. Satz:

Das Seitenthema in Dur spielt nur eine untergeordnete Rolle:

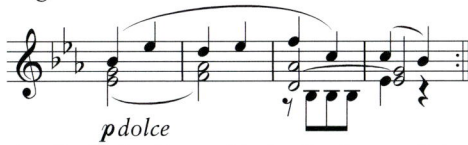

Am Ende des Satzes bleibt die düstere Stimmung. Das ändert sich jedoch im Verlauf der ganzen Sinfonie.

Die ungeheure Kraftentfaltung mit Hilfe des pochenden Moll-Motivs haben Zuhörer und Kritiker schon bei den ersten Aufführungen bewundert. Beethoven stellt das Motiv als Einleitung voran, um auf dessen Bedeutung hinzuweisen. In seinen Skizzenbüchern können wir sehen, wie er seine erste Idee zu dieser Kraftladung verdichtet.

1. Spielt die Skizze und die endgültige Fassung des Anfangs.

2. Die Partiturseite zeigt die gleiche Stelle in der Instrumentierung. Zählt, wie oft ihr hier das Moll-Motiv entdeckt.

5. Sinfonie, 1. Satz

Ludwig van Beethoven (1770–1827)

3. Sprecht darüber, welchen Instrumenten hier Einsätze gegeben werden müssen, und versucht, diese Partiturseite zu dirigieren.

4. Summt das Seitenthema.

Skizze

Endfassung

Im Konzertsaal: Ludwig van Beethoven „Sinfonie Nr. 5 c-Moll" (3)

2. Satz
Thema der Variationen

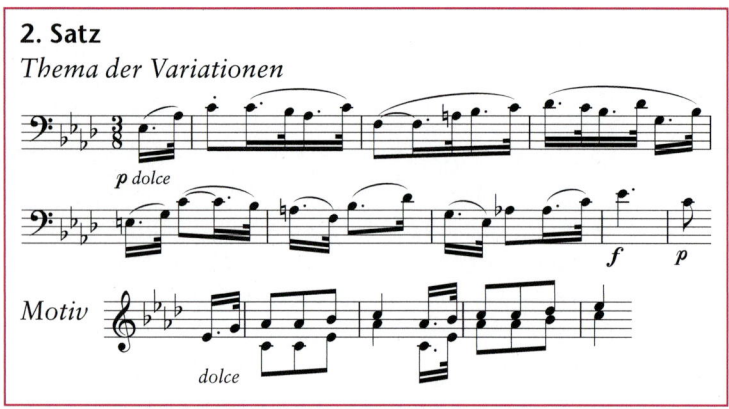

Der 3. Satz: Allegro
Bei Haydns Sinfonien stand an dieser Stelle das „Menuett", ursprünglich ein Tanzsatz mit dreiteiligem Aufbau.

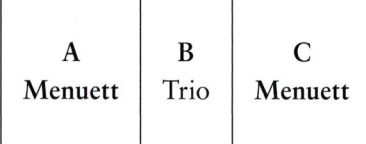

A Menuett	B Trio	C Menuett

Beethoven hält sich an diese Formvorlage, nennt seine dritten Sätze jedoch schon seit seiner zweiten Sinfonie „Scherzo" (ital. = Scherz, Spaß) und komponiert einen Satz voller Überraschungen. Im dritten Satz der „Fünften" lässt Beethoven diese Bezeichnung in der Partitur weg. Als Dirigent fällt einem das auf. Studiert man die Partitur, so kann man die Gründe dafür erkennen:
Der Tanzcharakter ist verschwunden, Moll und Dur stehen sich gegenüber, Kräfte entwickeln sich, verschwinden, brechen plötzlich wieder aus, werden gestoppt, wollen erneut anlaufen, Stimmungen wechseln – Beethoven gibt diesem Satz eine wichtige, nie da gewesene Funktion.

Variation

(= Veränderung) ist ein Grundprinzip des Komponierens und Improvisierens: Ein musikalisches Gebilde (Motiv, Melodie, Rhythmus, Thema) wird abgewandelt, verändert.

Der 2. Satz: Andante con moto
Nach der stürmischen Entwicklung des ersten bringt dieser zweite Satz zum Ausgleich Ruhe in den sinfonischen Ablauf. Ein weit gespanntes Dur-Thema, dessen Rhythmus wie gut gelaunt wirkt, stellt Beethoven in sechs Variationen vor. Eine Coda (Anhang) beendet diesen Satz. Immer noch ist der Rhythmus des Motivs, welches den ersten Satz bestimmt hatte, präsent. Es ist abgeschwächt, aber deutlich hörbar.
Dieser Satz zeigt auch, wie gekonnt Beethoven die Klangfarben der Instrumente kombiniert. Als Dirigent muss ich mir die Instrumentierung genau ansehen und auf die Lautstärke einzelner Instrumente achten.
1. Prägt euch summend das Thema ein. Versucht, es bei den Variationen innerlich mitzusummen.
2. Untersucht Bewegung, Rhythmus und Tongeschlecht des Motivs und vergleicht es mit dem Motiv des 1. Satzes.

3. Hört den 3. Satz und versucht zeitgleich den wechselnden Ausdruck mit passenden Adjektiven zu notieren.
4. Erläutert, wie Beethoven im 3. Satz eine Erinnerung an den 1. Satz schafft.
5. Welche Wirkung will Beethoven mit diesem Satz im Ablauf der Sinfonie erzeugen? Hört dazu den Übergang zum 4. Satz.

3. Satz
Thema

Motiv

Thema des Mittelteils

Der 4. Satz: Allegro

Eine Durchsicht der Partitur zeigt mir, dass hier drei Themen im Spiel sind. Fünf weitere Orchesterinstrumente – Piccoloflöte, 3 Posaunen, Kontrafagott – kommen nun erst zum Einsatz. Nie zuvor hatte man damals in Sinfonien einen derart klanggewaltigen Bläserapparat gehört! Es ist jedoch kein vordergründiger Effekt. Der monumentale Bläserklang verdeutlicht Beethovens wohlüberlegten Aufbau der ganzen Sinfonie: Am Ende einer großen Entwicklung steht strahlendes Dur, immer wieder bestätigt in der Coda dieses Satzes.

1. Als „Volksreden an die Menschheit" bezeichnete der Philosoph Theodor W. Adorno Beethovens Sinfonien. Welche Botschaft vermittelt euch Beethovens „Fünfte"?

Die Reaktion der Nachwelt

Beethovens 5. Sinfonie gehört heute zum Standardrepertoire der Sinfonieorchester. Komponisten wie Johannes Brahms und Gustav Mahler nahmen sie sich zum Vorbild.

2. Lest die Kritiken. Welche Bedeutung geben sie der Instrumentalmusik? Welche Empfindungen löste Beethovens „Fünfte" damals aus?

3. Wie würde eure Beschreibung aussehen?

4. Satz *Drei Themen*

a)

b)

c)

Wenn von der Musik als einer selbständigen Kunst die Rede ist, sollte immer nur die Instrumentalmusik gemeint sein … Die Musik schließt dem Menschen ein unbekanntes Reich auf; eine Welt, die nichts gemein hat mit der äußern Sinnenwelt, die ihn umgibt, und in der er alle durch Begriffe bestimmbaren Gefühle zurücklässt, um sich dem Unaussprechlichen hinzugeben …

Beethovens Musik bewegt die Hebel des Schauers, der Furcht, des Entsetzens, des Schmerzes, und erweckt jene unendliche Sehnsucht, die das Wesen der Romantik ist …

Kritik von E. T. A. Hoffmann, Allgemeine musikalische Zeitung, Leipzig 1810

… Beethovens Symphonie c-Moll – ein Glutstrom, der im ersten Satze, als in sich selbst noch zurückgedrängtes, nie ganz ausbrechendes Feuer erscheint, im Andante (mehr grandios als weich) nur zu höhern Kraftäußerungen vorbereitend auszuruhen scheint, im 3/4 Takte des Finale (ein ahnungsvolles Pianissimo, nur durch einzeln aufstrebende, bald wieder abbrechende Fortes unterbrochen, und wieder in der Tonart c-Moll) immer mehr die Nähe des endlichen Überströmens seiner Macht verkündet, diese endlich, nach einem langen, spannenden Orgelpunkt auf der Dominante mit dem Eintritte *eines breiten 4/4 Taktes in C-Dur, in herrlicher Verklärung entfaltet, mit allem Aufwand der prachtvollsten Instrumentierung seinen stolzen Gang wie einen Triumphzug schreitet, die höchste Stufe der Erhabenheit erreicht, und nach dem mächtigen und breiten, den End-Akkord bis zur höchsten Befriedigung wiederholenden Schlusse, im Gemüte des Zuhörers eine Erhebung zurücklässt, welcher sich der Total-Eindruck sehr weniger anderer Symphonien vergleichen darf. – Mit wahrhaft einziger Genialität hat Beethoven hier die Kontraste verschiedener Takt- und Tonarten benutzt …*

Kritik aus der Allgemeinen musikalischen Zeitung, Leipzig 1812

Franz Schubert „Die Forelle"

Christian Friedrich
Daniel Schubart
(1739–1791)

Das Gedicht „Die Forelle"

… schrieb Christian Friedrich Daniel Schubart in Gefangenschaft. Wegen seiner aufrührerischen Gedichte und Artikel in seiner Zeitschrift „Deutsche Chronik" war er Herzog Karl Eugen von Württemberg auf die Nerven gegangen. Dieser ließ ihn mit einer List über die Grenze seines Landes locken und setzte ihn auf der Festung Hohenasperg gefangen (1777). Man sagte ihm nicht, für wie lange. Er bekam keinen Prozess. Man isolierte ihn: Zwei Jahre lang konnte er mit keinem Menschen sprechen.

Die Festung auf dem
Hohenasperg

Nach vier Jahren bekam er Schreibzeug. Durch ein Mauerloch konnte Schubart Gedichte und Texte einem Mitgefangenen diktieren, der sie verbergen konnte.

Später musste Schubart Huldigungsgedichte auf den Herzog und Texte zur Unterhaltung seiner Soldaten schreiben. Die zehnjährige Haft sollte ihn „erziehen" und gefügig machen.

1. Versetzt euch in die Situation Schubarts. Über welche Themen würdet ihr schreiben?

Aus einem Gedicht Schubarts (1785):

Gefangner Mann, ein armer Mann:
Durchs schwarze Eisengitter
starr' ich den fernen Himmel an,
und wein' und seufze bitter.

Es gähnt mich an die Einsamkeit,
ich wälze mich auf Nesseln;
und selbst mein Beten wird entweiht
vom Klirren meiner Fesseln.

Die Forelle (1782)

1. In einem Bächlein helle,
   Da schoss in froher Eil
   Die launische Forelle
   Vorüber wie ein Pfeil.
   Ich stand an dem Gestade
   Und sah in süßer Ruh
   Des muntern Fisches Bade
   Im klaren Bächlein zu.

2. Ein Fischer mit der Rute
   Wohl an dem Ufer stand
   Und sah's mit kaltem Blute,
   Wie sich das Fischlein wand.
   So lang dem Wasser Helle,
   So dacht ich, nicht gebricht,
   So fängt er die Forelle
   Mit seiner Angel nicht.

3. Doch plötzlich ward dem Diebe
   Die Zeit zu lang. Er macht
   Das Bächlein tückisch trübe,
   Und eh ich es gedacht,
   So zuckte seine Rute,
   Das Fischlein zappelt dran,
   Und ich mit regem Blute
   Sah die Betrogne an.

4. Die ihr am goldnen Quelle
   Der sichern Jugend weilt,
   Denkt doch an die Forelle;
   Seht ihr Gefahr, so eilt!
   Meist fehlt ihr nur aus Mangel
   Der Klugheit. Mädchen, seht
   Verführer mit der Angel!
   Sonst blutet ihr zu spät.

2. Lest den Text des Gedichtes „Die Forelle". Forelle – Fischer: Welchen Bezug zu Schubarts Biografie könnt ihr herstellen?

3. Die politische Botschaft in den Strophen 1–3 könnte für Schubart gefährlich gewesen sein! Findet Gründe für diese Aussage.

4. Wie verändert die vierte Strophe die Botschaft des Gedichts?

Franz Schubert

Im Schuberts Elternhaus in Wien wurde viel musiziert. Mit 11 Jahren kam er als Sängerknabe in die Wiener Hofkapelle und erhielt eine umfassende schulische und musikalische Ausbildung. Mit 16 Jahren wurde er Hilfslehrer, doch entschied er sich bald, freischaffender Künstler zu sein. Materiellen Erfolg hatte er damit nur wenig. Erst im letzten Lebensjahr konnte er sich von seinen Einkünften ein eigenes Klavier kaufen.

Schubert schrieb in seinem kurzen Leben viel Musik, darunter außerordentlich viele Lieder. Auf eine ganz neue und hoch sensible Weise ging er dabei auf die Liedtexte ein und deutete sie musikalisch aus: In der Gesangsstimme, aber auch in der Klavierbegleitung, die er in einer bisher nicht gekannten differenzierten Weise ausgestaltete und zum Träger musikalischen Ausdrucks machte.

Viele Werke Schuberts wurden erst nach seinem frühen Tod veröffentlicht.

Franz Schubert (1797–1828)

„Die Forelle" – Erste und zweite Strophe, Melodie (Ausschnitt):

Dritte Strophe, Melodie (Ausschnitt):

Ein Rhythmus aus der Bass-Stimme der Klavierbegleitung:

„Die Forelle" in der Vertonung Franz Schuberts

Schubert vertonte nur die Strophen 1–3 des Gedichtes von Schubart. Wie wichtig ihm die politische Botschaft des Gedichts war, wissen wir nicht.

 **1.** Beschreibt den Aufbau des Liedes nach dem Hören **IV, 18, 19**:

a) Welche verschiedenen Wirkungen erreicht Schubert nach eurem Gefühl in den drei Strophen?

b) Betrachtet und singt die beiden Melodieausschnitte. Welche veränderten Mittel setzt Schubert in Strophe 3 ein? Was wird dadurch erreicht?

2. Das Begleitmotiv bestimmt fast das ganze Lied:

Ob Schubert mit diesen Tönen eine außermusikalische Vorstellung im Sinn hatte, wissen wir nicht. Was könnte das Begleitmotiv aber vielleicht ausdrücken?

3. Welches Gefühl löst der oben dargestellte Rhythmus eurer Meinung nach aus? An welcher Textstelle ist er zu hören?

Franz Schubert „Erlkönig"

Moritz von Schwind (1804–1871): „Der Erlkönig"

Der Stoff des „Erlkönig"

Der Dichter und Volksliedsammler Johann Gottfried Herder (1744–1803) schrieb eine Ballade über einen Stoff aus den nordischen Ländern: Vom Elfenkönig Elveskud, der junge Menschen in sein Reich lockt und mit einem Schlag auf das Herz tötet. Er verwechselte in seiner Übertragung allerdings das Wort für Elfe und Erle. Johann Wolfgang von Goethe (1749–1832) kannte das Gedicht seines Freundes Herder und schrieb seine eigene „Erlkönig"-Ballade.

Der 18-jährige Franz Schubert begeisterte sich für Goethes Text und vertonte ihn. Der „Erlkönig" gilt als sein „opus 1". Er schickte das Lied zu Goethe nach Weimar, bekam aber keine Antwort.

1. Lest die Ballade. Beschreibt ihren Inhalt und die Verteilung des Geschehens auf die Strophen.

2. Sprecht die Ballade mit verteilten Rollen. Überlegt den jeweils passenden Stimmausdruck. Unterstützt die Textdarstellung mit Klängen (Instrumente, Stimme).

3. Wie würdet ihr als Komponist den Text vertonen? Überlegt und hört anschließend die Musik Schuberts.

Erlkönig

Wer reitet so spät durch Nacht und Wind?
Es ist der Vater mit seinem Kind;
Er hat den Knaben wohl in dem Arm,
Er fasst ihn sicher, er hält ihn warm.

„Mein Sohn, was birgst du so bang dein Gesicht?"
„Siehst, Vater, du den Erlkönig nicht?
Den Erlenkönig mit Kron und Schweif?"
„Mein Sohn, es ist ein Nebelstreif."

„Du liebes Kind, komm, geh mit mir!
Gar schöne Spiele spiel ich mit dir;
Manch bunte Blumen sind an dem Strand,
Meine Mutter hat manch gülden Gewand."

„Mein Vater, mein Vater, und hörest du nicht,
Was Erlenkönig mir leise verspricht?" –
„Sei ruhig, bleibe ruhig, mein Kind;
In dürren Blättern säuselt der Wind."

Ausschnitte aus Schuberts Klavierbegleitung

4. Hört und beschreibt die Motive der Einleitung des Klaviers (B1). Welche Wirkung erzeugt Schubert damit? Stellt die Rhythmen selbst dar.

5. Erklärt die Notation in der Oberstimme von Ausschnitt B2 und B3.

6. Welche psychologische Wirkung erreicht Schubert allein durch die Begleitung? Zu welchen Teilen des Gedichts gehören die Ausschnitte B2–B4? Warum wechselt Schubert jeweils die Begleitung?

„Willst feiner Knabe, du mit mir gehn?
Meine Töchter sollen dich warten schön;
Meine Töchter führen den nächtlichen Reihn,
Und wiegen und tanzen und singen dich ein."

„Mein Vater, mein Vater, und siehst du nicht dort
Erlkönigs Töchter am düstern Ort?" –
„Mein Sohn, mein Sohn, ich seh es genau:
Es scheinen die alten Weiden so grau."

„Ich liebe dich, mich reizt deine schöne Gestalt;
Und bist du nicht willig, so brauch ich Gewalt."
„Mein Vater, mein Vater, jetzt fasst er mich an!
Erlkönig hat mir ein Leids getan!" –

Dem Vater grauset's, er reitet geschwind,
Er hält in Armen das ächzende Kind,
Erreicht den Hof mit Mühe und Not;
In seinen Armen das Kind war tot.

Johann Wolfgang von Goethe

Ausschnitte aus Schuberts Melodie

1. Wie geht Schubert in seiner Melodie auf die steigende Todesangst des Kindes ein? Erklärt es mit Hilfe der Noten M1–M4. ◉ IV, 24–28

2. Beschreibt das Geschehen im Bild auf der linken Seite. Welchen Ausdruck, welche Atmosphäre fing der Maler hier ein?

3. Vergleicht die Lieder „Die Forelle" und „Erlkönig". Nehmt dabei eine Zuordnung zu folgenden Begriffen vor: Strophenlied – Variiertes Strophenlied – Durchkomponiertes Lied – Volkslied – Kunstlied.

M1: Siehst, Va - ter, du den Erl - kö - nig nicht, den Er - len - kö - nig mit Kron' und Schweif?

M2: Mein Va - ter, mein Va - ter und hö - rest du nicht, was Er - len - kö - nig mir lei - se ver - spricht?

M3: Mein Va - ter, mein Va - ter und siehst du nicht dort Erl - kö - nigs Toch - ter am dü - stern Ort?

M4: Mein Va - ter, mein Va - ter jetzt fasst er mich an! Erl - kö - nig hat mir ein Leids ge - tan!

B3 ◉ IV, 22

B4 ◉ IV, 23

Modest Mussorgski „Bilder einer Ausstellung" (1)

„Bilder einer Ausstellung"

Der russische Komponist Modest Mussorgski (1839–1881) beschloss nach dem Besuch einer Ausstellung zum Gedenken an seinen verstorbenen Freund, den Maler Viktor Hartmann, zu einigen der Bilder Musik zu schreiben. Innerhalb kurzer Zeit entstand ein Werk für Klavier, das zehn Bilder vorstellt und Mussorgski selbst als Betrachter einbezieht. Der erste Notendruck der „Bilder einer Ausstellung" enthielt kurze Texte des Musik- und Kunstkritikers Wladimir Stassow, die diese Bilder erläutern.

1. Ein Komponist möchte ein Bild in Musik umsetzen. Welche Überlegungen stellt er möglicherweise dabei an?

Die Promenade 🎧 IV, 29

„Der Komponist hat sich selbst dargestellt, wie er hin und her geht, manchmal stehen bleibt, dann rasch weitergeht, um näher an ein Bild heran zu treten. Manchmal stockt sein Gang – Mussorgski denkt voll Trauer an seinen toten Freund."

2. Charakterisiert die Musik in eigenen Worten.

3. Vergleicht das Original für Klavier mit der heute häufig gespielten Orchesterfassung des französischen Komponisten Maurice Ravel (1875–1937) aus dem Jahr 1922. 🎧 IV, 30

Die Promenade (Ausschnitt)

Modest Mussorgski (1839–1881)

Allegro giusto, nel modo russico, senza allegrezza,
ma poco sostenuto

Gnomus 🎵 **IV, 31**

Mussorgski zeichnet die verschiedenen Bewegungen eines Kobolds/Zwerges mit musikalischen Motiven nach.

1. Hört euch die Musik mehrmals an. Die unten grafisch notierten Motive werden im Stück wiederholt und variiert. In welcher Reihenfolge?

2. Überlegt, wie ihr die musikalisch so unterschiedlich gestalteten Motive in eigene Bewegungen umsetzen könnt, z. B. auch als Schattenspiel.

3. Auf welche Weise hat die Rockgruppe Emerson, Lake and Palmer dieses Stück bearbeitet? Bedenkt mögliche Gründe. Wie beurteilt ihr diese Fassung? 🎵 **IV, 32**

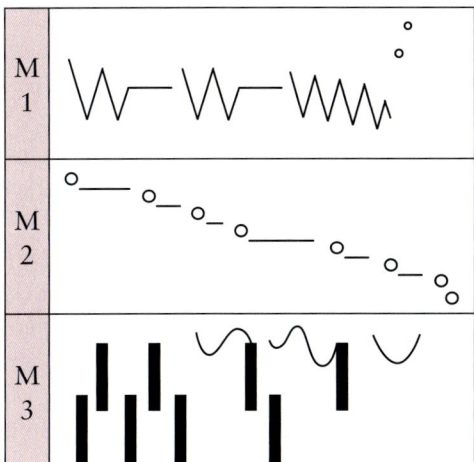

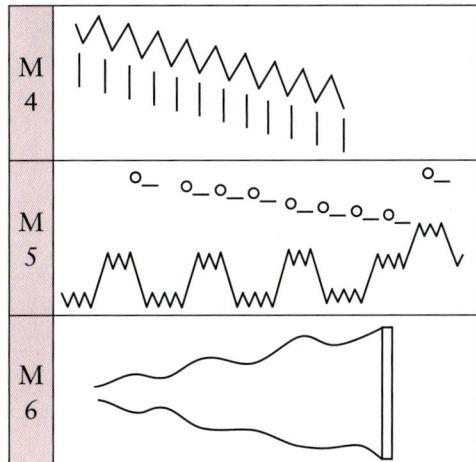

Il vecchio castello 🎵 **IV, 33**

„*Ein mittelalterliches Schloss, vor dem ein Troubadour sein Lied singt.*"

Das Stück hat den Charakter eines Ständchens: Ein Sänger begleitet sein Lied im 6/8-Takt auf einem Instrument.

4. Hört den Anfang des Stückes (Klavierfassung). An welches volkstümliche Instrument erinnert die Art der Begleitung?

5. Im weiteren Verlauf werden die „Liedmelodie" und die „Begleitmelodie" teilweise verändert und im Ausdruck gesteigert. Ein letzter, sehnsüchtiger Ruf führt das Stück zu Ende. Hört im Vergleich die Orchesterfassung von Maurice Ravel. Mit welchen Instrumenten verstärkt er den von Mussorgski beabsichtigten Charakter? 🎵 **IV, 34**

Modest Mussorgski „Bilder einer Ausstellung" (2)

Viktor A. Hartmann (1834–1873): Samuel Goldenberg und Schmuyle

Samuel Goldenberg und Schmuyle ⊚ **IV, 35**
„Zwei polnische Juden, der eine reich, der andere arm."

Mussorgski äußert sich in einem Brief folgendermaßen: *„Meine Musik muss eine künstlerische Wiedergabe der menschlichen Redeweise in allen ihren feinsten Biegungen sein."*

1. Wer ist der Reiche, wer ist der Arme, Ⓐ oder Ⓑ? Versucht beide nach einem ersten Höreindruck zu charakterisieren.

2. Vergleicht die Musik der beiden Personen. Welche melodischen und rhythmischen Unterschiede könnt ihr entdecken?

3. Mit welchen Mitteln verstärkt Ravel in seiner Orchesterfassung den unterschiedlichen Charakter der beiden Figuren?

4. Im Abschnitt C der Musik reden beide gleichzeitig: Der Reiche mit mehr Nachdruck, der Arme steigert seine Rede zum Schimpfen. – Begründet diese Aussage von der Musik her. ⊚ **IV, 36**

5. Was will Mussorgski im Schlussteil D mit *poco ritard. con dolore* wohl ausdrücken?

6. Überlegt, wie ihr dieses Stück pantomimisch gestalten könnt.

Catacombae

„Auf diesem Bild hat Hartmann sich selbst dargestellt, wie er die Katakomben von Paris beim Schein der Laterne besieht."

1. Teil: Sepulchrum romanum (lat. = römische Grabkammer) ⊚ **IV, 37**

2. Teil: Con mortuis in lingua morta (lat. = mit den Toten in der Sprache der Toten) ⊚ **IV, 38**

7. Wie wirkt der 1. Teil auf euch? Welches sind die besonderen musikalischen Gestaltungsmittel?

8. Wie hört und empfindet ihr die Musik des 2. Teils?

Die Hütte auf Hühnerfüßen IV, 39

„Die Zeichnung zeigt eine Uhr in Form der Hütte der Baba Jaga mit Hühnerfüßen. Mussorgski fügte noch den Hexenritt der Baba Jaga auf ihrem Mörser hinzu."

Der Komponist schildert den wilden Ritt der russischen Hexe Baba Jaga, ihre grotesken Gebärden und extremen Sprünge.

1. Hört den Anfang des Stückes, klopft dabei den Rhythmus mit. Auf welche Weise lässt Mussorgski den Hexenritt beginnen?

2. Nach mehreren Steigerungen stürzt die Musik aus höchster Lage in die Tiefe. Wie gestaltet der Komponist den Mittelteil und im Schlussteil den Übergang zum letzten Bild?

3. Mit Hilfe der vielfältigen Klangmöglichkeiten von Synthesizern verwandelt der Japaner Isao Tomita Mussorgskis Klavierstück in eine fantastische Klangwelt. IV, 40 Hört vergleichend dazu die Bearbeitung von Emerson, Lake and Palmer. IV, 41

Allegro con brio, feroce

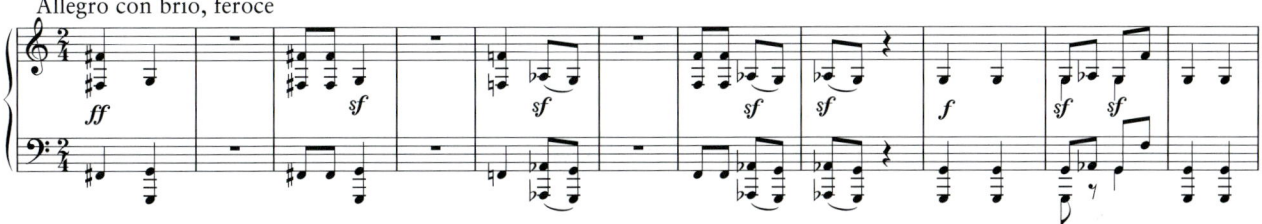

Das Bohatyr-Tor in Kiew IV, 42

„Hartmanns Zeichnung stellte einen Entwurf für ein Tor der Stadt Kiew in massivem altrussischem Stil dar, mit einer Kuppel in Form eines slawischen Helms."

Dieses Stück beschließt die „Bilder einer Ausstellung".

4. Betrachtet die einzelnen Elemente des Bauwerks im Bild Hartmanns. Wie würdet ihr die Musik dazu gestalten?

5. Welche Beziehung könnt ihr zwischen Elementen der Bildvorlage und den drei Musikausschnitten A – C herstellen?

6. Versucht, beim Hören des Stücks die Reihenfolge der drei Themen zu erkennen.

7. Warum wohl steht dieses Bild am Ende der gesamten Komposition?

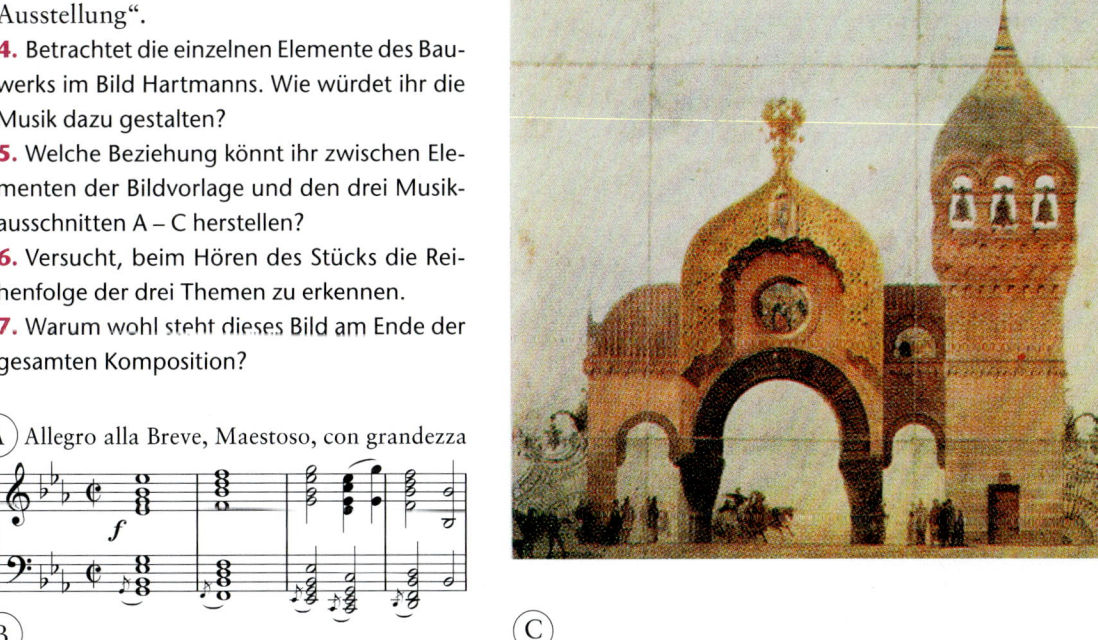

A Allegro alla Breve, Maestoso, con grandezza

B senza espressione

C

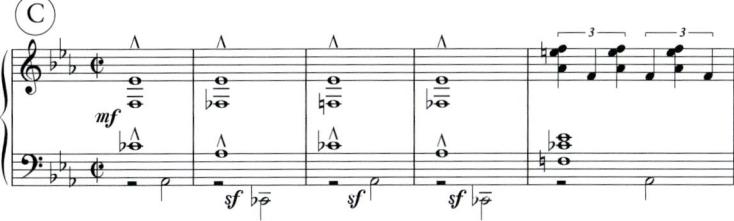

Auf dem Weg ins 20. Jahrhundert: Impressionismus in Kunst und Musik

Claude Monet
(1840–1926):
„Impression –
Sonnenaufgang"

Junge Künstler gehen ihren eigenen Weg

Wer in Paris im 19. Jahrhundert als Künstler Erfolg haben wollte, musste seine Bilder im „Salon" ausstellen. Der „Salon" war eine Kunstausstellung, die seit 1846 jährlich von der Pariser Akademie der Bildenden Künste veranstaltet wurde. Allerdings durfte hier nicht jeder Künstler seine Werke präsentieren. Eine Jury bestimmte, welche Bilder sich für die Ausstellung eigneten. Gemälde über Themen aus antiken Sagen oder der Bibel wurden bevorzugt. Bilder von Künstlern, die etwas Neues, Ungewöhnliches wagten, wurden nur selten ausgewählt.

Im Jahr 1874 formierte sich eine Gruppe von jungen Künstlern, die nicht mehr darauf hoffen wollten, ihre Werke im Salon ausstellen zu dürfen. Sie organisierten eine eigene Ausstellung. Hier hing auch das oben abgedruckte Bild. Es stammt von Claude Monet (1840–1926) und heißt „Impression – Sonnenaufgang".

Jacques Louis David
(1748–1825):
„Le Serment des
Horaces – Der Schwur
der Horatier"

Impressionismus in der Malerei

Nach Monets Bild nannte ein Kritiker diese Künstlergruppe „Impressionisten". Dieser Begriff war zunächst abfällig gemeint. Er verlor aber sehr schnell seine abwertende Bedeutung und gab der neuen Kunstrichtung ihren Namen.

Die Impressionisten wollten Eindrücke (Eindruck = franz. impression) darstellen – Momentaufnahmen ihrer Umgebung.

Die Maler waren besonders fasziniert von Lichteffekten: Ihr könnt auf Monets Bild sehen, wie alles in das diffuse Licht des anbrechenden Tages getaucht ist. Die roten Sonnenstrahlen spiegeln sich im Wasser des Hafens von Le Havre. Und wenn ihr euch das Bild aus etwas Abstand anseht, bemerkt ihr, wie die relativ dicken Pinselstriche in der unteren Bildhälfte die Bewegung des Wassers wiedergeben.

1. Beschreibt, was ihr auf dem Bild seht.

2. Versetzt euch in die Rolle der damaligen Jury und vergleicht Monets „Impression" mit dem Bild links. Welches würdet ihr für den „Salon" auswählen?

Impressionismus in der Musik

Auch im Bereich der Musik gingen nach 1870 junge Künstler neue Wege. Einer von ihnen war Claude Debussy (1862–1918). Debussy, der vorwiegend in Paris lebte, war ein besonders vielseitiger Künstler: Komponist, Pianist, Dirigent und Musikschriftsteller.

Er hat viele Werke geschaffen, die ähnlich den Werken der jungen Maler Impressionen in der Musik wiedergeben. „The Snow is dancing" ist ein Beispiel dafür. Es stammt aus der Sammlung „Children's Corner", die in den Jahren zwischen 1906 und 1908 entstanden ist. ⊚ IV, 43

The snow is dancing

Claude Debussy (1862–1918)

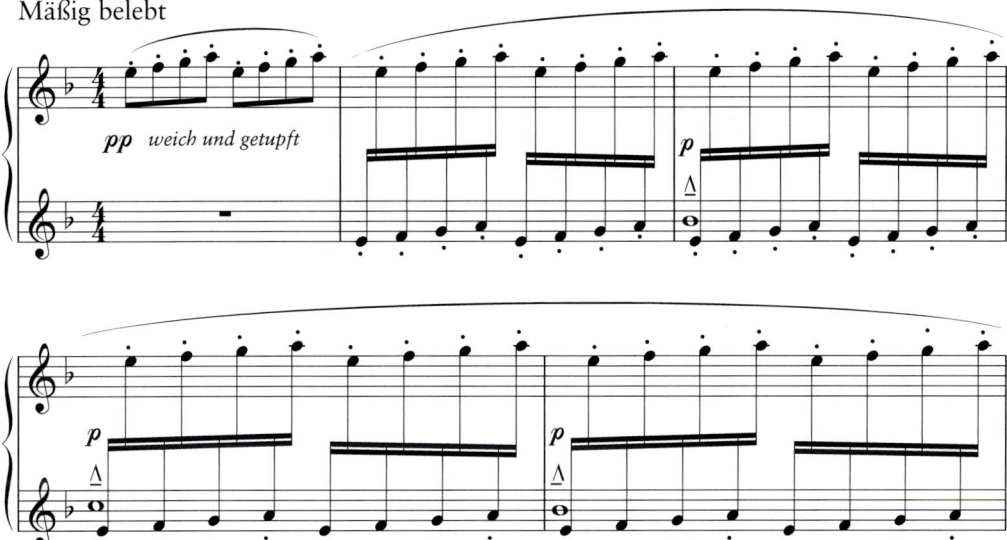

1. Hört euch das Stück an und beschreibt die Stimmung, die es euch vermittelt. (Ihr könnt euch dabei an den Begriffen ▶ S. 110 f. orientieren.)

2. Welche Beziehung zwischen Musik und Titel des Stückes könnt ihr herstellen?

3. Seht euch das Notenbeispiel an. Beschreibt, wie Debussy den Effekt des „tanzenden Schnees" komponiert.

4. Setzt Debussys Klavierstück mit dem Bild Monets in Beziehung.

5. Erarbeitet aus dem Zitat rechts die künstlerischen Absichten Debussys. Wie soll man das Komponieren lernen?

6. Setzt das Zitat mit dem Klavierstück in Beziehung.

7. Welche Gemeinsamkeiten mit den Absichten der impressionistischen Maler könnt ihr in dem Zitat entdecken?

In einem Zeitungsartikel schreibt Debussy:
Es hat liebenswerte kleine Völker gegeben – ja es gibt sie sogar heute noch, den Verirrungen der Zivilisation zum Trotz –, die die Musik so leicht lernten wie das Atmen. Ihr Konservatorium ist der ewige Rhythmus des Meeres, ist der Wind in den Bäumen, sind tausend kleine Geräusche, die sie aufmerksam in sich aufnehmen, ohne je in tyrannische Lehrbücher zu schauen.
Claude Debussy: Über den Geschmack

Konservatorium
Ausbildungsstätte
für Musiker

Grafik zum Spielen

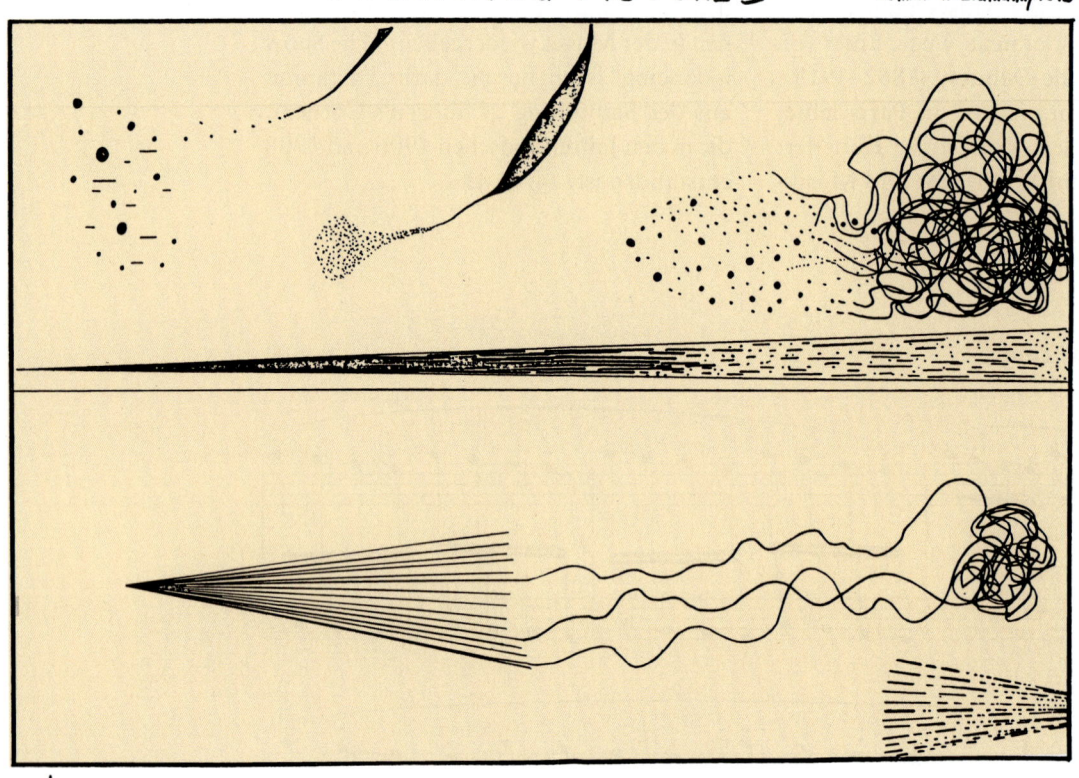

SOUNDING PICTURE II   Helmut W. Erdmann 1972

SOUNDING PICTURE II   Helmut W. Erdmann 1972

© Heinz W. Burow Musikverlag und Musikproduktion, Adendorf

Freiheit in der Ausführung

Helmut W. Erdmann (*1947) bezeichnet sein grafisch notiertes Stück als Konzeptkomposition. Es ist kein festgelegtes Stück mit Noten. Mit seinen Zeichen gibt der Komponist den Spielern Gestaltungsfreiheit und macht sie zugleich zu seinen Partnern. 💿 **V, 1**

Earle Brown (1926–2002) malte mit „December 1952" eine der ersten musikalischen Grafiken. Die Zeichen können als Tonhöhen oder Tonlängen oder auch Lautstärken verstanden werden. Man kann das Blatt auch schief legen. Daraus ergeben sich weitere Anregungen. 💿 **V, 2**

Earle Brown © Edition Wilhelm Hansen, Hamburg

Eine Auswahl aus der Bildfolge „Das Gesicht des Friedens" von Pablo Picasso (1881–1973)

1. Gestaltet Musik nach den Anregungen dieser Doppelseite. Beginnt gemeinsam mit kleinen Ausschnitten.
2. Nutzt Stimme und Instrumente und entscheidet, was die Zeichen auf den Grafiken von Erdmann und Brown musikalisch bedeuten und wie sie klingen können.
3. Vergleicht eure Interpretationen mit V, 1, 2.

Die Bildfolge des Malers Pablo Picasso zeigt eine Entwicklung.
4. Wie versteht ihr Picassos Botschaft? Auch sie kann man in Musik ausdrücken. Versucht es!

begegnen	*vorbeigehen*
zuwenden	*abwenden*
vereinen	*trennen*
angleichen	*unterscheiden*
verschmelzen	*auseinanderfallen*

Neues vom Klavier

John Cage
(1912–1992)

Sonata V for Prepared Piano (Ausschnitt) 💿 IV, 44   John Cage (1912–1992), © C.F. Peters

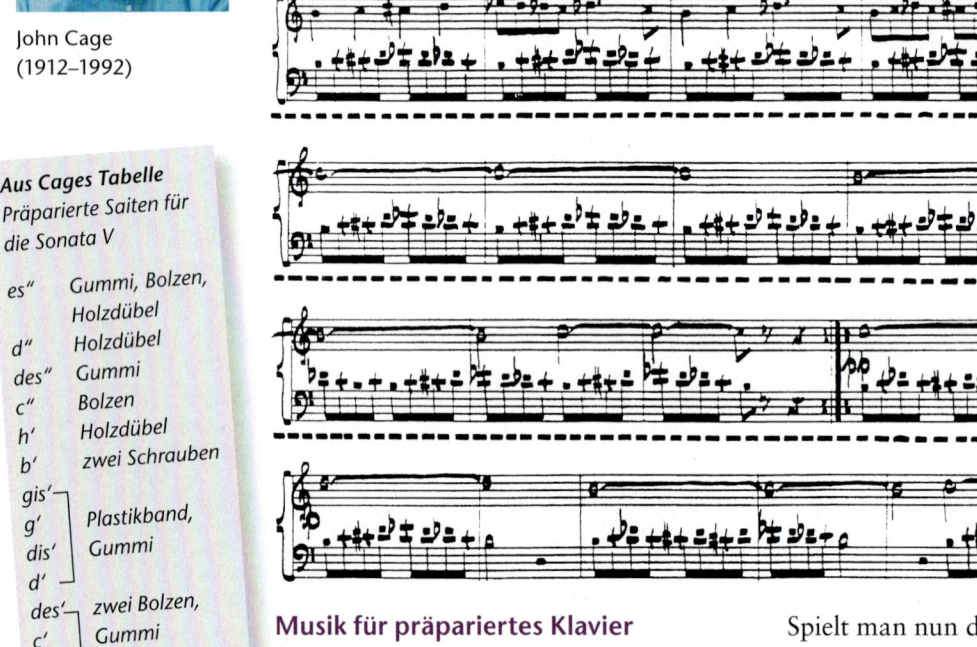

Aus Cages Tabelle
Präparierte Saiten für
die Sonata V

es"	Gummi, Bolzen, Holzdübel
d"	Holzdübel
des"	Gummi
c"	Bolzen
h'	Holzdübel
b'	zwei Schrauben
gis'	
g'	Plastikband,
dis'	Gummi
d'	
des'	zwei Bolzen,
c'	Gummi
h	

Musik für präpariertes Klavier

Im 20. Jahrhundert suchten zwei in den USA lebende Musiker und Komponisten neue Klang- und Spielmöglichkeiten für den Flügel. In seinem Stück „Äolsharfe" (1923) wollte Henry Cowell die Klänge einer Harfe, die vom Wind zum Schwingen gebracht wird, im Konzert vorstellen. Sein Schüler John Cage präparierte die Saiten für seine Sonata Nr. 5 (1948) nach genauem Plan mit Bolzen, Nägeln und Gummis.

Spielt man nun die Noten, so entsteht ein Stück mit neuartigen Klängen.

1. Hört die ungewöhnlichen Klavierstücke von Cowell und Cage. Welche Wörter von ▶ S. 110 f passen zu eurem Höreindruck? Beginnt hiervon ausgehend über die Klavierstücke zu sprechen.

2. Probiert Teile der Stücke aus:
– Beachtet Cowells Spielanweisungen.
– Präpariert vorsichtig das Klavier für Cages Sonata.

Aeolian Harp (Ausschnitt)
💿 IV, 45

Henry Cowell, (1897–1965)
© Edition Wilhelm Hansen, Hamburg

Cowells Spielanweisungen

Die Akkorde sollen stumm niedergedrückt werden. Gespielt wird durch Streichen mit Fingerkuppe oder Daumennagel auf den Saiten:

outside: in der Nähe der Stimmnägel
inside: in der Nähe der Dämpfer
sweep (sw.): über die Saiten streichen
pizz.: zupfen
↑ = Akkordtöne von unten nach oben und
↓ = umgekehrt spielen.

Arvo Pärt

Der aus Estland stammende, tief religiöse Komponist Arvo Pärt lebt heute sehr zurückgezogen in Berlin. Seine Musik scheint so gar nicht zu unserer lärmenden Welt zu passen – oder ist sie eine wichtige Antwort darauf? Immer mehr Hörer schätzen sie und entdecken, dass die Musik etwas Bedeutendes aussagt.

Arvo Pärt (*1935)

„Für Alina"

Das kleine Klavierstück, das Pärt nach einer langen Schaffenspause für seine Tochter komponierte, entstand 1976. Schon die Spielanweisung macht deutlich, dass es ein außergewöhnliches Musikstück sein will.

1. Wie soll „Für Alina" gespielt werden? Betrachtet den Notentext:

- Taktangabe und Notenzeichen,
- Entstehen und Aufhören der tiefen Haltetöne,
- genaue Oktavlage der oberen Stimme,
- Bewegungsrichtung der Stimmen.

2. Spielt das Stück zu zweit oder zu dritt. Einer/eine dirigiert die Tondauern. Zuhörer können das Stück auch mit geschlossenen Augen verfolgen.

3. Wie denkt ihr über Pärts Musik und ihre Botschaft?

Für Alina

Arvo Pärt © Universal Edition, Wien

Ruhig, erhaben in sich hinein horchend

Neues von und mit der Stimme

Sprache – genauer betrachtet

Jedes Wort besteht aus Lauten. Wird ein Laut verändert, so entsteht ein anderer Wortinhalt, z. B. Rat, rot, ruht, riet. Mehrere Wörter bilden Sätze. Sätze sollen eine Aussage mitteilen. Zwischen geschriebener Sprache und gesprochener besteht nach den Erkenntnissen der Sprachwissenschaft ein großer Unterschied: Welche Bedeutung ein Satz wirklich hat, ergibt sich erst durch die Verbindung von Wörtern und Sprachklang.

Der Sprachklang kann auch allein eine Bedeutung vermitteln.

1. Bilde einen Satz und sprich ihn: neutral wie ein Rundfunksprecher, begeistert, ärgerlich, ängstlich, hämisch …

Lass die anderen herausfinden, was du mit dem Satz gemeint hast.

2. Benutze nun keine Wörter, sondern nur den Sprachklang. Lass die anderen raten, welche Bedeutung deine stimmliche Äußerung hat.

Sequenza III für Frauenstimme (Anfang) 🎧 V, 3

give me
a few words
for a woman
to sing a truth
allowing us
to build
a house
without worrying
before night comes
(Markus Kutter)

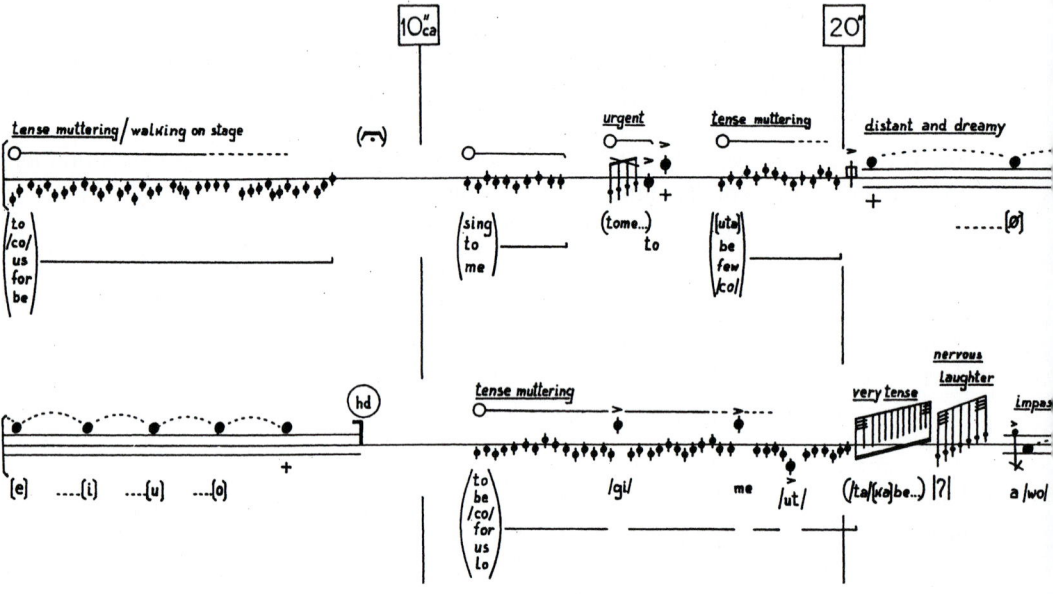

Luciano Berio

Der italienische Komponist gehört zu den Avantgardisten des 20. Jahrhunderts, den Wegbereitern neuer Kompositionsweisen und den Entdeckern neuer Klangwelten. Er sagte: *„Die Musik ist die Suche nach einer Grenze, die immer weiter zurückgeschoben wird."*

Zu seinen einflussreichsten Werken zählen die „Sequenza". Sequenz heißt ein höchst virtuoser Sologesang in der römisch-katholischen Kirche. Berio knüpfte daran an: Mit seinen „Sequenza" wollte er neue Klangmöglichkeiten eines Instruments oder der Stimme anbieten. Sie verlangen von Solistinnen und Solisten das Äußerste an Können.

Luciano Berio
(1925–2003)

„Sequenza III" für Frauenstimme

Mit der Sequenza III (1966) will Berio die Bandbreite der stimmlichen Ausdrucksmöglichkeiten erweitern. Ein Gedicht von Markus Kutter (linke Seite) liefert Wörter und Laute als Klangbausteine.

Als weitere Schicht wählt Berio den Sprachklang: Singen geht über in Stottern, in Schreien, in Plappern, Schnalzen, Husten … Besonders wichtig für die Sängerin sind die 44 englischen Vortragsbezeichnungen, die im Vorwort der Noten genau erklärt werden.

György Ligeti

Der ungarische Komponist, der nach dem Aufstand 1956 sein Heimatland verlassen musste und seitdem in Deutschland lebt, hat mit neuen Orchester- und Chorklängen die Weiterentwicklung der Musik wesentlich mitgeprägt. Forschungen der 1950er Jahre zum Sprachklang gaben Ligeti viele Anregungen. Ab 1956 konnte er im Studio für Elektronische Musik des Westdeutschen Rundfunks in Köln, einem Treffpunkt der Avantgardisten, arbeiten. Hier entstand 1958 in dreimonatiger mühevoller Arbeit „Artikulation".

György Ligeti
(1923–2006)

Luciano Berio
© Universal Edition Wien

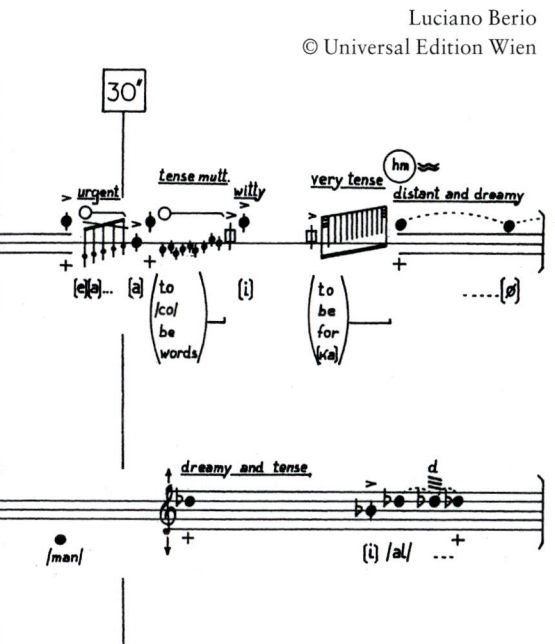

„Artikulation" 💿 V, 4

Das Wort bezeichnet nicht nur die Erzeugung von Sprachlauten, sondern auch die sinnvolle Gliederung von Gedanken oder Musik.

Ligeti wollte eine künstliche Sprache bilden mit Frage und Antwort, hohen und tiefen Stimmen, Durcheinanderreden, Plappern, Tuscheln, Leidenschaft, Ärger, Humor … – ohne Wörter einer bekannten Sprache! Anders als Berio erzeugt Ligeti die sprachähnlichen Klänge mit Tongeneratoren und Tonband. Genaue Kenntnisse von Klangformung und Geräuschanalyse sind dazu nötig. 42 vorproduzierte Klangmaterialien werden dann nach einem präzisen Verlaufsplan auf Tonträger überspielt.

1. Übersetzt die Anweisungen im Partiturausschnitt.

2. Versucht zunächst, die Bedeutung einiger Zeichen und Anweisungen zu verstehen. Wie könnte man die Zeichen mit der Stimme umsetzen?

3. Hört dann die Musik. Lest in der Notation mit. Welche Zeichen könnt ihr nun noch besser erklären? 💿 V, 3

4. Hört die „Sequenza III" ganz und überlegt, was Berio bewegt haben könnte, ein solches Werk zu schreiben.

5. Notiert beim Hören von Ligetis Stück, welche Sprachsituationen gerade stattfinden.

6. Berios „Sequenza III" und Ligetis „Artikulation" machen Sprache zum Thema. Stellt Gemeinsamkeiten und Unterschiede fest.

7. Im Konzertsaal erklingt elektronische Musik aus dem Lautsprecher. Vergleicht dies mit einem Konzert mit Musikern auf dem Podium. Wie beurteilt ihr die verschiedenen Hörsituationen (▶ S. 106)?

Farben – Klangfarben

Arnold Schönberg
(1874–1951)
Sein Ölgemälde
„Grünes Selbstporträt"
entstand 1910

Arnold Schönberg

Der vielseitige Komponist brachte den visuellen Künsten großes Interesse entgegen. Ab 1907 hatte er selbst gemalt. Mit der Münchner Künstlervereinigung „Der Blaue Reiter", zu der bedeutende Maler wie Wassilij Kandinsky, Franz Marc, August Macke und Paul Klee gehörten, stand Schönberg in enger Verbindung. Er experimentierte mit Farben und Licht, um die Wirkung seiner Musik noch zu verstärken.

Farben und Klangfarben

Eine Figur wird mit einer bestimmten Farbe gemalt, ein Akkord von einem bestimmten Instrument gespielt – eine andere Farbe und der Klang eines anderen Instrumentes verändern die Wirkung. In dem Musikfachwort Klangfarbe verbinden sich Wahrnehmungen von Auge und Ohr. Doch nur wenige Menschen sehen bei Musikklängen tatsächlich Farben.

Die Klangfarbe wurde zu einem großen Gebiet der Erfindung und Komposition im 20. Jahrhundert. Auch Schönberg dachte in seiner Harmonielehre, einem Musiktheorie-Buch, darüber nach: So wie aus einzelnen Tönen eine Melodie entstehen kann, die wir als sinnvoll wahrnehmen, so müsste sich auch aus einer Folge von Klangfarben eine sinnvolle und erkennbare Abfolge von Klängen komponieren lassen – eine „Klangfarbenmelodie".

1. Malt die gleiche Figur mit unterschiedlichen Farben. Hört einen Akkord in verschiedenen Klangfarben. Beschreibt die Wirkung. V, 6

2. Beschreibt Franz Marcs Bild. Was drücken die gewählten Farben und die gesamte Farbkomposition aus?

3. Klang und Farbe – können sich Ohr und Auge ergänzen?

Franz Marc (1880–1916): „Pferde und Adler", 1913

„Farben" (Op. 16 Nr. 3) – Akkordgerüst

Arnold Schönberg (1874–1951)
© C. F. Peters, Frankfurt am Main

Orchesterstück „Farben" 🎵 V, 5

Die „Fünf Orchesterstücke" op. 16 entstanden 1909. Nummer 3 trägt den Titel „Farben". Schönberg hat dies Wort auf Wunsch seines Verlegers hinzugefügt. Einige Fachleute meinen, dass Schönberg hier eine Klangfarbenmelodie verwirklicht hat. In seinem Tagebuch notiert er dazu *Akkordfärbungen*.

Tatsächlich bildet eine Folge aus sieben fünfstimmigen Akkorden das Gerüst der Komposition. Die Töne der Akkordfolge werden sehr vielen, unterschiedlich klingenden Instrumenten zugeordnet und in Rhythmen aufgelöst.

Der Einsatz bzw. die Kombination der Instrumente folgt einem verborgenen Plan. Aufmerksamen Hörern teilt sich jedoch mit, dass keine Instrumentenkombination doppelt erscheint. Schönberg schreibt genau vor, welche Dynamik jedes Instrument zu spielen hat. Im Zusammenwirken von Lautstärke, Instrumentenkombination und den wechselnden Tönen des Akkordgerüstes entsteht ein sich fortspinnendes Band von Klängen – eine Klangfarbenmelodie?

1. Hört Schönbergs „Farben". Es ist für euch vielleicht ungewohnt, in der Musik nicht Melodie und Rhythmus zu verfolgen, sondern die wechselnden Klangfarben zu genießen. 🎵 V, 5

2. Ihr werdet Schönbergs Komposition besser verstehen, wenn ihr selbst ein ähnliches Stück produziert (▶ Anleitung rechts).

3. Aus eurer Erfahrung: Wie gingen ältere Komponisten mit Klangfarben um?

„KlangFarbenBand" (🖥 ROM)

👥 I Technik:
Computer mit Sequenzerprogramm, Synthesizer oder Keyboards, Aufnahmegerät, Stereoanlage (▶ S. 202 ff.)

II Komposition:
Grundlage ist stets Schönbergs Akkordgerüst, das ganz langsam abläuft.

A Exposition (11 Takte)
Jede der fünf Stimmen erhält einen eigenen Klang zugeordnet.

B Durchführung (1 × 11 oder 2 × 11 Takte)
Die einzelnen Klänge werden unregelmäßig angeschlagen und lauter oder leiser gespielt.

C Reprise (11 Takte)
Wie Teil A, jedoch laufen jetzt die Akkorde rückwärts ab (T. 11–1)

III Realisation:
Geeignet sind atmende, flächige Klänge.
Sequenzer / Synthesizer: Jeder Stimme des Akkordgerüstes werden MIDI-Kanal + Spur + Klang zugeordnet. Takt 4/4, Tempo extrem langsam, 1 Takt Vorzähler, Ticks vom Metronom bei Aufnahme.
Im B-Teil kann pro Stimme auch zu einem anderen Klang (MIDI-Befehl: Program Change) gewechselt werden.

Ein Instrument für die Klangkomposition – der Synthesizer

Auf der Suche nach neuen Klangfarben wurden im 20. Jahrhundert auch Geräusche in Kompositionen eingesetzt. Ingenieure und Musiker arbeiteten weltweit an der Entwicklung von Instrumenten, die alle Arten von Geräuschen, Klängen und Klangfarben erzeugen können. Dabei entstand auch der Synthesizer, bei dem synthetisch, d.h. durch Zusammensetzen von Schwingungsart (Generatoren) und Frequenz (Tonhöhe), von Hüllkurve (Lautstärkeverlauf), Filter und ihren Steuerungen fast jeder Klang erzeugt werden kann.

Konstruktion und Freiheit

Olivier Messiaen
notiert Vogelrufe

Weltordnung und Natur

Am Konservatorium in Paris hatte Olivier Messiaen (1908–1992) Orgel, Komposition und Schlagzeug studiert. Wie viele Komponisten seiner Zeit wollte auch er von fremden Musikkulturen lernen. Am Konservatorium fand er ein Lexikon mit einer Tabelle alter indischer Rhythmen: Es gab kein Taktraster, sondern der kleinste im Rhythmus vorkommende Zeitwert und die Rhythmusformel selbst bestimmten ein Musikstück. Dies wies dem gläubigen Katholiken Messiaen neue Wege: Er schichtete Rhythmen aus verschiedenen Zeitwerten übereinander. So wollte er in seinen Werken ein Abbild der göttlichen Weltordnung schaffen. Aber noch mehr begeisterte Messiaen die Ornithologie (Erforschung der Vogelarten). Dank seines genauen Gehörs schrieb er auf seinen Reisen Vogelrufe aus aller Welt auf. Sie finden sich in vielen seiner Kompositionen wieder als Symbol für das Lob Gottes in der Natur.

Amsel (⊚ **V, 7**)

Nachtigall (⊚ **V, 8**)

Singdrossel (⊚ **V, 9**)

Rotkehlchen (⊚ **V, 10**)

Livre d'orgue IV: Chants d'oiseaux, 1951 ⊚ **V, 15**

Olivier Messiaen
© Alphonse Leduc, Paris

Nachmittag der Vögel: Amsel, Rotkehlchen, Singdrossel – und die Nachtigall, wenn die Nacht kommt

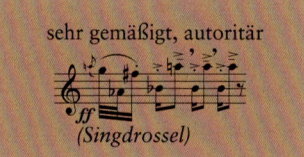

Die Meije in den Hochalpen bei Grenoble/Frankreich. Angesichts dieser Berge hat Messiaen viele seiner Werke komponiert.

Ich liebe die Zeit … Die Zeit sollte der Freund aller Musiker sein. … Was wäre nützlicher für einen Musiker, als … die Tätigkeit des Gedächtnisses zu begreifen, durch die die Gegenwart nichts anderes ist als beständige Verwandlung der Zukunft in Vergangenheit? Noch bedeutsamer aber wird sein die Kenntnis der einander überlagernden Zeiten, die uns umgeben: die unendlich lange Zeit der Sterne, die sehr lange der Gebirge, die mittlere des Menschen, die kurze der Insekten, die sehr kurze der Atome ….

In den meisten meiner Werke gibt es einen Konflikt zwischen rigoroser Strenge und Freiheit. Wie alle meine Zeitgenossen habe ich mich der Forschung gewidmet und wandte sogar als erster eine Super-Serie von Zeitdauern … an. Aber ich bin frei geblieben und gehöre keiner Schule an. Und ich glaube, dass das Beispiel der Vögel mir geholfen hat, diese Freiheit nicht zu verlieren. Die Freiheit ist für den Künstler notwendig …   (O. Messiaen in einer Rede 1971)

Messiaens Orgelbuch von 1951

Die sieben Orgelstücke dieses Buches stellen christliche Glaubenslehren oder die göttliche Weltordnung dar. Das vierte Stück in der Mitte heißt „Chants d'oiseaux" (frz. = Vogelgesänge).

1. Welche Funktion haben Vogelrufe in der Natur? Informiert euch im Fach Biologie.

2. Hört Amsel, Nachtigall, Singdrossel, Rotkehlchen im Original. Beschreibt die Eigenart jedes Vogelrufes und vergleicht sie mit den Vogelrufen in Messiaens Komposition.
☉ V, 7–10

3. Klopft den Rhythmus „miçra varna" (= „gemischte Farben"). Verfolgt seine Veränderungen. Erläutert, wie Messiaen die Veränderungen trotz gleicher Noten konstruiert hat. Auch der Name des Rhythmus wird musikalisch verdeutlicht. ☉ V, 11–14

4. Welche Form hat das ganze Stück – wie hat Messiaen die Vogelrufe und „miçra varna" angeordnet?

5. Lest den Ausschnitt aus Messiaens Rede und versucht seine Aussagen in einer Diskussion zu verstehen. Welche Verbindung könnte zwischen diesen Aussagen und dem Aufbau und Material des Orgelstückes bestehen?

Welche Erfahrungen habt ihr selbst mit „rigoroser Strenge und Freiheit" gemacht?

„Der Freischütz" von Carl Maria v. Weber (1)

Carl Maria von Weber
(1786–1826)

Für die Oper „Der Freischütz" wählte der Komponist Carl Maria von Weber einen Stoff, in dem sich viele Motive spannend verbinden: Liebe und Vertrauen, Aufrichtigkeit und Falschheit, Sich-bewähren-Müssen und Selbstzweifel, dämonische Mächte, Gut und Böse, Natur, Volk und Obrigkeit, Regeln und Verbote der damaligen Gesellschaft.

1. Lest die folgende Beschreibung der handelnden Personen und ihrer Beziehungen zueinander.

2. Versucht die oben genannten Motive auf die Handlung zu beziehen.

3. Schon bald könnte Samiel Max und seine Seele holen. Versetzt euch in Max. Stellt euch vor, was er mit Freikugeln alles tun könnte.

4. Die Oper „Der Freischütz" war von Beginn an ein großer Erfolg und gehört bis heute auf deutschen Bühnen zu den meistgespielten Opern. Stellt fest, wo die zu euch nächstgelegene Aufführung des „Freischütz" stattfindet oder in Kürze stattfinden wird.

5. Carl Maria von Weber wuchs in einer Familie mit einem starken Bezug zum Theater auf und erhielt eine breite musikalische Ausbildung. Findet mehr über ihn heraus.

Die Hauptrollen der Oper und ihre Beziehungen:

Max ist einer der beiden Jägerburschen des Erbförsters Kuno – Kaspar ist der andere. Max und Agathe lieben sich und wollen heiraten. Agathe ist die Tochter des Erbförsters.

Für den Erbförster Kuno, Angestellter des Fürsten, wird ein Nachfolger gesucht. Nach Kunos Wunsch soll es Max sein. Doch die Tradition will es, dass Max zuvor einen Probeschuss ablegt. Leider hat Max in letzter Zeit wenig Glück auf der Jagd!

Fürst Ottokar hat die weltliche Macht. Er tritt erst am Ende der Oper auf.

Kaspar ist in der Gewalt Samiels, der auch der Wilde Jäger genannt wird. Er hat ihm seine Seele vermacht und dafür von ihm Freikugeln erhalten. Das ist Zaubermunition, die jedes gewünschte Ziel trifft. Die letzte Kugel aber gehört Samiel, der sie in sein eigenes Ziel lenkt.

Der Eremit vertritt die göttliche Macht. Sein Spruch am Ende könnte das spannungsvolle Unheil auflösen.

Der Probeschuss geht auf eine alte Geschichte zurück: Einem Vorfahren Kunos begegnete auf einem Jagdausflug seines Fürsten ein Hirsch, auf dessen Rücken ein Wilderer angeschmiedet war. Den Fürsten überkam Mitleid und er befahl, das Tier zu erschießen, ohne dabei den Mann zu verletzen. Wem das gelänge, dem solle eine Erbförsterei gehören. Kunos Vorfahr glückte der Meisterschuss, und der Fürst machte ihn zum Erbförster. Weil man aber neidisch munkelte, bei diesem Schuss sei nicht alles mit rechten Dingen zugegangen, machte der Fürst den Probeschuss zur Bedingung für jeden, der sich um die Försterei bewerben würde.

Max ist verzweifelt: Nach einer Serie von Fehlschüssen hat man ihn verspottet. Nun ist er allein. Seine musikalische Vorstellung beginnt mit einem Rezitativ, das in eine Arie übergeht.

1. Welche innere Stimmung vermittelt der Text im Rezitativ, welche in der Arie?

2. Beschreibt die Klangmittel des Orchesters im Rezitativ. Wie unterstreichen sie die Stimmung des Max?

3. Welche besondere Rolle hat das Orchester in den Überleitungs-Takten zur Arie? Welche Instrumente treten hervor?

Samiel erscheint während der Arie des Max zweimal im Hintergrund. Musikalisch macht sein Leitmotiv auf ihn aufmerksam. ⊚ V, 16

4. Welche Töne sind in den Noten des Leitmotivs enthalten und welcher Akkord erklingt?

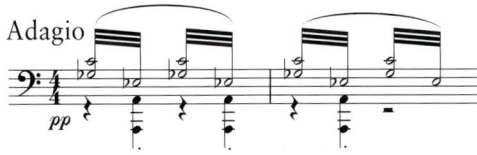

5. Was singt Max während Samiels Erscheinen? Interpretiert anhand dieser Stellen das Verhältnis zwischen Max und Samiel. ⊚ V, 17

Max allein, Samiel erscheint.

Einige Gestaltungselemente des Musiktheaters am Beispiel „Der Freischütz"

- Beim *Rezitativ* ordnet sich die Musik ganz den Worten und ihren Betonungen, d. h. dem natürlichen Sprachrhythmus unter. Die Handlung wird weitergeführt.
- In *Arien* stellen sich die Solisten mit ihrem ganzen sängerischen Können dem Publikum vor. Die Handlung wird angehalten, und die jeweilige Person offenbart ihre geheimsten Gedanken und Gefühle.
- *Leitmotive* sind prägnante Tonfolgen, die einer bestimmten Person zugeordnet sind und immer dann erklingen, wenn diese Person – sichtbar oder unsichtbar – im Spiel ist.
- Für das *Melodram* ist der Wechsel von gesprochenem Wort und begleitender Musik kennzeichnend. Oft wird einem gesprochenen Text auch eine illustrierende Musik unterlegt.

„Der Freischütz" von Carl Maria v. Weber (2)

Agathe erwartet Max. Am Fenster hält sie Ausblick nach ihm. Ihre Stimmung schwankt zwischen Hoffnung und Unsicherheit. Entsprechend wechseln auch die musikalischen Mittel.

1. Lied – Rezitativ – Arie? Bestimmt zunächst die Art der Musik am Beginn der Szene der Agathe und in der Fortsetzung im Teil „Leise, leise".

2. Zu dieser Szene gab Weber folgende Regieanweisungen: *Agathe (allein). Sie öffnet die Altantüre, dass man in eine sternenhelle Nacht sieht. Sie tritt in den Altan und hebt in frommer Rührung ihre Hände.* – Welcher Textgattung könnte man „Leise, leise" zurechnen? Setzt das Anliegen dieser Gattung zur Welt Kaspars und Samiels in Beziehung.

3. Welche Abschnitte aus dem unten stehenden Libretto (= Operntext) eignen sich für eine mehr liedhafte Gestaltung? Welche mehr für eine rezitativische oder arienhafte Vertonung?

4. Notiert euch beim Hören, wo und wie die Musik bestimmte Gedanken und Gefühle Agathes besonders plastisch widerspiegelt. Wo ist der klangliche Höhepunkt erreicht?

Adagio

AGATHE

Lei - se, lei - se from - me Wei - se, schwing dich auf zum Ster - nen - krei - se! Lied er - schal - le, fei - ernd wal - le mein Ge - bet zur Him - mels - hal - le!

(Hinausschauend.)
O wie hell die goldnen Sterne, mit wie reinem Glanz sie glühn!
Nur dort in der Berge Ferne scheint ein Wetter aufzuziehn.
Dort am Wald auch schwebt ein Heer dunkler Wolken
dumpf und schwer.
Zu dir wende ich die Hände,
Herr ohn' Anfang und ohn' Ende!
Vor Gefahren uns zu wahren sende deine Engelscharen!
(Wieder hinausschauend)
Alles pflegt schon längst der Ruh? Trauter Freund, wo weilest du?
Ob mein Ohr auch eifrig lauscht, nur der Tannen Wipfel rauscht;
nur das Birkenlaub im Hain flüstert durch die hehre Stille;
nur die Nachtigall und Grille scheint der Nachtluft sich zu freun.
Doch wie? Täuscht mich nicht mein Ohr?
Dort klingt's wie Schritte! Dort aus der Tannen Mitte
kommt was hervor!
Er ist's! Er ist's! Die Flagge der Liebe mag wehn!
(Sie winkt mit einem weißen Tuch)
Dein Mädchen wacht noch in der Nacht!
Er scheint mich noch nicht zu sehn!
Gott, täuscht das Licht des Monds mich nicht,
so schmückt ein Blumenstrauß den Hut!
Gewiss, er hat den besten Schuss getan!
Das kündet Glück für morgen an!

O süße Hoffnung, neu belebter Mut!
All meine Pulse schlagen,
und das Herz wallt ungestüm,
süß entzückt entgegen ihm!

5. Das Theater ist eine Welt für sich. Viele Menschen und Berufe wirken zusammen. Was wisst ihr darüber?
Überlegt einmal, wer alles einer Sängerin oder einem Sänger auf dem Weg zur Darstellung der Figur auf der Bühne hilft.

Kaspar muss Max dazu bringen, bei seinem Probeschuss Freikugeln zu benutzen. Damit würde dieser in die Gewalt Samiels geraten und er selbst wäre frei. Bei einem Trinklied in einer Schenke stimmt Kaspar den niedergeschlagenen Max ein.

Später gibt Kaspar Max Gelegenheit zu einem Schuss aus seinem Gewehr: Hoch am Himmel zeigt sich ein Vogel in der Dämmerung – Max gibt ungläubig einen Schuss ab – das Gelächter Samiels ertönt im Hintergrund – ein großer Steinadler fällt zu Boden.

Kaspar bringt Max zur Einsicht, dass nur Freikugeln ihm aus seiner Patsche helfen werden, und Max willigt ein, Glock zwölf in die Wolfsschlucht zum Kugelgießen zu kommen.

In einer Arie lebt Kaspar seinen Triumph über Max aus. Das Orchester folgt ihm durch seine Gefühle.

1. Deutet die Gestaltung der Musik am Beginn der Arie „Nichts kann vom tiefen Fall dich retten".
2. Zu welchem Text singt Kaspar im weiteren Verlauf der Arie ein auffallendes Melisma (= mehrere Melodietöne über eine Silbe)? Erklärt, warum eine solche Vertonung gerade hier passt.
3. Setzt die Szene in der Schenke als Pantomime zu Webers Musik um.
4. Wie heißen die Töne des Akkordes in Takt 4? Setzt die Töne im Terzabstand übereinander. Zu welcher Figur der Oper gehört dieser Akkord als Leitmotiv?
5. In der letzten Notenzeile findet ihr fünf Dominantseptakkorde (▶ S. 90). Sie sind mit 1–5 bezeichnet. Schreibt auch hier alle Töne im Terzabstand übereinander. Was ist ihre harmonische Aufgabe.

Max – Samiel – Kaspar. Eine Illustration zu Webers „Freischütz" von dessen Zeitgenossen I. H. Ramberg

„Der Freischütz" von Carl Maria v. Weber (3)

Kaspar in der Wolfs-
schlucht beim Gießen
von Freikugeln

Das Kugelgießen

Kaspar: Hier erst das Blei. Etwas gestoßenes Glas von zerbrochenen Kirchenfenstern; das findet sich. Etwas Quecksilber. Drei Kugeln, die schon einmal getroffen. Das rechte Auge eines Wiedehopfs, das linke eines Luchses! Probatum est! Und nun den Kugelsegen!
Schütze, der im Dunkeln wacht,
Samiel! Samiel! Hab acht!
Steh mir bei in dieser Nacht,
bis der Zauber ist vollbracht!
Salbe mir so Kraut als Blei,
segn' es sieben, neun und drei,
dass die Kugel tüchtig sei!
Samiel! Samiel! Herbei!
Kaspar: Eins! (Echo: Eins!)
(*Waldvögel kommen herunter, setzen sich um das Feuer, hüpfen und flattern.*)
K.: *gießt und zählt:* Zwei! (Echo: Zwei!)
(*Ein schwarzer Eber raschelt durchs Gebüsch und jagt wild vorüber.*)
K.: Drei! (Echo: Drei!)
(*Ein Sturm erhebt sich brausend, beugt und bricht Wipfel der Bäume und jagt Funken vom Feuer.*)
K.: Vier! (Echo: Vier!)
(*Man hört Rasseln, Peitschengeknall und Pferdegetrappel. Vier feurige, Funken werfende Räder rollen über die Bühne.*)
K.: Fünf! (Echo: Fünf!)
(*Hundegebell und Wiehern in der Luft. Nebelgestalten von Jägern zu Fuß und zu Ross, Hirschen und Hunden ziehen in der Höhe vorüber. Chor: (singt, unsichtbar).*)
K.: Sechs! Wehe! (Echo: Sechs! Wehe!)
(*Der ganze Himmel wird schwarze Nacht; die Gewitter treffen furchtbar zusammen. Flammen schlagen aus der Erde. Irrlichter zeigen sich auf den Bergen.*)
K.: Samiel! Samiel! (*Er wird zu Boden geworfen.*) Hilf! Sieben! (Echo: Sieben!)
Max (*springt aus dem Kreis, fasst einen Ast des verdorrten Baumes und schreit*): Samiel!
Samiel (*erscheint an der Stelle des verdorrten Baumes. Mit furchtbarer Stimme*): Hier bin ich!

In der Wolfsschlucht hat Kaspar bereits alle Vorbereitungen zum Kugelgießen getroffen und einen magischen Kreis aus Knochen gelegt. Sein Leben ist Samiel verschrieben – jetzt hat er sich mit ihm darüber verständigt, dass seine Frist verlängert wird, wenn er ihm Max als neues Opfer zuführt.

📄 **1.** Weber hat in der Partitur viele Hinweise darauf gegeben, wie die Szene gestaltet werden soll. Einige sind im folgenden Textauszug wiedergegeben. Verfolgt, wie das Orchester das spannende Geschehen auf der Bühne begleitet. Haltet charakteristische Instrumentalklänge und Motive fest.
2. Setzt die Gestaltungsmittel der „Wolfsschluchtszene" mit der Person Samiels in Beziehung.

Ännchen, Agathe und die Brautjungfern

Ännchen, eine Verwandte Agathes, hilft dieser am Morgen bei den Vorbereitungen zur Hochzeit. Während der Chor der Brautjungfern ein Ständchen singt, holt sie die Schachtel mit den Hochzeitsblumen.

1. Schlimme Vorzeichen treten im Laufe des folgenden Dialogs auf. Sprecht ihn mit verteilten Rollen.

Ännchen: Nun, da bin ich wieder. Aber fast wär ich auf die Nase gefallen. Kannst du dir's denken, Agathe? Der alte Herr Cuno hat schon wieder gespukt.

Agathe: Was sagst du?

Ännchen: Dass ich über das alte Bild fast die Beine gebrochen hätte. Es ist diese Nacht zum zweiten Male von der Wand gefallen und hat ein tüchtiges Stück Kalk mit heruntergebracht. Der ganze Rahmen ist zertrümmert.

Agathe: Fast könnte mich das ängstigen. Er war der Urvater uns'res Stammes (...)

(Noch einmal wird das Brautlied angestimmt, während Agathe die Schachtel mit den Hochzeitsblumen öffnet – und „erblasst"!)

Ännchen: Nun, was ist denn?

Agathe: *(nimmt den Kranz heraus – es ist ein silberner Totenkranz)*

Ännchen: Eine Totenkrone – Himmel, das ist, *(aufspringend und ihre Verlegenheit verbergend)* nein, das ist nicht zum Aushalten! Da hat die alte, halb blinde Botenfrau oder die Verkäuferin gewiss die Schachteln vertauscht.

Brautlied (Anfang)

1. Wir winden dir den Jungfernkranz mit veilchenblauer Seide, wir führen dich zu Spiel und Tanz, zu Glück und Liebesfreude.
   Schöner, grüner Jungfernkranz! Veilchenblaue Seide, veilchenblaue Seide!

 2. Hört den „Brautchor" und beschreibt seine Form.

3. Welche Instrumente stimmen am Beginn auf die Szene ein?

4. Versucht zum Schluss, die Melodie nach dem Gehör selbst zu singen.

5. Der Dichter Heinrich Heine (1797–1856) hat seine Umwelt aufmerksam und spöttisch beschrieben. Wie lässt sein Brief erkennen, dass der „Brautchor" umgehend ein „Schlager" geworden ist?

Berlin, den 16. März 1822
Haben Sie noch nicht Maria von Webers „Freischütz" gehört? Nein? Unglücklicher Mann! Aber haben Sie nicht wenigstens aus dieser Oper „das Lied der Brautjungfern" oder „den Jungfernkranz" gehört? Nein? Glücklicher Mann! (...)
Bin ich mit noch so guter Laune des Morgens aufgestanden, so wird doch gleich alle meine Heiterkeit fortgeärgert, wenn schon früh die Schuljugend, den „Jungfernkranz" zwitschernd, an meinem Fenster vorbeizieht. Es dauert keine Stunde, und die Tochter meiner Wirtin steht auf mit ihrem „Jungfernkranz". Ich höre meinen Barbier „den Jungfernkranz" die Treppe herauf singen. Die kleine Wäscherin kommt „mit Lavendel, Myrt und Thymian". So geht's fort. Mein Kopf dröhnt. Ich kann's nicht aushalten, eile aus dem Hause und werfe mich mit meinem Ärger in eine Droschke. Gut, dass ich durch das Rädergerassel nicht singen höre.
Bei ***li steige ich ab. „Ist's Fräulein zu sprechen?" Der Diener läuft. „Ja." Die Tür fliegt auf. Die Holde sitzt am Pianoforte, und empfängt mich mit einem süßen: „Wo bleibt der schmucke Freiersmann, Ich kann ihn kaum erwarten."„Sie singen wie ein Engel!", ruf ich mit krampfhafter Freundlichkeit. „Ich will noch einmal von vorne anfangen", lispelt die Gütige, und sie windet wieder ihren Jungfernkranz, und windet und windet, bis ich selbst vor unsäglichen Qualen wie ein Wurm mich winde, bis ich vor Seelenangst ausrufe: „Hilf Samiel!" Heinrich Heine

„Der Freischütz" von Carl Maria v. Weber (4)

Finale mit dem gesamten Ensemble auf der Bühne

Im Finale (= große Schlussszene) des „Freischütz" stehen noch einmal (fast) alle Mitwirkenden auf der Bühne. Die Oper endet glücklich: Max hat zwar mit einer Freikugel auf eine weiße Taube geschossen und damit um ein Haar Agathe getötet, doch hat diese der heilige Bann des Eremiten geschüzt. Die Kugel trifft Kaspar tödlich.

Ein Spruch des Eremiten führt die Handlung zum guten Ende:
„Ist's recht, auf einer Kugel Lauf zwei edler Herzen Glück zu setzen? (...)
Drum finde nie der Probeschuss mehr statt!
Ihm, Herr, der schwer gesündigt hat,
doch sonst stets rein und bieder war,
vergönnt dafür ein Probejahr (...)."

Das Finale ist als ein Ensemble angelegt: Alle handelnden Personen auf der Szene sind sich einig, doch singt jedes Mitglied einen anderen Text.

1. Das Finale steht im 6/8-Takt. Welcher Charakter wird dadurch erzeugt? Beschreibt ihn mit eigenen Worten.

2. Versetzt euch in die handelnden Personen. Wie passen die Textausschnitte zu ihnen?

Ensemble

So bezeichnet man im Theater die Gemeinschaft aller künstlerisch Mitwirkenden, insbesondere auch die Sänger und die Mitglieder von Chor und Orchester. Ensemble heißt aber auch ein Teil der Oper, in dem mehrere Sänger zugleich auftreten.

Finale (Ausschnitt)

Die Klangwelt der Oper

Auf die in der Opernhandlung widerstreitenden Mächte macht Weber durch ausgewählte Instrumente und Klänge aufmerksam.

Aus „Gespräche mit Carl Maria von Weber"
von Johann Christian Lobe (1869):
Weber: „In dem ‚Freischütz' liegen zwei Hauptelemente, die auf den ersten Blick zu erkennen sind: Jägerleben und das Walten dämonischer Mächte, die Samiel personifiziert. Ich hatte also bei der Komposition der Oper zunächst für jedes dieser beiden Elemente die bezeichnendsten Ton- und Klangfarben zu suchen: diese ... bemühte ich mich festzuhalten und nicht bloß da anzubringen, wo der Dichter das eine oder das andere der beiden Elemente angedeutet hatte, sondern auch da, wo sie sonst noch von Wirkung sein konnten. Die Klangfarbe, die Instrumentation für das Wald- und Jägerleben war leicht zu finden: die Hörner lieferten sie. ... Die wichtigste Stelle für mich waren die Worte des Max: ‚mich umgarnen finstere Mächte', denn sie deuteten mir an, welcher Hauptcharakter der Oper zu geben sei. An diese ‚finstern

Mächte' musste ich die Hörer so oft als möglich durch Klang und Melodie erinnern. Sehr oft bot mir der Text die Gelegenheit dazu, sehr oft aber auch deutete ich da, wo der Dichter es nicht unmittelbar vorgezeichnet hatte, durch Klänge und Figuren an, dass dämonische Mächte ihr Spiel treiben. ...
Ich habe lange und viel gesonnen ..., welcher der rechte Hauptklang für dies Unheimliche sein möchte. Natürlich musste es eine dunkele, düstere Klangfarbe sein, also die tiefsten Regionen der Violinen, Violen und Bässe, dann namentlich die tiefsten Töne der Klarinette, die mir ganz besonders geeignet zu sein scheinen zum Malen des Unheimlichen, ferner die klagenden Töne des Fagotts, die tiefsten Töne der Hörner, dumpfe Wirbel der Pauken oder einzelne dumpfe Paukenschläge. Wenn Sie die Partitur der Oper durchgehen, werden Sie kaum ein Stück finden, in welchem jene düstere Hauptfarbe nicht merkbar wäre."

1. Das Wort „Leitmotiv" hat Weber nicht verwendet. Mit welchen Worten drückt der Komponist dennoch aus, dass er Teile seiner Musik „leitmotivisch" einsetzt?

2. Besprecht den Sinn der Instrumentation in der Szene und Arie des Max und auch in der Ouvertüre.

Bevor sich der Vorhang öffnet: Die Ouvertüre

Die Ouvertüre ist ein einleitendes Orchesterstück, das oft auf die Handlung einstimmen soll: Denn in vielen Ouvertüren klingen bereits Themen und Motive aus der Oper an. Die Ouvertüre steht zwar am Anfang der Oper, doch der Komponist hat sie oft ganz am Schluss geschrieben. Auch Weber hat die Ouvertüre als Letztes komponiert. In seinem Tagebuch steht: *6. Mai, Finale vollendet, 7. Mai, an der Ouvertüre gearbeitet, 13. Mai, Ouvertüre vollendet.*

3. Wo in der Oper habt ihr einzelne der rechts stehenden Motive bereits gehört? 🔘 **V, 18–24**

4. Versucht die Ausdruckswelt und die Wirkung auch der neu hinzugekommenen Motive mit eigenen Worten zu beschreiben.

5. In welcher Reihenfolge treten die Motive in der Ouvertüre tatsächlich auf? Und warum mag Weber diese Reihenfolge gewählt haben?

6. Allen „dunklen" Figuren und Kräften stehen in der Oper „Der Freischütz" auch „helle" Bereiche gegenüber. Was davon habt ihr kennen gelernt?

„Madame Butterfly" und „Miss Saigon" – Oper und Musical (1)

Lithografie von Adolf Hohenstein zur Oper „Madame Butterfly"

Ein zeitloses Thema?

Im Jahr 1900 schrieb der amerikanische Erfolgsautor David Belasco das Drama „Madame Butterfly. A Tragedy of Japan". Er erzählt darin die Geschichte der blutjungen Cio-Cio-San, die den Liebes- und Eheversprechungen eines leichtfertigen amerikanischen Leutnants Glauben schenkt und damit ihr Leben zerstört. Dieses Thema wurde zum Ausgangspunkt für zwei sehr erfolgreiche Werke des Musiktheaters.

„Madame Butterfly"

Der italienische Opernkomponist Giacomo Puccini (1858–1924) besaß ein untrügliches Gespür für Stoffe, bei denen er seine Stärken voll entfalten konnte. Das Buch David Belascos sprach ihn an. Zudem war er wie viele seiner Zeitgenossen fasziniert von dem fernen Land Japan. So begann er gründliche Studien darüber: Er hörte japanische Musik und las Bücher über die Architektur und Religion Japans. Eine japanische Schauspielerin, die in Italien auf Tournee war, machte ihn mit dem Klang der Sprache vertraut. Sogar die Gattin des japanischen Botschafters besuchte ihn, trug ihm Volkslieder vor und erzählte von ihrem Land.

Puccini schrieb: „Madame Butterfly" wurde „die gefühlteste ausdrucksvollste Oper, die ich je geschrieben habe."

1. Hört eine Szene aus der Oper: Mit welchen musikalischen Mitteln gestaltet Puccini die erste Begegnung zwischen Cio-Cio-San und Pinkerton? 🎧 **V, 25**

2. Wie wird die „amerikanische Lebensart" Pinkertons musikalisch dargestellt? 🎧 **V, 26**

3. Versucht, die Begegnung zwischen Cio-Cio-San und Pinkerton szenisch darzustellen.

„Madame Butterfly" – Die Handlung
Cio-Cio-San, genannt Butterfly, ist ein 15-jähriges Mädchen aus einer ehrbaren adligen Familie, die freilich kein großes Vermögen mehr besitzt. Um ihren Lebensunterhalt zu verdienen, arbeitet sie als Geisha in einem Teehaus. Dort trifft sie den amerikanischen Marineleutnant Pinkerton. Cio-Cio-San verliebt sich in ihn, möchte sich aber nicht leichtfertig mit ihm einlassen und besteht darauf, ihn zu heiraten. Die Hochzeit soll nach japanischer Sitte stattfinden. Das bedeutet freilich, dass Pinkerton sie jederzeit wieder verlassen kann. Da Cio-Cio-San jedoch von der aufrichtigen Liebe Pinkertons überzeugt ist, schenkt sie dem keine Beachtung.

Leutnant Pinkerton ist Offizier auf einem amerikanischen Kriegsschiff, das für einige Zeit im Hafen der Stadt Nagasaki vor Anker liegt. Er möchte sich an Land amüsieren und besucht das Teehaus, in dem Cio-Cio-San arbeitet. Ihr exotischer Charme fasziniert ihn, und er möchte sie verführen. Er lässt sich auch auf die Hochzeit ein, denn er weiß, dass er diese Ehe jederzeit auflösen kann. Schließlich wartet seine Verlobte in Amerika auf ihn.

Pinkerton kehrt kurz nach der Hochzeit nach Amerika zurück. Cio-Cio-San, die ein Kind erwartet und von Pinkertons Liebe überzeugt ist, wartet auf seine Rückkehr. Nach drei Jahren kommt Pinkerton wieder nach Japan. Als Cio-Cio-San nun erfährt, dass ihr Geliebter in Amerika eine andere geheiratet hat und nicht zu ihr zurückkehren wird, tötet sie sich. Sie möchte dadurch ihrem Kind ermöglichen, mit seinem Vater und dessen neuer Frau nach Amerika zu gehen und dort eine sorgenfreie Zukunft zu haben.

4. Ordnet das Plakat oben links auf dieser Seite in die Handlung der Oper „Madame Butterfly" ein.

„Miss Saigon"

Paris im Jahr 1985. Der französische Musical-Komponist Claude-Michel Schönberg blätterte in einer Illustrierten, als sein Blick auf ein Schwarz-Weiß-Foto fiel.

Das Foto zeigt ein kleines Vietnamesenmädchen kurz vor ihrem Abflug vom Ho-Chi-Minh-Airport (Saigon) nach New York. Dort wartete ein Vater auf die Begegnung mit seiner Tochter, die er bis dahin noch nie gesehen hatte. Der Vater war einer jener vielen amerikanischen Soldaten (GIs genannt), die sich während des Vietnamkrieges (1964–1975) in eine Vietnamesin verliebt hatten.

Mit dem Musical „Miss Saigon" (1989) griffen Claude-Michel Schönberg (Musik) und Alain Boublil (Text) das Schicksal der vom Krieg entwurzelten Kinder auf und bezogen sich somit auf die berühmte Vorlage, Puccinis Oper „Madame Butterfly".

1. Informiert euch über die historischen Hintergründe des Vietnamkriegs.

2. Chris und Kim treffen sich. Beschreibe, welches Instrument diese Begegnung emotional und atmosphärisch verstärkt! 🎧 **V, 27**

3. Chris verlässt mit dem letzten US-Hubschrauber die Stadt. Mit welchen musikalischen Mitteln wird die Szene im Musical geschildert? 🎧 **V, 28**

4. Betrachtet das Bühnenbild oben rechts genau. Welche Motive erkennt ihr? Inwiefern spiegeln sich bereits in der grafischen Umsetzung die beiden aufeinandertreffenden Kulturen?

„Miss Saigon" – Die Handlung

Saigon, im April 1975 während der letzten Wochen des Vietnamkriegs: In einem Club trifft der junge GI **Chris** auf die 17-jährige Vietnamesin **Kim**. Sie verlieben sich ineinander, doch ihr Glück ist nur von kurzer Dauer. Die militärische Lage in Saigon spitzt sich zu, und Chris verlässt mit dem letzten US-Hubschrauber die Stadt, bevor die feindlichen Truppen des Vietcong einfallen. Kim bleibt ohne Nachricht von Chris verzweifelt zurück.

Drei Jahre vergehen. In den Vereinigten Staaten heiratet Chris die Amerikanerin Ellen und baut sich ein neues Leben auf. Doch er kann Kim nicht vergessen. Kim lebt zusammen mit ihrem inzwischen geborenen Kind Tam unter der Diktatur Ho Chi Minhs in ärmlichen Verhältnissen. Sie glaubt weiterhin an die Rückkehr von Chris und verweigert sich dem Offizier Thuy, dem sie als Kind zur Frau versprochen worden war. Als Thuy im Zorn versucht, ihren kleinen Sohn Tam zu töten, erschießt sie ihn in ihrer Verzweiflung und flüchtet nach Thailand. Kurze Zeit später erfährt Chris durch einen Freund, dass Kim noch lebt und einen Sohn von ihm hat.

Chris lässt die beiden ausfindig machen. Gemeinsam mit seiner Frau Ellen fliegt er nach Thailand, um sein Kind zu sehen. Überglücklich erfährt Kim von seiner Ankunft und fährt sofort in sein Hotel. Dort trifft sie jedoch nicht ihn, sondern Ellen an, die ihr die Wahrheit über Chris' neues Leben erzählt. In ihrer Verzweiflung fasst Kim einen Entschluss: Sie erschießt sich mit Chris' Revolver, um ihrem Sohn ein besseres Leben zu ermöglichen.

Pressefoto aus dem Vietnamkrieg. Die abgebildeten Hubschrauber wurden zum Symbol des Vietnamkriegs.

„Madame Butterfly" und „Miss Saigon" – Oper und Musical (2)

Zwei Finale im Vergleich

Sowohl in der Oper „Madame Butterfly" als auch im Musical „Miss Saigon" wird die fernöstliche, exotische Atmosphäre mit musikalischen Mitteln nachgezeichnet. Dabei spielen zwei Tonreihen eine wichtige Rolle: die Pentatonik (▶ S. 81) und die Ganztonleiter.

Ein pentatonisches Motiv aus „Miss Saigon" (◎ V, 29):

Dies ist die Stun- de, mein eig' ner Schluss

1. Wo findet ihr die gleiche Tonreihe in Puccinis Musik?

Auch die folgende Tonleiter ist im Finale von „Miss Saigon" oft zu hören. ◎ V, 30 Man nennt sie Ganztonleiter.

2. Untersucht das Notenbeispiel und erläutert die Schrittfolge.

3. Ein Teil dieser Tonleiter ist auch in Puccinis Notentext zu entdecken!

Madame Butterfly, Finale (Ausschnitt) ◎ V, 31

Giacomo Puccini (1858–1924)

Sun and Moon  V, 32

Text: Richard Maltby jr./Alain Boublil;
Musik: Claude-Michel Schönberg, © Neue Welt Musikverlag, Hamburg

Der Song ist der lyrisch-musikalische Höhepunkt der Liebesszene, in dem die Gefühle zwischen Kim und Chris zum Ausdruck kommen.

1. Hört und singt „Sun and Moon"!

2. Welche rhythmischen und melodischen Gestaltungsmittel erkennt ihr in der Melodie?

3. Welche Musicals kennt ihr? Welche werden z. Zt. in eurer Nähe gespielt?

Das Musical

Im Musical sind die wichtigsten Elemente des Musiktheaters zu einer faszinierenden multimedialen Show vereint: Tanz und Gesang, aufwändiges Bühnenbild und prächtige Kostüme, effektvolle Beleuchtungs- und Bühnentechnik.

Das Musical ist ein Werktyp des 20. Jahrhunderts – offen für populäre, musikalische Strömungen, die sich im Stimmideal, im Sound, aber auch in aktuellen Themen äußern.

Viele Werke wurden weltbekannt, z. B. die Broadway-Musicals „Showboat" (1927) und „Annie Get Your Gun" (1946) sowie „My Fair Lady" (1956) und „West Side Story" (1957). Mit Rock- und Popklängen waren in den 1970er Jahren „Grease" (1972) und „A Chorus Line" (1975) erfolgreich. Schließlich eroberte Andrew Lloyd Webber u. a. mit „Jesus Christ Superstar" (1970/71), „Cats" (1981) und „Phantom of the Opera" (1986) ein Millionenpublikum.

Jazz – Basics

„Jazz ist dort, wo spontane, improvisierte Musik kreiert wird."
Valerie Portmann

„I never sing a song the same way twice."
Billie Holiday

„Just tell your story – your own story."
Miles Davis

„Blue Mitchell war mein Lieblingstrompeter. Er konnte keine Noten lesen. Aber jeder gespielte Ton erzählte etwas. Zwei, drei Töne können alles sagen."
Ben Sidran

Es gibt viele Theorien darüber, wie das Wort „Jazz" entstanden ist. Möglicherweise stammt es vom französischen „Chasse" (=Jagd) – eine Anspielung auf die Kollektivimprovisationen im Jazz. Eine andere Theorie bringt es mit einer verächtlichen Redewendung der weißen Amerikaner in Verbindung, die die Musik ihrer Sklaven als „all that jazz" – „lauter blödes Zeug" bezeichneten.

1. Sucht nach anderen Theorien oder Erklärungen für die Herkunft des Wortes „Jazz"!
2. Besprecht die Zitate. Was könnte das Besondere des Jazz im Vergleich zu anderen Musikstilen sein?
3. Welche berühmten Jazzmusiker kennt ihr?

Wichtige Merkmale des Jazz

Besetzung
Jazz wird in allen nur denkbaren Formationen gespielt – alleine, im Duo, in der großen „Bigband". Sehr oft hört man auch Trios (z. B. Klavier, Bass und Schlagzeug) oder Quartette (Triobesetzung plus Sänger/Sängerin oder Melodieinstrument – z. B. Saxophon).
4. Hört das bekannte Jazzstück „Autumn Leaves" (▶ S. 98/99) in verschiedenen Interpretationen 🎧 **V, 33–35.** Bestimmt die jeweiligen Besetzungen heraus.
5. Welche Instrumente (▶ S. 116 ff.) sind auf dem Foto der Glenn-Miller-Bigband zu sehen?

Notation
In kleinen Besetzungen wird auf Noten oft verzichtet. Wenn nach Noten gespielt wird, dann meist von einem „Lead Sheet" – darauf sind lediglich die Melodie und die dazugehörenden Akkordbezeichnungen notiert. Und sogar daran orientieren sich die Musiker nur ungefähr, denn der Rhythmus der Melodie wird sehr frei interpretiert.
Die Musik entsteht also spontan und miteinander – das bedeutet: Ohren auf und hören, was die anderen spielen!
6. Bei Arrangements für Bigband reicht ein Lead Sheet allerdings nicht aus. Warum?

Rhythmik

Spannung pur! Die Rhythmen im Jazz sind immer stark akzentuiert – mal auf den „beat", mal „off beat". Schlagzeuger spielen oft komplizierte, abwechslungsreiche Rhythmen.

In den traditionellen Jazz-Stilen wird im Swing-Feeling gespielt: Ein Taktschlag wird hier nicht in zwei gleichlang dauernde Achtel geteilt, sondern jede zweite Achtel wird etwas später gespielt und betont.

Binär:
(gerade Achtel)

Ternär:
(triolische Achtel)

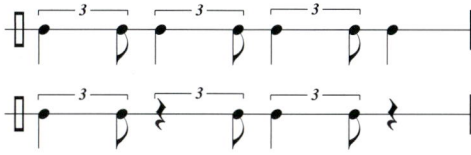

Meist werden die Rhythmen binär notiert und dann ternär gespielt!

1. Bei ☉ **V, 36** hört ihr zunächst den Unterschied zwischen binär und ternär am Schlagzeug, dann akzentuierte, synkopierte Spielweisen. Klatscht die Rhythmen in den Pausen nach!

Hot Intonation

Die Tonbildung im Jazz ist immer sehr emotionsgeladen – jeder Jazzmusiker hat seinen individuellen Klang. Die Stimme oder das Instrument muss nicht „schön" klingen, sondern darf auch so sein: kratzig oder gehaucht, schreiend, weinerlich, wütend, heiser, weich …

Auch „dirty tones" (absichtlich unsauber intonierte Töne) sind erlaubt und sogar erwünscht!

2. Welche Stimmung will der Trompeter in ☉ **V, 40** ausdrücken?

„Jazztrio 2" von Debra Hurd

Harmonik und Melodik

Für viele ist Jazz „schräge" Musik. Das liegt daran, dass keine „normalen" Dur- oder Mollakkorde gespielt werden. Die Musiker „erweitern" die Harmonien durch zusätzliche Töne (▶ S. 98 f.). Auch die Melodien werden mit zusätzlichen Tönen oder „Blue notes" ausgeschmückt (▶ S. 96).

3. ☉ **V, 37, 38** stellt ein bekanntes Lied zweimal vor: „klassisch" und „jazzig" interpretiert. Achtet auf die Unterschiede (z. B. Akkorde, Melodie, Rhythmus).

Improvisation

Darunter versteht man das spontane Gestalten von Musik. Die Musiker erfinden neue Melodien, Harmoniefolgen, Rhythmen.

Jazzstücke werden oft so gespielt:
Intro – Thema vorstellen – Improvisation (Solist variiert das Thema stark oder erfindet eine neue Melodie über die Akkorde des Themas) – Thema – Coda. ☉ **V, 39**

4. ☉ **V, 41** stellt eine Vokalimprovisation vor. Diese Art des Singens nennt man Scat-Gesang. Wie könnte diese Gesangstechnik entstanden sein?

5. Setzt das Bild oben mit Elementen des Jazz in Beziehung!

Jazz im Wandel

Quer durch die Geschichte des Jazz

Der Jazz entstand in Amerika vor rund 100 Jahren. Aus den Spirituals und Work Songs der Schwarzen (▶ S. 46 ff.) entstand der Blues (▶ S. 96) – er gilt als einer der Grundsteine des Jazz. Ebenso wird aber auch der Ragtime der Weißen als Vorgänger des Jazz gesehen. Ragtime ist eine Klaviermusik mit synkopierten Melodien, deren Begleitung an Marschmusik erinnert.

Als die ersten Jazzstile gelten der ausdrucksstarke **New Orleans Jazz** der farbigen Bevölkerung und der virtuosere aber weniger emotionsgeladene **Dixieland** der Weißen. Beide Stile waren noch stark an Ragtime und Blues orientiert, statt Solo-Klavier oder Gitarre mit Gesang spielten jetzt aber als Melodieinstrumente Trompete, Klarinette und Posaune, in der Rhythmusgruppe Klavier, Banjo, Bass und Schlagzeug.

Der **Chicago-Stil** brachte die ersten langen Soli, der **Swing** wurde von großen Tanzorchestern – den Bigbands – gespielt (▶ Bild auf S.180).

Im nervösen **Bebop** spielte man komplizierte und schnelle Melodien, im **Cool Jazz** dagegen breite Klangflächen und ruhige, klare Melodien.

Der **Hard Bop** vermischte die Nervosität des Bebop und die Klangflächen des Cool Jazz. Gleichzeitig entstand der **Latin Jazz**, der die Harmonik aus dem Jazz mit dem Rhythmus lateinamerikanischer Musik (z. B. Bossa Nova) verband.

Im **Free Jazz** konnte soviel gleichzeitig geschehen, dass man gar keine Melodie mehr erkannte.

Alles was danach kam, ist schwer zu beschreiben. Jazz verband sich mit anderen Musikstilen (z. B. **Fusion**: mit Rockmusik). Und aus diesen Musikrichtungen bildeten sich wiederum neue Stile.

Heute werden eigentlich alle Stile gespielt. Darüber hinaus haben sich Jazzmusiker immer wieder Ideen aus anderen Musikbereichen geholt, die umgekehrt auch wieder vom Jazz inspiriert wurden. Daraus entstanden einige sehr interessante Mischformen!

New Orleans Jazz ab 1900
Dixieland ab 1910
Chicago ab 1920
Swing ab 1930
Bebop ab 1940
Cool Jazz ab 1950
Hard Bop ab 1950
Latin Jazz ab 1955
Free Jazz ab 1960
Fusion ab 1970

1. ◉ **V, 42–46** bringt Ausschnitte verschiedener Jazzmusik. Beschreibt, was ihr hört. Versucht die Ausschnitte anhand der kurzen Beschreibungen den Stilen zuzuordnen. Vergleicht dazu noch einmal die Elemente des Jazz auf ▶ S.180/181. Eine kleine Hilfestellung: Wählt aus unter Dixieland – Swing – Cool Jazz – Free Jazz – Fusion.

Mischformen

Acid Jazz

Acid Jazz entstand durch eine Kombination mit modernen Tanzmusikformen von Reggae bis Hip-Hop und House. Man verwendet Samples (kurze Musikausschnitte) von Jazz- und Soul-Klassikern, mischt sie mit Rap und treibenden Grooves – oft von Drumcomputern.

US3 – Cantaloop

St Germain

Nu Jazz

Nu Jazz wird auch Elektro-Jazz genannt. Er gilt als Nachfolger des Acid Jazz – der Nu Jazz weist jedoch eine stärkere elektronische Ausrichtung auf und eine Orientierung in Richtung verschiedener Stile des Techno.

Esbjörn Svensson Trio

Jazz und Drum'n'Bass

Drum'n'Bass ist eine auf elektronischen Instrumenten bzw. Computern produzierte Musik, die von verschachtelten, komplexen Rhythmen des Drumcomputers geprägt ist. Jazzmusiker setzen diese Grooves mit Live-Instrumenten um und improvisieren dazu.

Jazz und Worldmusic

In den Jazz werden Elemente asiatischer, afrikanischer, indianischer, orientalischer und anderer Musikkulturen eingeflochten.

Joe Zawinul und Band

Alpine Experience

Jazz und Volksmusik

Jazz wird auf traditionellen Instrumenten der Volksmusik gespielt, oder musikalische Elemente der Volksmusik werden in Jazzmusik eingebaut.

Jazz und klassische Musik

Ein berühmtes Beispiel, wie klassische, symphonische Musik und Jazz verbunden werden können, ist die „Rhapsody in Blue" von George Gershwin.

George Gershwin – „Rhapsody in Blue"

1. Hört ⊚ **V, 47–52**. Findet zu den einzelnen Beispielen die richtigen Stilbeschreibungen auf dieser Seite. Beachtet dabei Instrumentierung, Melodien, Harmonik und Rhythmus.

Popmusik – wie alles begann

Popmusik

Populäre Musik gibt es schon immer. Gemeint ist ja eigentlich Musik, die bei einer breiten Zuhörerschaft beliebt ist, ganz egal, um welchen Musikstil es sich handelt.

1. Nennt Beispiele für populäre Musik.

Doch wie und wann begann das, was wir heute im CD-Laden unter „Popmusik" finden?

2. Die Revolution der Jugend. Beschreibt das Bild rechts. Wo könnte es entstanden sein?

Der erste Rock'n'Roll Song

Die Verbreitung des Rock'n'Roll in alle Regionen der Welt geschah nach 1950 innerhalb kürzester Zeit. Bill Haleys furiose Bühnenshow und Elvis Presleys kreisende Hüften ließen die Fans vor Begeisterung und die schockierte Elterngeneration vor Empörung kreischen. Wer den ersten Rock'n'Roll Song aufgenommen hat, ist bis heute nicht ganz geklärt …

Der Produzent Dave Miller über Bill Haley

*Es gab da diesen genialen Song: „Rocket 88" von Jackie Brenston. Das Dumme war nur, dass Brenston schwarz war. Und die Plattenläden, die von Weißen betrieben wurden, nahmen keine Platten von Schwarzen ins Angebot auf. Also brauchte ich einen weißen Musiker, der die Songs der schwarzen R'n'B-Sänger covern konnte. Da wurde mir Bill Haley empfohlen, der zwar aus der Country & Western-Musik kam, sich aber auch für Rhythm'n'Blues interessierte. Die Platte hatte mittleren Erfolg, doch bei unserem nächsten Versuch gelang uns der große Hit: „**Rock around the Clock**"!*

Der Produzent Sam Phillips über Elvis Presley

*Da war dieser Junge aus der Nachbarschaft, ein Lastwagenfahrer, der seiner verehrten Mutter unbedingt eine Platte mit zwei von ihm gesungenen Balladen zum Geburtstag schenken wollte. Wir taten ihm den Gefallen, aber es war langweiliges Zeug. In einer Kaffeepause spielte er mit seiner Gitarre zum Spaß einen alten Bluessong. Er probierte „**That's All Right Mama**". Leider war ich gerade nicht im Studio, aber zum Glück nahm meine Assistentin alles auf. Als sie mir das Material später begeistert vorspielte, wusste ich, dass ich endlich meinen weißen Musiker mit der ‚schwarzen Stimme' gefunden hatte.*

3. Beide Geschichten sind wahr. Sucht noch weitere Informationen über die beiden Stars. Bildet anschließend zwei Gruppen und führt ein Streitgespräch, in dem jede Gruppe die andere überzeugen will, dass sie den wahren Begründer des Rock'n'Roll kennt.

Rock around the clock

Text und Musik: Max C. Freedman/Jimmy de Knight
© Ed. Kassner & Co. Musikverlag

1, 2, 3 o' clock, 4 o' clock rock 5, 6, se-ven o'clock 8 o' clock rock 9, 10, e - le-ven o' clock

12 o' clock rock we gon-na rock a - round the clock to-night Put your glad rags on, join me hon', we'll

have some fun when the clock strikes one. We're gon-na rock a - round the clock to - night, we're gon-na

rock, rock, rock 'till the broad day-light, we're gonna rock, gonna rock a - round the clock to-night.

1. Hört ◉ **V, 53.** Wovon handelt dieser Song?

2. Der Song ist nach dem Bluesschema aufgebaut (▶ S. 96). Wie heißen die zur Melodie passenden Akkorde?

Rhythm'n'Blues

… entstand aus dem schwarzen Blues und dem weißen Swing. R'n'B meint jede Musik mit afroamerikanischen Wurzeln (Blues), die zum Tanzen anregen soll (Rhythm).

3. R'n'B gibt es auch heute, doch die Musik klingt ganz anders als damals. Kennt ihr bekannte Vertreter?

Country & Western

Diese Volksmusik der amerikanischen Siedler entstand im Süden der USA. Charakteristisch sind einfache Melodien, patriotische Texte und viele Saiteninstrumente.

4. ◉ **VI, 1, 2** Rhythm'n'Blues und Country & Western: Welche Elemente könnt ihr erkennen, die im Rock'n'Roll wieder zu finden sind?

Rock'n'Roll (Mitte der 1950er)

… entwickelte sich in Amerika aus der Verschmelzung des schwarzen Rhythm'n'Blues mit der weißen Country & Western-Musik. Musikalisch gesehen ist es schwer, den Rock'n'Roll vom Rhythm'n'Blues zu unterscheiden. Offensichtlich ist nur, dass R'n'B von schwarzen Musikern für ein schwarzes Publikum, R'n'R von weißen Musikern für weiße Zuhörer gesungen wurde.
Die spezielle Musik- und Tanzform spiegelte die Lebenslust der Teenager wider und grenzte sich damit klar von den Einstellungen der hart arbeitenden Elterngeneration der Nachkriegszeit ab.

Rock'n'Roll – Stilmerkmale

- 12-taktiges Bluesschema
- Offbeat (auf 2 und 4) des Schlagzeugs, dominant
- Gitarre spielt typische Begleitriffs des Rock'n'Roll
- Besetzung: Gesang, Gitarre, Klavier, Bass, Schlagzeug, oft auch Blasinstrumente (Saxophon, Trompete)

Gitarren-Tabulatur

Eine Tabulatur ist eine Griffschrift, die z. B. mit Ziffern zeigt, was auf dem Instrument gespielt wird. Die gebräuchliche Gitarren-Tabulatur zeigt die sechs Saiten. Die Ziffern geben an, welcher Bund gegriffen wird (0 = leere Saite). Nur die bezeichneten Saiten werden gespielt.

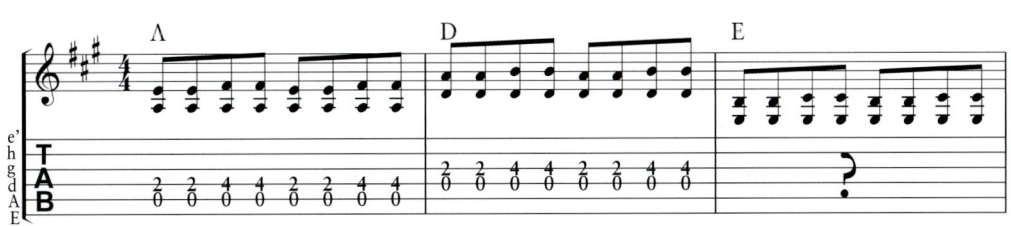

5. Dies ist ein typisches Begleitriff der Gitarre für einen Rock'n'Roll Song. Der Grundton ist immer eine leere Saite. Wie muss man dann das Pattern in E spielen?

Black Roots

Soul (Mitte der 1960er)

Der Soul verband den intensiven und emotionsgeladenen Gesang des Gospel mit den Grooves des Rhythm'n'Blues. Dazu kamen später noch Elemente des Jazz. Der ausdrucksstarke Gesang war Musikern/Musikerinnen dunkler Hautfarbe vorbehalten.

Die Queen of Soul ist Aretha Franklin. Sie ist für viele Sängerinnen bis heute ein Vorbild.

James Brown gilt als wichtigster Vertreter des Soul. Man nennt ihn auch den „Godfather of Soul" oder „the hardest working man in show business". Letzteres bezieht sich einerseits auf seinen intensiven Gesang: Vom leisen Schluchzen bis zum lauten Geschrei spiegelt er alle Emotionen wider. Doch auch seine Tanzweise ist sehr exzentrisch – nicht umsonst wird sogar der Breakdance des Hip-Hop auf ihn zurückgeführt!

1. Hört 🎧 VI, 3, 4. Was haben der Gesang von James Brown und Aretha Franklin gemeinsam? Sammelt Merkmale.

2. Welche Sänger/Sängerinnen der heutigen Zeit kennt ihr, deren Gesangsstil an die beiden oben genannten erinnert?

3. Es ist beinahe unmöglich, den Gesang von Soulsängern zu notieren. Wo sind die Abweichungen? Versucht, den A-Teil von „I Got You" in zwei Versionen zu singen:

1. so wie die Melodie notiert ist,
2. im Stil von James Brown.

Stilmerkmale des Soul

- emotionsgeladener Gesang
- synkopierte Bass-Linien
- akzentuierte Bläsersätze und Rhythmusgitarre mit rhythmisch-melodischen Floskeln (Riffs)
- Besetzung: Gesang, Gitarre, Klavier, Bass, Schlagzeug, Blasinstrumente (Saxophon, Trompete, Posaune)

I Got You (I Feel Good)

James Brown © Musikverlag Intersong, Hamburg

Wow! I feel good,___ I know that I would now! I feel___
like su - gar and spice! I feel___

good, I know that I would now! So good, so good
nice, like su - gar and spice! So nice, so nice

that I got you! I feel nice When I hold you in my
that I got you!

arms I know that I can't do no wrong___ and when I hold you in my

___ arms my love won't do you no harm___ and I feel___ nice,___ usw.

1. Welche Instrumente seht ihr auf dem Bild?

Funk (1960er und 1970er)

James Brown gilt auch als Begründer des Funk. Ursprünglich unterschieden sich Soul und Funk kaum. Der Funk war harmonisch oft sehr einfach. Manchmal genügten zwei Akkorde. Charakteristisch ist jedoch eine lebendige, komplexe Rhythmik.

In den 1970er Jahren verwendete man verstärkt auch elektronische Instrumente, also Synthesizer und Drumcomputer – die Musik klang weniger rau als der Soul und mündete schließlich in der Disco-Musik.

2. Kennt ihr berühmte Funk-Bands?

Slap-Technik

Mit dem Funk entwickelte sich auch ein spezielles Spiel des Basses: die Slap-Technik, bei der die Saiten nicht gezupft, sondern abwechselnd mit dem Daumen angeschlagen und mit den übrigen Fingern angerissen werden. ⌖ **VI, 6**

3. Betrachtet das Notenbild. An welchen Stellen werden die Saiten angerissen?

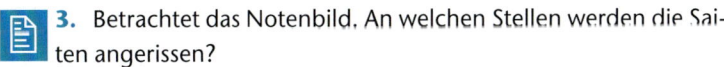

Im Funk werden besondere Anforderungen an Präzision, Groove und Zusammenspiel gestellt. Funk ist schwarz, eckig und vor allem tanzbar!

4. Hört den rechts abgedruckten Song bis zum Schluss ⌖ **VI, 5**. Welche Instrumente erkennt ihr? Gibt es einen Moment, in dem der Bassist slappt – wann?

5. Wovon handelt der Text?

Earth Wind & Fire – GETAWAY

Bernard Taylor & Peter Cor

So you say you tried
But you just can't find the pleasure
People around you givin' you pressure
Try to resist all the hurt that's all
Around you
If you taste it, it will haunt you

Refrain:
So come, take me by the hand
We'll leave this troubled land
I know we can, I know we can
I know we can, I know we can
Getaway

Watch for the signs
That lead in the right direction
Not to heed them is a bad reflection
They'll show you the way
Into what you have been seeking
To ignore them you're only cheating

Refrain

Lay awake every night
Till the sun comes up in the morning
Nothing exciting, it all seems boring
Make up your mind which way to go about it
To your road, you just don't doubt it.

Refrain

© EMI, Hamburg

Revolution aus England

Die „Pilzköpfe"

Beat (Beginn der 1960er Jahre)

Der Beat gilt als die britische Weiterentwicklung des Rock'n'Roll. Er entstand in der Industriestadt Liverpool. Bands thematisierten Träume und Sorgen der vielen arbeitslosen Jugendlichen. Dabei mischten sie die kraftvolle Spielweise des Rock'n'Roll mit abwechslungsreicheren Akkordfolgen. Die Ideen holten sie sich dabei von der Schlagermusik. Die erfolgreichste Band dieser Zeit waren The Beatles (▶ S. 37, 194).

Das Wort Beat (= engl. Schlag) wird durch ein heute noch bekanntes Phänomen verständlich: Man kann auf jeden Taktschlag mit dem Kopf mitwippen.

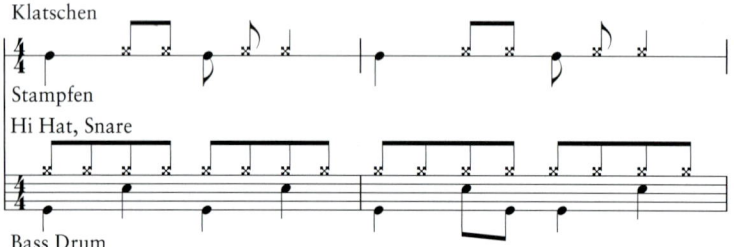

Klatschen
Stampfen
Hi Hat, Snare
Bass Drum

1. Spielt die Pattern in 2 Gruppen. Probiert sie dann zu 🎧 VI, 7 aus!

Pop oder Rock?

Eine andere wichtige Band dieser Zeit waren The Rolling Stones. Ihre Musik orientierte sich noch stärker am Rock'n'Roll, sie klang rauer und härter (z. B. stark verzerrte E-Gitarren). Die Texte waren vulgärer und thematisierten z. B. Sexualität viel direkter.

Aus heutiger Sicht könnte man sagen: Die Beatles waren die erste Popband, die Stones die erste Rockband.

Die Stones

2. Wie unterscheiden sich eurer Meinung nach die Images der beiden Bands?

The Rolling Stones – „Satisfaction"

Refrain:
I can't get no satisfaction,
I can't get no satisfaction.
cause I try and I try and I try and I try.
I can't get no, I can't get no.

Verses:
When I'm drivin' in my car
and that man comes on the radio
and he's tellin' me more and more
about some useless information
supposed to fire my imagination.
I can't get no, oh no no no.
Hey hey hey, that's what I say.

When I'm watchin' my TV
and that man comes on to tell me
how white my shirts can be.
Well he can't be a man 'cause he doesn't
smoke the same cigarettes as me.
I can't get no, oh no no no.
Hey hey hey, that's what I say.

When I'm ridin' round the world
and I'm doin' this and I'm signing that
and I'm tryin' to make some girl who tells me
baby better come back later next week
cause you see I'm on losing streak.

Text: Keith Richard
© Abkco Music Inc. Westminster Music Inc.

3. Dies ist einer der populärsten Songs der Rockgeschichte. Millionen von Menschen singen den Refrain mit. Wovon handelt eigentlich der Text? Welchen Einfluss hat der Text auf die Popularität eines Songs? 🎧 VI, 8

Hard Rock

Beeinflusst von den Rolling Stones kamen immer „härtere" Bands auf: Sie spielten noch lauter, schneller und verzerrter. Prägnante Gitarrenriffs gaben den Songs Struktur. Harmonik und Melodik waren wieder stärker am Blues orientiert und einfacher als beim Beat. Einige Bands zertrümmerten auf der Bühne ihre Instrumente und wurden durch ihr „Skandal-Image" zu Idolen. Rock war Revolution!
Vertreter: The Who, Deep Purple, AC/DC

Stilmerkmale des Hard Rock

- laut!
- Gesang aggressiv, oft Geschrei
- verzerrte E-Gitarren
- oft mehrstimmiger Gesang
- Besetzung: Gesang, 2 E-Gitarren, Bass, Schlagzeug, Hammondorgel

---

Ausgehend vom Hard Rock entwickelten sich einige Stilvarianten. Zum Beispiel:

Punk

Die Musik des Punk ist einfach, laut und schnell. Virtuosität ist nicht wichtig. Die Texte sind meist politisch und bedeuten Auflehnung gegen bürgerliche Werte.
Vertreter: The Clash, Sex Pistols
1. Kennt ihr deutsche Punk-Bands?

Heavy Metal

Im Heavy Metal herrscht oft die „dunkle" Moll-Tonalität. Die Musik ist noch lauter und noch schneller, oft auch sehr virtuos! Heavy Metal birgt wiederum zahlreiche Untergruppierungen.
Vertreter: Iron Maiden, Metallica

Grunge

Der Grunge entwickelte sich aus einer Mischung aus Hard Rock und Punk. Grunge bedeutet umgangssprachlich soviel wie „dreckig, schäbig" – dies sollte sich in der Musik und im Outfit bemerkbar machen.
Vertreter: Nirvana, Pearl Jam

Die Ärzte – „Unrockbar" ◎ VI, 9

Ich hab den Tag so oft verflucht, als wir uns kennen lernten.
Ich habe alles schon versucht, hab unter dem besternten Himmel
Mexikos dir meine Lieblingsplatten aufgelegt.
Du hast dich nicht bewegt. Das hat mich aufgeregt.
Du sagst, du findest zwar den Beat nicht,
aber Ricky Martin niedlich.
Der ist so unappetitlich, wie wir beide unterschiedlich.
Baby, ich kann dich gut leiden – es ist wirklich wahr. Doch das
wird nie was mit uns beiden, eines wird mir klar (so klar):

Du bist unrockbar. Du weißt nicht, was das für ein Schock war.
Meine Freundin ist unrockbar.

Wie kannst du bei den Beatsteaks ruhig sitzen bleiben,
wenn dir doch Schlagersänger Tränen in die Augen treiben.
Seit du bei mir wohnst schallt jeden Tag Shakira durch das Haus.
Ich halt' es nicht mehr aus. Ich glaub' ich schmeiß dich raus.
Du sagst, du magst es still und friedlich. Sei doch nicht so ungemütlich. Deine Schmusemasche zieht nicht. Pack deine Sachen.
Ciao, man sieht sich. Ja, du hast uns schon gesehen vor dem
Traualtar. Baby, das wird nie geschehen. Du bist ganz und gar:

Unrockbar! Unrockbar! Yeah, yeah, yeah, unrockbar!

Doch endlich fällt der Groschen, und du beginnst zu moshen.
Baby, die Welt ist so eng. Fang jetzt endlich an zu bangen.
Dann hast du auch bald kapiert, dass der Rock die Welt regiert.
Unrockbar! Unrockbar! Unrockbar! Yeah, yeah, yeah!
Text: Farin Urlaub © PMS Musikverlag, Berlin

2. ◎ VI, 10–13 Ihr hört vier kurze Song-Ausschnitte. Ordnet sie den Stilrichtungen Hard Rock – Punk – Heavy Metal – Grunge zu! Begründet eure Meinung!

Musik aus Jamaika

Ska (Anfang der 1960er Jahre)

Diese Musik findet ihre Wurzeln hauptsächlich im Rhythm'n'Blues und ist Tanzmusik. Aber auch der Zufall soll der Legende nach bei Ska eine Rolle gespielt haben. Als in der Band The Skatalites der Gitarrist unabsichtlich den Offbeat als Beat betonte, soll der Sänger zu ihm gesagt haben: „Do again this Ska!" Seitdem ist das charakteristischste Merkmal jamaikanischer Musik die Betonung zwischen den Beats (1 & 2 & 3 & 4 &).

1. Woher kommt der Name dieser Frisur?

Reggae (Ende der 1960er Jahre)

Der Reggae hat sich direkt aus dem Ska entwickelt, nur wird er viel langsamer, gefühlsbetonter gespielt. Er hat meist religiöse oder politische Inhalte, beeinflusst von der Religion der Rastafari und von den Freiheitsbewegungen der farbigen Bevölkerungsgruppen in Jamaika. Nationalhelden wie Bob Marley transportierten den Reggae in die ganze Welt.

> **Stilmerkmale von Reggae und Ska**
>
> Melodik und Harmonik sind einfach, sie kommen aus der jamaikanischen Folkloremusik.
> Charakteristischer Begleitrhythmus von Gitarre und Orgel: 1 & 2 & 3 & 4 &
> Besetzung: Gesang, E-Gitarre, E-Orgel, Bass, Schlagzeug, Perkussion, auch Blasinstrumente

Three Little Birds 💿 VI, 14

Musik und Text: Bob Marley
© Music Sales, London

Don't wor-ry a-bout a thing, 'cause ev'ry lit-tle thing
gon-na be all - right— sing-ing don't wor-ry Rise up this mor-nin',
smiled with the ri-sin' sun three lit-tle birds pitch by my door-step
sing-in' sweet— songs, of mel-o-dies pure and true say-in':
this is my mes-sage to you - hoo - hoo. say-in' don't wor-ry

Ska und Reggae haben die Pop- und Rockmusik nachhaltig verändert. Bands aus allen Stilrichtungen ließen sich durch den unverwechselbaren Rhythmus inspirieren.

2. Der Song „Three Little Birds" geht schnell ins Ohr. Findet Argumente, warum er ein richtiger Ohrwurm ist.

3. Hört zunächst das Reggae-Beispiel in 💿 VI, 14. Gibt es in den aktuellen Charts Songs mit diesen Stilelementen?

Musik aus dem Ghetto

Hip-Hop (Mitte der 1970er Jahre)

Hip-Hop ist in den schwarzen Ghettos der amerikanischen Groß-
städte entstanden. Charakteristisch sind der Rap (rhythmischer
Sprechgesang) und Samples (Ausschnitte aus vorhandenen Songs,
die in einen neuen eingefügt werden). Oft existiert nicht einmal
eine Melodie.

Der Hip-Hop ist aber nicht nur ein Musikstil, sondern bezeichnet
auch eine ganze Jugendkultur:
– einen bestimmten Kleidungsstil
– Graffiti
– Breakdancing
– DJing (cutten & scratchen)
– Rap (der Inhalt der Texte ist oft sozialkritisch und handelt im-
  mer von persönlichen Erlebnissen)

Vertreter: Grandmaster Flash, Die Fantastischen Vier, Sabrina
Setlur

Grandmaster Flash

Die Fantastischen Vier – „MfG"

ARD, ZDF, C&A
BRD, DDR und USA
BSE, HIV und DRK
GbR, GmbH – ihr könnt mich mal
THX, VHS und FSK
RAF, LSD und FKK
DVU, AKW und KKK
RHP, USW, LMAA
PLZ, UPS und DPD

BMX, BPM und XTC
EMI, CBS und BMG
ADAC, DLRG – ojemine
EKZ, RTL und DFB
ABS, TÜV und BMW
KMH, ICE und Eschede
PVC, FCKW – is' nich' o.k.

Refrain
MfG – mit freundlichen Grüßen,
die Welt liegt uns zu Füßen
Denn wir stehen drauf,
wir gehen darauf,
für ein Leben voller
Schall und Rauch
Bevor wir fallen,
fallen wir lieber auf

Text: Michael Beck, Thomas Dürr, Andreas
Riecke, Michael B. Schmidt © EMI Quattro
Musikverlag, Hamburg

Stilmerkmale des Hip-Hop

– Schlagzeugrhythmus (oft von Drum-
  computern und deshalb eher gleichblei-
  bend) und Bass stehen im Vordergrund
– Bereits existierende Songs (Sampling)
  werden einbezogen, deshalb auch oft
  keinerlei Live-Instrumente
– Rap

1. Links steht nicht der ganze Songtext. Versucht gemeinsam, die 2. Strophe in ⊚ **VI, 15**
herauszuhören. Löst die Abkürzungen auf.

Rhythm'n'Blues – R'n'B – heute
Der Gesangsstil ist immer noch sehr virtuos und emotionsgeladen. Die Musik
hat sich im Vergleich zum ursprünglichen
R'n'B jedoch von vielen Stilen beeinflussen
lassen: Soul, Funk, Beat, Reggae, Hip-Hop
(vor allem die Grooves), usw.
Vertreter: Michael und Janet Jackson

2. Superstars aus dem Hause Jackson: Kennt
ihr noch weitere berühmte Geschwister?
3. Vergleicht ⊚ **VI, 3, 4** mit ⊚ **VI, 16**. Wie hat
sich der R'n'B im Laufe der Jahre verändert?

Elektronische Musik

New Wave (Anfang der 1980er Jahre)

Diese Musikrichtung entwickelte sich aus der Punkmusik. Wie diese sollte sie provozieren, sprach aber eine Zielgruppe an, die ein genussorientiertes Leben mit extravaganter Kleidung, exzentrischen Hüten, imposanten Frisuren als Leitbild hatte.

Die Instrumentierung änderte sich drastisch, denn Elektronik und damit auch der Synthesizer wurden immer wichtiger.

Vertreter: Culture Club, Depeche Mode

1. Depeche Mode haben ihren Namen von einer Modezeitschrift: „Mode dépêche". Welche Sprache ist das, und was bedeutet es? VI, 17

Stilmerkmale des New Wave

Wie Punk (▶ S. 189), aber:
- mit Synthesizern
- komplexeren Songstrukturen
- und die Musiker beherrschten ihre Instrumente viel besser

Neue Deutsche Welle

Sie ist die deutsche Spielvariante von New Wave. Die NDW beinhaltete alles – von Blödel-Songs über Schlagermusik, sozialkritische und politische Lieder bis zu schräger Experimentalmusik.

Vertreter: Einstürzende Neubauten, Trio, Nena, Spider Murphy Gang

Trio – „Herz ist Trumpf"

Ich lese jeden Tag mein Horoskop in der Bild, was dann ...
dann koch ich mir'n Ei weil man ja fit sein will, was dann ...
dann setz ich mich ans Telefon und warte schon, was dann ...

Refrain
Dann rufst du an und ich fange an zu träumen
so was darf man nicht versäumen
Herz ist Trumpf
Dann rufst du an und ich fange an zu schweben
ist das schön das zu erleben
Herz ist Trumpf
Herz ist Trumpf
Herz ist Trumpf

Ich schau mir gerne Schaufenster in Möbelläden an, was dann ...
ich denk auch viel an Autos, die ich mir nicht leisten kann, was dann ...
dann geh ich schnell nach Haus, denn jetzt fängt Fernsehen an, was dann ...

Text: Stefan Remmler/Gert Krawinkel © Just Us Music Production, Berlin

2. Beschreibt das Bild links. Welcher Musikrichtung würdet ihr es zuordnen? Welches Image gibt sich diese Gruppe mit so einem Bild?

3. Hört das Lied in VI, **18** und verfolgt den Text links. Wie ändert sich der Text im folgenden 2. Refrain?

4. Welche Instrumente sind zu hören?

5. Der Schlagzeuger von Trio hatte eine besondere Art zu spielen. Findet heraus, welche!

6. Die NDW umfasst sehr viele, sehr unterschiedliche Bands. Manche hatten viele Hits, manche nur einen einzigen. Welche Songs kennt ihr aus dieser Zeit?

Elektronische Tanzmusik

Elektronische Tanzmusik umfasst: Techno, House, Drum'n'Bass, Chillout und vieles mehr. Meist betreffen die Unterscheidungen den speziellen Rhythmus oder Groove des Stils.

1. Welche weiteren Stile kennt ihr?

2. Kennt ihr wichtige Vertreter dieser Musik?

3. Hört 💿 **VI, 19–21**. Es werden verschiedene Stile vorgestellt. Was sind die Unterschiede?

Stilmerkmale der Elektr. Tanzmusik

– die Musik ist nicht in Strophe und Refrain gegliedert, sondern besteht aus einfachen, oft eintaktigen Bausteinen

– stetige, minimale Veränderung dieser Bausteine mit Effekten, Einwürfen

– prägnante Rhythmen (z. B. eine mit 4 Schlägen pro Takt durchgehende, gerade Bass-Drum)

– Gesang oft nebensächlich

DJs und Licht-Shows beim Techno

4. In welcher Reihenfolge werden diese Grooves in 💿 **VI, 22** gespielt?

5. 💿 **VI, 23** bringt alle drei Grooves in einem langsamen Tempo, das dann allmählich gesteigert wird. Versucht Bass-Drum (rechte Hand) und Snare (linke Hand) auf eurem Schreibpult mitzuspielen.

Findet auch noch andere Alltagsgegenstände, auf denen ihr mitspielen könnt!

bpm = *beats per minute*

👥 Projekt: Die Popgeschichte im Schnelldurchlauf

Die Seiten 184–193 haben euch einen Überblick zur Entstehung der Popmusik und ihrer verschiedenen Stile vermittelt.

Erarbeitet eine Zeitleiste, die die Popgeschichte von ihren Anfängen um 1950 bis heute darstellt. Viele Informationen findet ihr in diesem Buch. Ihr könnt aber auch in Zeitschriften und im Internet nach Bildern und Texten suchen. Denkt auch daran, Songbeispiele einzubeziehen.

Die Popmusik entwickelt sich immer weiter. Welche Stile sind heute aktuell?

„Come Together" – Original & Cover

Coverversion

Eine Coverversion ist nichts anderes als die Bearbeitung eines bereits vorhandenen Musikstücks.

1. Vergleicht Original (Britney Spears) und Cover (Palastorchester) in 🎧 **VI, 24, 25**. Was ist gleich, was wurde verändert?

Die Beatles brachen alle Rekorde. Bei einem Auftritt in der amerikanischen TV-Show von Ed Sullivan im Jahre 1964 sahen unglaubliche 73 Millionen Zuschauer zu.

„Come Together" 💿 VI, 26

Dieser berühmte Song der Beatles erschien 1969 auf dem Album „Abbey Road". Es gibt viele sehr unterschiedliche Coverversionen davon. Interessanterweise enthält bereits die Originalversion der Beatles ein Zitat eines anderen Songs: Melodie- und Textausschnitte von Chuck Berrys Song „You Can't Catch Me" (1956).
1990 nahmen Soundgarden ihre Version von „Come Together" auf.

The Beatles

Sie sind die wichtigste Pop-Band der 1960er Jahre und haben jegliche Art von Popmusik nachhaltig beeinflusst. Orientierten sie sich anfangs noch stark am Schlager, so wurden die Songs ab Mitte der 1960er zunehmend tiefgründiger und komplexer. Die „Fab Four" aus Liverpool waren John Lennon, Paul McCartney, George Harrison und Ringo Starr. Die Beatles hatten mehr Nr. 1-Hits als jede andere Band. Bis heute haben sie mehr als 1,3 Milliarden Tonträger verkauft! 1970 löste sich die Band auf.

Beatles-Songs wurden schon unzählige Male gecovert. Allein von „Yesterday" – einem der bekanntesten Songs der Beatles – existieren geschätzte 2000 Coverversionen.

Weitere bekannte Top-Hits sind „Hey Jude", „Let It Be", „Yellow Submarine", „All You Need Is Love", „Help!", „Lady Madonna", „Get Back".

2. Nennt andere Songs der Beatles.

Soundgarden

1985 wurde in Seattle die amerikanische Grunge-Band Soundgarden gegründet. Sie prägte diesen neuen Stil entscheidend und legten den Grundstein für wichtige Bands wie Nirvana oder Pearl Jam. 1997 löste sich die Band auf.

3. Vergleicht beide Versionen 💿 **VI, 26, 27.** Welche Instrumente sind jeweils zu hören? Zählt die markantesten Unterschiede auf! Welche Soundentwicklung hat sich bei der E-Gitarre vollzogen? Wie hat sich der Ablauf geändert?

4. Hört nun den Song von Chuck Berry 💿 **VI, 28.** Welche Teile haben die Beatles zitiert?

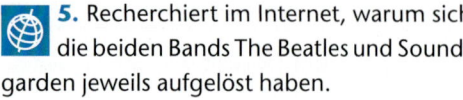 **5.** Recherchiert im Internet, warum sich die beiden Bands The Beatles und Soundgarden jeweils aufgelöst haben.

Eure Coverversion: digital

Auf S. 197 findet ihr „Come Together" in der Original-Version. Diesen Titel könnt ihr in der Klasse musizieren.

Die Pattern unten sind Anregungen für eure Interpretation in verschiedenen Stilen.

1. Hört die Songausschnitte in 💿 **VI, 29**. Der Song ist in verschiedene Musikstile übertragen. Vergleicht die Stilpatterns auf dieser Seite. In welcher Reihenfolge werden die Stile gespielt?

Reggae

Hardrock

Funk

Techno

Stilmix mit dem Computer 💿**ROM**
Mit Hilfe eines Sequenzerprogramms ▶ S. 207 ff. könnt ihr selbst einen komplett neuen Stilmix erstellen: z.B. das Schlagzeug spielt einen Reggae-Rhythmus, die Gitarre dazu im Stile des Funk.

2. Was passt zusammen, was nicht?

„Come Together" – Spielanleitung zum Original

Stilpattern

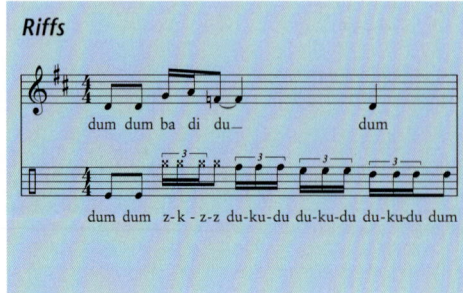

1. Die Riffs links können zu „Come together" mitgesungen werden. Die Tom-Figur des Schlagzeug-Riffs wird von hoch nach tief gesungen, so als ob man von der höchsten Tom zur tiefsten spielt.

2. Hört das Original (🎧 **VI, 26**). In den ersten vier Takten ist ein zusätzlicher, perkussiver Effekt zu hören. Wie könntet ihr ihn imitieren (z. B. mit einem Lineal)?

Come Together

Text und Musik: John Lennon/Paul McCartney
© Sony/ATV, Berlin

Sommerhits

Jedes Jahr was Neues

„Macarena", „Ab in den Süden", „Lambada", „Mambo No. 5", „Sunshine Reggae", „Dragostea din tei" und „The Ketchup-Song" haben alle etwas gemeinsam. Sie sind Sommerhits, und Sommerhits sind „Millionen-Seller"!

Diese Lieder sollen gute Laune, Partystimmung und Lust auf Tanzen verbreiten – es werden Sehnsüchte nach Sonne, Strand, Meer, Erholung und Spaß geweckt.
Die Songs sind einfach strukturiert, die Melodien sind richtige Ohrwürmer. Lateinamerikanische Rhythmen, fremdsprachige Texte helfen dabei ein „Sommerfeeling" zu wecken …
Interpretiert werden die Songs von jungen, gutaussehenden Frauen oder Männern.
Oft wird sogar eigens für den Song ein neuer, spezieller Tanz erfunden.

Sommerhits entstehen meist nicht zufällig:

1. Man verfolgt eine bestimmte Marketingstrategie. Verkaufsstatistiken, Umfragen und natürlich auch reine Vermutungen über den derzeitigen Publikumsgeschmack deuten darauf hin, welcher Stil im Moment „ankommt".

2. Die Sommerhits werden am Jahresanfang produziert. Danach wird kräftig die Werbetrommel gerührt.
DJs, Kenner der Musikbranche bzw. sogenannte Trendsetter erklären dann einen bestimmten Song zum diesjährigen Sommerhit.

3. In der Urlaubszeit werden die Sommerhits in allen Radio- und Fernsehsendungen, auf Partys (z. B. in Urlaubsregionen wie Mallorca) und sonstigen Veranstaltungen „auf und ab" gespielt. Egal, ob dem Publikum der Song dann wirklich gefällt oder nicht, er wird als Erinnerung gekauft!

1. Zählt Sommerhits auf!
2. Was war der diesjährige Sommerhit?

„The Ketchup Song" („Aserejé")

Las Ketchup ist ein spanisches Pop-Trio. Es sind die Töchter des Flamenco-Gitarristen Juan Muñoz, der auch unter dem Künstlernamen El Tomate bekannt ist.
Ihr Song „Aserejé" („The Ketchup Song") wurde 2002 ein weltweiter Sommerhit. Sie erreichten Spitzenplatzierungen in Deutschland, Großbritannien, Österreich, Spanien, Italien, Frankreich, Finnland, Schweden, Belgien, den Niederlanden, der Schweiz, Argentinien, Mexiko und Puerto Rico. Der Modetanz des Jahres 2002 wurde zu ihrem Song kreiert.

The Ketchup Song

Text und Musik: Ruiz Gomez/Francisco Manuel
© Sony/ATV, Berlin

1. Hört VI, 30. Singt das Stück und versucht den Tanz (zum Refrain):

1. ‖: Hände 2x schnell überkreuzt rechts
   Hände 2x schnell überkreuzt links :‖ 3x
2. 2x schnell Daumen hoch rechts
   2x schnell Daumen hoch links
3. In kreisenden Bewegungen die Hände
   an der Seite nach oben
4. In dieser Haltung die Knie schnell
   nach innen und außen bewegen

Hit oder Flop?

Hip-Hop

Text: Thomas Spitzer
© Wintrup/Blanko Musik, München

Wie wird man Superstar Nummer Eins in Amerika?
Mit Video im Marmorklo? Das geht so:
Der erste Schritt zur Hitparade ist der Rhythmus ohne Gnade:
A-bum tschak, a-bum-bum tschak, a-bum tschak, a-buba-bum tschak.
A-bum tschak, a-bum-bum tschak, a-bum-bum tschak, o yeah.
Here comes the base, hier kommt der Bass, denn hast du Bass, dann groovt auch was.
Do the base, base, do the base, base, do the base, base, do the base, spiel den Bass,
spiel den Bass, Bass, spiel den Bass, spiel den Bass, Bass,
spiel den Bass, Bass, spiel den Bass, spiel den Bass, oh yeah. Grooven, oh yeah.
Und schon hasten wir zum Kasten mit den Tasten. Jawohl!
Das Schlagzeug groovt, der Bass, der röhrt, das Keyboard moovt ganz unerhört.
Alles kommt aus dem Kastl. Ja, da staunt der Dancefloor-Wastl.
Beep-beep, mein Computer, beep-beep, ist ein guter, beep-beep, er komponiert,
ich sitz daneben und warte, was passiert.
A-hip, hop, a-hippa, hop, hop, wird's ein Hit oder wird's ein Flop?
A-hip, hop, a-hippa, hop, hop, a-hibba, hubba, hamma, das fährt abba!
A-hip, hop, a-hippa, hop, hop, im Galopp to the top und dort bleibt ma non stop!
A-hip, hop, a-hippa, hippa, hum, kommt ihr Lieben und kauft das Glump!

Wer nicht sampelt, rapt und scratched, wird von der Konkurrenz zerquetscht.
Weiter geht's bei „Hit mach mit", wir kommen nun zum nächsten Schritt:
Es braucht den erregenden Frauenchor des Käufers Ohr wie nie zuvor!
U yeah, Baby, uh, u-ah woauh! U yeah, Baby, give it to me, give it to me!
Ah, das hat Pfeffer, ah, das hat Pfiff, der Konsument ist voll im Griff.
Soweit, so gut, doch nicht genug, ein Hit muss pflügen wie ein Pflug:
Durch alle Massen, beep, dass sie erblassen, beep-beep, mit einem Refrain,
der peng, peng, peng, so stark ist, dass sie einen lassen.
A-hip, hop, a-hippa, hop, hop, wird's ein Hit oder wird's ein Flop?
A-hip, hop, a-hippa, hop, hop, a-hibba, hubba, hamma, das fährt abba!
A-hip, hop, a-hippa, hop, hop, im Galopp to the top und dort bleibt ma non stop!
A-hip, hop, a-hippa, hippa, hum, kommt ihr Lieben und kauft das Glump!
Liebe Kinder dieser Welt, gebt uns euer Taschengeld.

Und ist das immer noch kein Hit, dann sampeln wir ein fremdes Lied:
„I'm dreaming on a wild christmas" „Single sells, single sells, single sells …"
Ja das war der Rhythmusteil, denn die Jugend sucht im Tanz ihr Heil.
Doch auch für den Mann aus dem Furchenland haben wir ein Kleinod eingeplant:
„Du hoaßt Resi, i hoaß Zenz, Baby, I show you how to dance!"
Das Volk erbebt, die Menge schäumt, das Lied ist fertig, jetzt wird abgeräumt.
Es fehlt die Probe aufs Exempel, ich fahr zum nächsten Diskotempel,
wo ich mich vüri rempel und sag: „Hey, D.J., bittsche, spiel den Krempel."
A-hip, hop, a-hippa, hop, hop, es war kein Hit, dafür war's ein Flop.
A-hip, hop, a-hippa, hop, hop, a-hibba, hubba, hamma, jetzt geht's bergabba!
A-hip, hop, a-hippa, hop, hop, vorbei der Traum vom Galopp to the top!
A-hip, hop, a-hippa, hubba, hägga, ich jobba jetza weiter als Zuckerbäcker.
A-hip, hop, a-hippa, hop, hop, wird's ein Hit oder wird's ein Flop?
A-hip, hop, a-hippa, hop, hop, a-hibba, hubba, hamma, das geht abba!
A-hip, hop, a-hippa, hop, hop, im Galopp to the top und dort bleibt ma non stop!
A-hip, hop, a-hippa, hubba, ha, so leicht wird man doch kein Superstar!

Die Gruppe Erste Allgemeine Verunsicherung
Die EAV ist seit 1985 immer wieder erfolgreich „im Geschäft". In unterhaltsamen und kritischen Songs greift die österreichische Gruppe Themen aus Alltag, Politik und Kultur auf. Alltägliche Sprachformeln werden oft überraschend gereimt. Auch die Musik ist eingängig. Oft gehörte Formeln werden neu zu Gehör gebracht und ironisch beleuchtet.

„Hip-Hop" ◉ VI, 31
Der Titel schildert die Produktion eines Musikhits, der am Ende ein Flop wird. Vieles, was die Popmusik prägt, wird im Text angesprochen und in der Musik eingesetzt.

1. Was berichtet der Text über „Popmusik heute"? Die folgende Übersicht erklärt Stichworte aus dem Text.

Rhythmus: Vom „Rhythmus ohne Gnade" ist die Rede. A-bum tschak ... macht deutlich, was gemeint ist: Einfache rhythmische Formeln, die sich dem Gehör aufdrängen, werden oft wiederholt und nur wenig variiert.

Grooven: Der Fachausdruck Groove bezeichnet den typischen Grundrhythmus eines Titels der populären Musik in Verbindung mit einem bestimmten Tempo. „Das groovt!" – wer das sagt, drückt damit aus, dass der Rhythmus eines Musiktitels bei ihm „angekommen" ist.

Schlagzeug, Bass, Keyboard: Diese drei Instrumente geben das rhythmische und harmonische Grundgerüst in weiten Bereichen der Popularmusik an. Mit dem Keyboard (▶ S. 66) werden synthetisch erzeugte oder elektronisch gespeicherte Klänge gespielt. Es bildet die „Schnittstelle" zum Synthesizer (▶ S. 165) oder auch zum Sampler (s. u.).

Computer: Rechnergestützte Elemente sind heute das Herz vieler elektronischer Klangerzeuger, z. B. von Drum-Computern oder Keyboards. Damit lassen sich automatisierte Musikabläufe beliebiger Länge erzeugen.

Sampeln: Bezeichnung für die digitale Aufzeichnung von Instrumentenklängen und kurzen Klangverläufen und die elektronische Weiterverwendung in Musikstücken.

Scratchen: Die Schallplatte wird bei aufliegender Nadel mit der Hand rhythmisch bewegt.

Frauenchor: Der „Background-Chor" füllt den Klangteppich eines Songs mit gefühlvollen Einwürfen auf.

Konkurrenz, Hits, Flops: Popmusik muss verkauft, das „Ohr des Käufers" erreicht werden. Jedes Jahr werden im deutsch- und englischsprachigen Raum Tausende von Titeln produziert. Nur wenige werden erfolgreich. Es gibt keine sicheren „Rezepte", um einen Hit zu landen.

Nachahmung von erfolgreichen Liedern: Oft wird versucht, an den Erfolg eines Hits durch die Produktion eines ähnlichen Titels (des so genannten „Nachziehers") anzuknüpfen.

Zielgruppen: Mit verschiedenen Musiksparten (z. B. volkstümliche Musik) versucht die Musikindustrie, bestimmte Zielgruppen anzusprechen.

„abba": Mit dem Wort fährt im Text der EAV mal „etwas ab", mal geht es „bergabba" (bergab). „ABBA" hieß aber auch in den 70er Jahren eine sehr erfolgreiche Popgruppe, die zahlreiche Hits landete und deren Songs immer wieder gecovert werden.

2. Der Titel „Hip-Hop" spielt auch mit dem in der Popularmusik weit verbreiteten Wechsel von Strophe und Refrain. Inwieweit weicht der Refrain bei „Hip-Hop" von der gängigen Praxis ab?

3. Sucht selbst Titel mit musikalischen Merkmalen, wie sie auf dieser Seite angesprochen sind. Erläutert sie im Unterricht.

Studiotechnik

Wie aus eurem Computer eine „Digital Audio Workstation" wird

Der Computer ist heute zum Herzstück in der modernen Musikproduktion geworden. Mit spezieller Musik-Software wird euer PC zu einem virtuellen Musikstudio, mit dem ihr selbst wie in den großen Tonstudios eure eigene Musik produzieren könnt. Dazu gehören das Spielen von Musikinstrumenten, das Aufnehmen auf einzelne Spuren im Computer, das Mixing und das Mastern auf CD.

Mit relativ wenig Aufwand lässt sich auch euer Computer in ein volldigitales Musikstudio (auch Digital Audio Workstation, kurz DAW genannt) verwandeln. Mit dem Laptop kann man es sogar mitnehmen.

Eine „Digital Audio Workstation" im Überblick

Instrumentenrack, Effektrack, Mastereffektrack, Mischpult, Audio Spur, MIDI Spur, Taktlineal, Gesamtlautstärkeregler (Master), Lautstärkeregler (Fader), Transport- leiste, Anzeige der Prozessorauslastung, Virtuelle Bass-Gitarre, Bearbeitungswerk- zeuge, Metronom Klick, Tempo und Taktart, Aussteuerungsanzeige, Positionslinie, Aufnahmebereich, Farbig markierte Songabschnitte, Solo- u. Mute-Schalter

1. Welche Funktionen kennt ihr schon, z.B. vom CD-Player, MP3, Kassettenrekorder?

2. Beschreibt einzelne Symbole und Schalter: Welche Funktion werden sie haben?

3. Was könnt ihr an diesem Screenshot noch erkennen?

Schritt 1: Was ihr braucht

Checkliste
- ✔ PC mit CD- oder/DVD-Brenner und Soundkarte
- ✔ MIDI-Keyboard
- ✔ Hifi-Verstärker, Boxen, Kopfhörer
- ✔ Mikrofon
- ✔ Kleines Mischpult mit Mikrofoneingang
- ✔ Musiksoftware
- ✔ Kabel und Adapter

Schritt 2: Hardwarevoraussetzungen und Vorbereitung des Rechners

Da bei der Aufnahme von Audiospuren und bei der Erzeugung von virtuellen Effekten und Instrumenten Prozessor und Festplatte sehr schnell arbeiten müssen, darf euer Computer nicht zu alt sein. Weitere Voraussetzungen für eine zuverlässig funktionierende DAW sind ein korrekt installiertes Betriebssystem und eine gut sortierte Festplatte.

1. Ihr könnt die Leistungsfähigkeit eures Computers verbessern, wenn ihr Betriebssystem und Festplatte „aufräumt".

Schritt 3: Installieren und Einrichten der Software

Im Internet oder auch auf CDs von Fachzeitschriften findet ihr Musiksoftware. Neben so genannter Demonstrations-Software wird dort auch kostenlose Software für euer Studio angeboten, die bereits grundlegende Möglichkeiten bietet.

2. Sucht im Internet mit den Begriffen „Free VST" bzw. „Free VSTi" nach kostenloser Musiksoftware.

3. Installiert zuerst die Recording Software. Folgt dabei den Anweisungen. Eine kleine Auswahl an Software-Instrumenten und Effekten wird hier bereits mitinstalliert.

4. Um Software-Instrumente ohne hörbare Latenz spielen zu können, muss für die Soundkarte ein spezieller ASIO Treiber installiert werden. Falls ihr keinen ASIO Treiber für eure Soundkarte habt, solltet ihr im Internet nach dem Treiber „ASIO4ALL" suchen und diesen installieren.

Jetzt könnt ihr euer virtuelles Aufnahmestudio um weitere Software-Instrumente und Effekte ergänzen. Hierbei ist zu beachten, dass alle Software-Instrumente im selben Verzeichnis installiert werden müssen.

Schritt 4: Anschluss gesucht

Alles funktioniert, wenn die passenden Kabel richtig verbunden werden.

Die Hammond B3 Orgel als Hardware- und als kostenloses Software-Instrument

Fachbegriffe aus der Tonstudioszene

VST = Virtuelle Studio Technologie, die alle Elemente eines echten Tonstudios mit Mischpult, Effekten, Instrumenten und Mehrspurbandmaschine in einem Computerprogramm vereint.

Latenz = Sowohl der Prozessor als auch die Soundkarte des Computers benötigen Zeit, um einen Klang eines virtuellen Instrumentes zu berechnen und über Lautsprecher auszugeben. Es entsteht eine hörbare Verzögerung zwischen dem Anschlag einer Taste auf dem Einspielkeyboard und dem Erklingen des Tons.

ASIO = „Audio Stream Input Output". Ein Treiber Modell für Soundkarten, welches die Verzögerung zwischen dem Anschlag einer Taste und dem Erklingen des Tons auf ein Minimum reduziert.

Mixing = Das Bearbeiten und Zusammenmischen aller aufgenommenen Spuren eines Stückes mit dem Ziel größtmöglicher Transparenz bezüglich Klang und räumlicher Ortung.

Mastering = Klangliche Optimierung einer bereits abgemischten Stereospur vor dem endgültigen Fixieren auf CD oder DVD.

MIDI = Musical Instruments Digital Interface, wurde Anfangs der 80er Jahre, noch vor dem eigentlichen Computerzeitalter, entwickelt, um Daten zwischen elektronischen Musikinstrumenten auszutauschen. MIDI ist eine Sprache, die dem angesprochenen Gerät oder Programm übermittelt, welche Töne es wie laut, wie lange und mit welchem Klang spielen soll. Eine MIDI Datei (*.mid) enthält nicht direkt Musik wie etwa eine CD oder eine mp3-Datei, sondern nur Anweisungen, wie das angesprochene Gerät (z.B. die Soundkarte des Computers) ein Musikstück abspielen soll.

MIDI Local off = Wird dasselbe Keyboard für die Eingabe und als Tongenerator verwendet, benötigt man die MIDI LOCAL ON/OFF Funktion. Damit wird die direkte Verbindung der Tastatur zur Tonerzeugung im Keyboard getrennt. Durch LOCAL OFF entstehen zwei separate Geräte – Keyboard und Tongenerator.

Die erste Studioproduktion – Uriah Heep „Lady in Black"

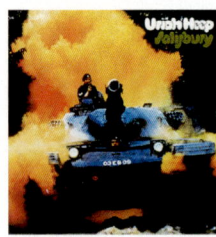

Uriah Heep, 1968 um den Gitarristen Mick Box und den Keyboarder Ken Hensley gegründet, gehören heute zu den bekanntesten Oldie-Rockbands. Der Durchbruch der Band erfolgte bereits mit dem Debut-Album im Jahre 1970. Uriah Heep wurde beeinflusst von Deep Purple und Status Quo, die ebenfalls Rockgeschichte schrieben. Erst 1978 gelang Uriah Heep mit „Lady in Black", der Auskoppelung aus ihrem schon sechs Jahre alten Album „Salisbury", ihr größter Erfolg. Der Titel hielt sich 13 Wochen auf Nr. 1 in den deutschen Charts.

1. Eine Rockballade mit ernstem Inhalt. Erschließt euch den Text mit dem Arbeitsblatt. Hört das Original und übt die Gesangstimme zum Playback. ⏻ **VI, 32, 33**

Lady in Black

Text und Musik: Ken Hensley
© Fanfare Musikverlag, München

She came to me one mor-ning one lone-ly Sun-day mor-ning her long hair flow-ing in the mid-win-ter wind! I know not how she found me for in dark-ness I was walk-ing and de-struc-tion lay a-round me from a fight I could not win.

Refrain

Ah - ah - ah - ah-ah-ah - ah-ah-ah Ah - ah-ah-ah - ah-ah-ah.

2. She asked me name my foe then
   I said the need within some men
   To fight and kill their brothers
   Without thought of love or God
   And I begged her give me horses
   To trample down my enemies
   So eager was my passion
   To devour this waste of life
   Ah ah ah …

3. But she wouldn't think of battle that
   Reduces men to animals
   So easy to begin
   And yet impossible to end
   For she's the mother of our men

Who counselled me so wisely then
I feared to walk alone again
And asked if she would stay
Ah ah ah …

4. Oh lady lend your hand outright
   And let me rest here at your side
   Have faith and trust
   In peace she said
   And filled my heart with life
   There is no strength in numbers
   Have no such misconception
   But when you need me
   Be assured I won't be far away
   Ah ah ah …

5. Thus having spoke she turned away
   And though I found no words to say
   I stood and watched until I saw
   Her black coat disappear
   My labour is no easier
   But now I know I'm not alone
   I find new heart each time
   I think upon that windy day
   And if one day she comes to you
   Drink deeply from her words so
                                 wise
   Take courage from her
   As your prize and say hello from me
   Ah ah ah …

Basismaterial

Der Song „Lady in Black" ist harmonisch sehr einfach gehalten und besteht nur aus zwei Akkorden, a-Moll und G-Dur. Wie üblich hat er die Formteile Intro, Strophe und Refrain. Die Band besteht aus Schlagzeug, Bass, E-Gitarre, Akustik-Gitarre und Keyboard (mit Streichersound). Ab der 4. Strophe setzt eine zweite Gesangsstimme ein.

 1. Notiert den Formablauf der Songs ◉ **VI, 32**.

2. Wann setzt das E-Gitarren-Riff ein? Markiert dies im Formablauf.

3. Hört heraus, welche Instrumente im zweiten Drittel des Songs aus- und später wieder eingeblendet werden.

Standard Begleitung

Riff E-Gitarre & Bass

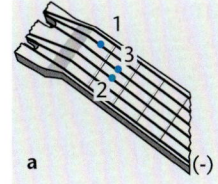

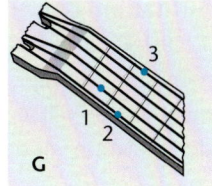

Die erste Studioproduktion – Recording

Vorbereitungen

1. Beschriftet die MIDI- und Audiospuren – das schafft Übersicht. Erstellt eine Spur für die Songstruktur, beschriftet die einzelnen Parts und markiert sie farbig. Legt in der Transportleiste das Songtempo, die Taktart und den aufzunehmenden Bereich (z. B. Takte 1–5) fest.

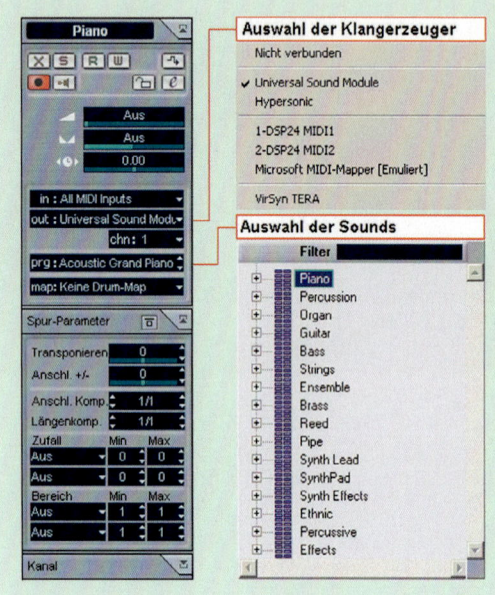

Auswahl der Sounds und Klangerzeuger

Da gibt es viele Möglichkeiten. Ihr könnt zwischen den Sounds eures Keyboards (MIDI LOCAL OFF ▶ S. 203), des internen Synthesizers der Soundkarte oder der installierten Softwareinstrumente wählen.

Meistens sind die Sounds nach dem General MIDI Standard sortiert (vgl. Abbildung). Eine virtuelle „MIDI-Band" kann 16 verschiedene Instrumente erklingen lassen. Dabei erhält jedes dieser Instrumente eine eigene MIDI-Kanal-Nummer. So liegt z. B. auf Kanal 10 immer ein Schlagzeug-Set.

2. Erstellt eine Liste mit den passenden Sounds für euer Stück. Entscheidet, welche der Instrumentalstimmen ihr lieber mit einem akustischen Instrument aufnehmen wollt. Legt fest, wer die einzelnen Instrumente einspielen soll.

MIDI-Spuren, die kein Softwareinstrument ansteuern, müssen in Audiospuren umgewandelt werden, damit sie später auf der CD auch zu hören sind. Dazu müsst ihr das Audiosignal des Keyboards als Stereo-Audiospur über die ganze Länge des Songs aufnehmen. Schaltet für die jeweilige MIDI-Spur den „SOLO" Schalter ein!

Aufnahme der MIDI-Spuren

Fangt am besten mit dem Schlagzeugpattern (▶ S. 205) an. Ihr könnt es entweder auf dem Keyboard einspielen oder „step by step" per Mausklick im Schlagzeugeditor eingegeben. Kopiert anschließend den 4-taktigen Schlagzeugpart über die ganze Länge des Songs. Schaltet nun den Vorzähler ein und beginnt mit der Aufnahme der übrigen MIDI-Spuren. Wenn ihr einzelne Töne einer Stimme nicht genau im Takt eingespielt habt, lassen sich diese nachträglich auf ein frei wählbares Raster zurechtrücken (quantisieren).

Aufnahme der Audiospuren

3. Druckt die Noten für die Instrumentalstimmen aus, die mit einem akustischen Instrument eingespielt werden sollen, und gebt sie den Musikern vor der Aufnahme zum Üben.

Grundsätzlich werden alle Audiospuren nacheinander (Overdub) und „trocken", d. h. ohne Effekte aufgenommen. Verwendet statt der Lautsprecherboxen nun den Kopfhörer, um ein möglichst sauberes Audiosignal frei von Einstreuung und Rückkoppelung zu erhalten. Um Verzerrungen durch Übersteuerung zu vermeiden, müsst ihr das Mikrofon bzw. die Instrumente mit dem Mischpult sehr genau aussteuern – das rote Lämpchen darf gerade nicht mehr aufleuchten.

Durchhören und Speichern des aufgenommenen Materials

Hört nach der Aufnahme aller Spuren noch einmal alle Spuren solo ab. Überprüft die Aufnahmen auf eventuelle Fehler, Übersteuerungen oder Aussetzer. Spätestens jetzt müsst ihr eure Studioproduktion auf Festplatte speichern und sicherheitshalber eine Kopie des gesamten Projektordners auf CD brennen.

Mixing Basics

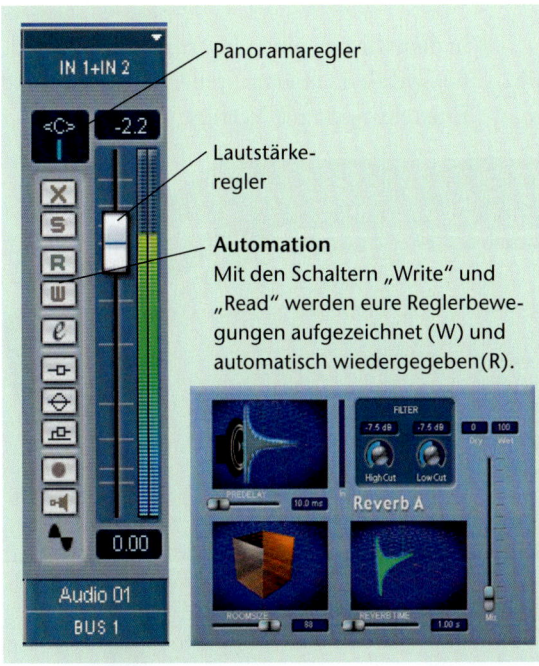

Panoramaregler

Lautstärke-regler

Automation
Mit den Schaltern „Write" und „Read" werden eure Reglerbewegungen aufgezeichnet (W) und automatisch wiedergegeben(R).

Links – Rechts – Boxentest
1. Überprüft mit 💿 **VI, 34**, ob die Lautsprecher eurer Stereoanlage und eurer DAW (▶ S. 202) richtig angeschlossen sind.
2. Ladet das Projekt „Lautsprechertest.cpr" in eure DAW und bildet das Hörbeispiel nach. 💿 **ROM**

Virtuelle Räume erschließen
3. Hört 💿 **VI, 35** und stellt Vermutungen über die Größe und Beschaffenheit des Raumes an.
4. Ladet das Projekt „Raum.cpr" in eure DAW und bildet das Hörbeispiel nach. 💿 **ROM**
5. Mit dem Send-Regler könnt ihr einstellen, wie viel vom Signal zum Halleffekt geführt werden soll. Vervollständigt den Merksatz: Je höher das Send Level, desto …
6. Probiert verschiedene Raumgrößen, Nachhall- und Vorverzögerungszeiten aus und beschreibt, wie sich die einzelnen Parameter auf den Raumklang auswirken.

Experiment: Klangmikroskop
Mit einem Equalizer könnt ihr die Klangfarbe eines Instrumentes verändern und sein Frequenzspektrum durchfahren („Sweepen").
7. Untersucht, wo sich die Anhebung eines Frequenzbereiches positiv, negativ oder gar nicht auf den Klang des Instrumentes auswirkt. Wiederholt das Experiment mit der Absenkung eines Frequenzbereiches.
8. Ladet das Projekt „Holdtheline.cpr" und bearbeitet das Signal mit dem Equalizer so, als ob es aus einem Telefonhörer erklingt. 💿 **ROM**
9. Bearbeitet ein Musikstück eurer Wahl mit dem Equalizer.
a) Wie klingt es, wenn man aus dem Kopfhörer eines Mitschülers hört?
b) Wie klingt das Musikstück, wenn man es als Fußgänger aus einem Auto heraus hört?

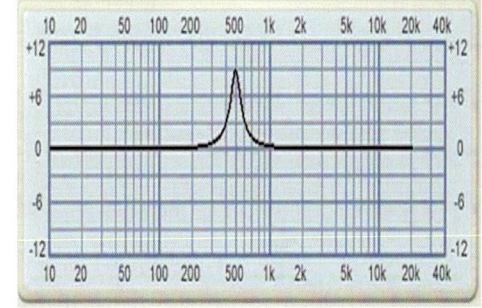

Flüstern und Schreien
10. Untersucht die Abbildung. Wo ist in der Wellenform der Schrei zu erkennen?
11. Ladet das Projekt „Flüstern und Schreien.cpr" und bearbeitet die Audiospur mit einem Kompressor. Probiert verschiedene Einstellungen. 💿 **ROM**

Lauter als laut
12. Vergleicht die Abbildungen rechts. In welcher der beiden Wellenformen des gleichen Stückes wurde ein Kompressor eingesetzt?
13. Ladet das Projekt „lauteralslaut.cpr". Versucht mit Hilfe des Kompressors das Musikstück noch lauter zu machen, als es ohnehin schon ist. Verändert dabei nicht die Lautstärke eurer Abhöranlage. 💿 **ROM**

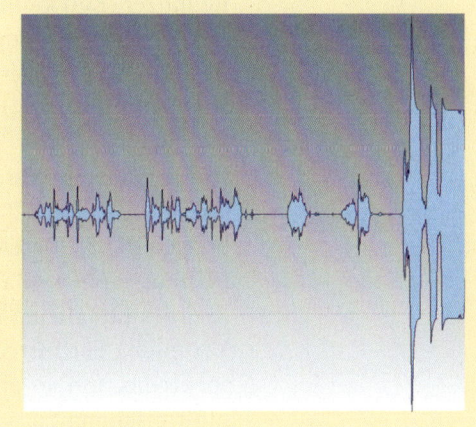

Die erste Studioproduktion – mischen und mastern wie die Profis

Perfektes Mixing

Panorama und Lautstärke

Beim Mischen eines Songs solltet ihr euch einen dreidimensionalen Raum vorstellen, in dem die einzelnen Instrumente angeordnet werden. Hierzu stehen euch mehrere Einstellungen zur Verfügung:

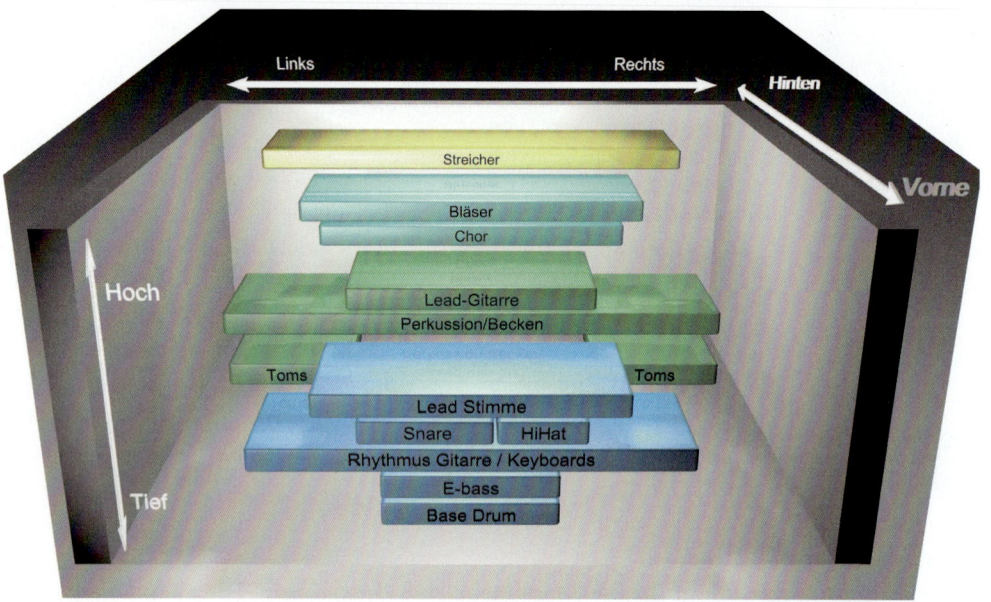

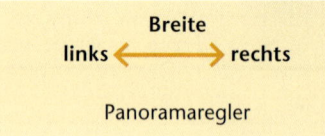

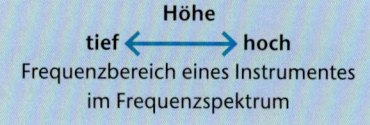

1. Fertigt mit dieser Vorstellung einen Rohmix (Rough Mix) an, bei dem zunächst nur die Position im Panorama und die Lautstärke der einzelnen Instrumente festgelegt werden.

Equalizing

Jetzt geht es an die Feinarbeit. Mit einem Equalizer (EQ) kann die Klangfarbe eines Instrumentes verändert werden, indem bestimmte Frequenzbereiche angehoben oder abgesenkt werden. (Ihr findet einen Equalizer auch an eurer Stereoanlage oder an einem Gitarrenverstärker.) Bei dem klassischen 3-Band-EQ wird der Frequenzbereich in drei Bereiche aufgeteilt: Bässe, Mitten, Höhen (Bass, Middle, Treble). Ziel des Equalizing ist eine ausgewogene Verteilung der Instrumente im Frequenzspektrum, um so eine transparente Gesamtmischung zu erhalten. Nehmt euch zuerst den Bass und das Schlagzeug vor, danach die Gitarren und den Gesang. Hört jedes Instrument „Solo" ab und senkt die Frequenzbereiche, die sich negativ oder gar nicht auf den Klang des Instrumentes auswirken, deutlich ab. Das schafft Platz im Frequenzspektrum und erhöht die Klarheit der Mischung. Dabei kann es vorkommen, dass ein Instrument solo sehr unnatürlich oder nasal klingt, sich in der Gesamtmischung aber sehr gut anhört.

2. Kontrolliert das Equalizing des jeweiligen Instruments immer in der Gesamtmischung.

3. Findet heraus, welche Frequenzen sich wie auf den Klang der Instrumente im Song auswirken.

4. Erweitert den „Rough Mix" um das Equalizing.

Effekte

Mit Effekten wie Hall, Delay oder Chorus könnt ihr eurem Song mehr räumliche Tiefe geben. Je mehr vom Signal eines Instruments zum Halleffekt gesendet wird, desto tiefer steht es im Raum. Oftmals arbeitet man bei der Mischung mit einem Haupthall, der die Band in einen gemeinsamen Raum stellt.

Um die Gesangsstimme besonders herauszustellen, verwendet man als Stützhall meistens eine Hallplatte (Plate), die einen besonders dichten und höhenreichen Nachhall erzeugt.

Für Snare und Tom Toms machen sich kleine Räume mit einem kurzen, aber höhenreichen Nachhall (gekachelter Raum) sehr gut. Versucht einmal, die Base Drum in einen Raum zu stellen, der kleiner ist als die Base Drum selbst, ideal ist ein Würfel mit einer Kantenlänge von 20 bis 40 cm. Was in der Natur nicht funktioniert, liefert in der Simulation einen sehr eigenständigen, vollen Sound.

Für den nötigen „Druck" sorgen Dynamikeffekte wie Kompressor und Limiter. Beim Kompressor wird der Lautstärkeunterschied zwischen dem lautesten und dem leisesten Ton der Aufnahme reduziert, indem laute Signale stärker gedämpft werden als leise (die Dynamik wird verringert). Sinn ist

es, ein Instrument oder ein Musikstück möglichst laut und druckvoll zu machen. Ein Limiter (dt. Begrenzer) ist eine spezielle Anwendung des Kompressors. Er sorgt dafür, dass der eingestellte Schwellenwert (Threshold) niemals überschritten wird. So können Übersteuerungen durch kurze Pegelspitzen vermieden werden.

5. Wenn ihr alle Schritte befolgt habt, erstellt nun ein „Premaster". Dabei werden alle Spuren zu einer einzelnen Stereospur zusammengemischt (Audio exportieren).

6. Überprüft das „Premaster" auf evtl. Fehler, Aussetzer oder Knackser.

Mastering

Durch das Mastering erhält der Song den letzten Feinschliff, bevor er endgültig auf CD gebrannt werden kann. Arbeitet hier generell sehr behutsam und vermeidet extreme Eingriffe wie beim Mixing. Mastering kann keinen schlechten Mix ausgleichen, aber einem guten Mix das letzte Quäntchen an Glanz, Wärme und Wohlklang verleihen. Eine typische Mastering-Kette könnte so aussehen:

Insert Effekt (z. B. Kompressor, Limiter)

Send Effekt (z. B. Hall, Delay, Chorus)

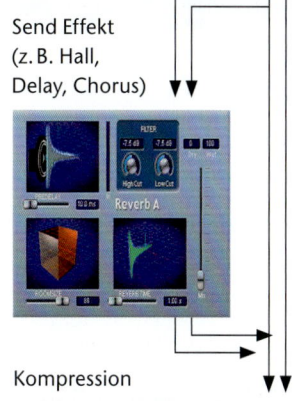

Kompression

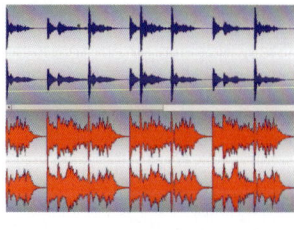

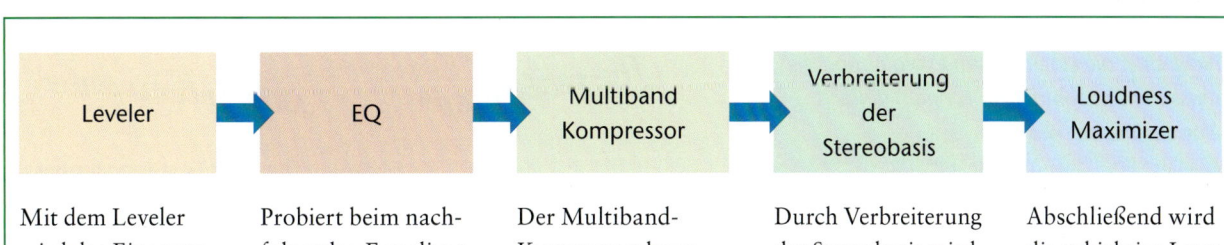

Leveler	EQ	Multiband Kompressor	Verbreiterung der Stereobasis	Loudness Maximizer
Mit dem Leveler wird das Eingangssignal auf den maximalen Lautstärkepegel gebracht.	Probiert beim nachfolgenden Equalizer Voreinstellungen wie „Brilliance" oder „Loudness" aus oder hebt sanft die Höhen an.	Der Multiband-Kompressor kann das Frequenzspektrum des Signals in zwei bis fünf Bereiche aufteilen und jeden Bereich unabhängig voneinander komprimieren.	Durch Verbreiterung der Stereobasis wird das Klangbild der Mischung geöffnet, wodurch die einzelnen Instrumente besser zu orten sind.	Abschließend wird die subjektive Lautheit des Signals mittels eines Loudness Maximizers nochmals erhöht.

Werbung – Lebensgefühl – Hip-Hop

Medien

Zu den Medien zählen z.B. Printmedien (u. a. Zeitungen), Fernsehen, Radio und das Internet. Wir nutzen sie insbesondere zur Beschaffung von Informationen und zur Unterhaltung.

> **Björn:** *„Echt ist das Gegenteil von Imitation, das, was aus einem selbst herauskommt."*
> Quelle: MTV „Giving the Beat I"

> **Lisa:** *„Was manchmal schon ganz gut wäre, wenn man so eine Orientierung hätte. Aber nicht eine, die einem jemand vorgibt und die muss man nachmachen, sondern einfach … einen Leitfaden oder so."*
> Quelle: MTV „Giving the Beat I"

> **Petra:** *„Das sind zwei verschiedene Welten, einmal das eigene kleine Umfeld mit Familie und Studium, wo man halt denkt, das kriegt man schon alles hin, und dann die andere Welt, die nur in der Zeitung steht, und damit beschäftigt man sich ja nicht so sehr."*
> Quelle: MTV „Giving the Beat I"

Medien

1. Nennt Sendungen, die der Unterhaltung dienen und solche, die euch informieren.

2. Kennt ihr spezielle Musiksender oder Radio- und TV-Programme, in denen hauptsächlich Musik gespielt wird? Seht euch solche Programme einmal etwas genauer an:

– Beschreibt, welche Musik hier gespielt wird und von welchen Gruppen Videos gezeigt werden.

– Gibt es bei diesen Programmen auch Beiträge, in denen es nicht um Musik geht?

– Erläutert das Verhältnis von Musikbeiträgen zur Werbung.

3. Was meint ihr: Können euch Musiksendungen zum Kauf bestimmter Produkte veranlassen?

Werbung und Zielgruppe

Ein Unternehmen, das Menschen dazu bringen will, bestimmte Produkte zu kaufen, betreibt in der Regel Werbung für diese Produkte. Diese Werbung ist nur dann erfolgreich, wenn sie sich nach den Interessen und Vorlieben der möglichen Käufer richtet. In der Werbesprache nennt man die möglichen Kunden für ein Produkt auch Zielgruppe.

Aus einer Umfrage von MTV

Um die Interessen seiner Zielgruppe kennen zu lernen, befragte der Musiksender MTV in den Jahren 2001 und 2003 Jugendliche und junge Erwachsene im Alter von 14 bis 29 Jahren über ihre Lebenseinstellung.

Fünf Bereiche kennzeichnen das Lebensgefühl der Befragten aus:

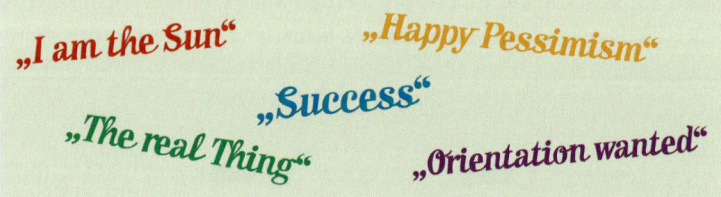

Quelle: MTV „Giving the Beat I"

4. Jede Gruppe erstellt zu einem dieser Bereiche eine Collage, die die Lebenseinstellung des gewählten Bereiches veranschaulicht. Als Material könnt ihr z.B. Jugendmagazine, Lifestyle-Magazine, TV-Zeitungen etc. verwenden.

5. Welche Ziele verfolgt ein Mensch eurer Auffassung nach in seinem Leben, der von sich sagt: „I am the Sun"? Bezieht euch dabei auch auf die Aussagen von Petra, Lisa und Björn.

6. Entsprechen die Aussagen oben eurer Meinung nach tatsächlich dem Lebensgefühl von Jugendlichen? Kennt ihr Menschen mit anderen Einstellungen? Beschreibt und erörtert diese.

Lebensgefühl Hip-Hop

51,1 % der von MTV befragten Jugendlichen im Alter von 14–29 Jahren mögen Hip-Hop. Dieser Musikstil passt offensichtlich sehr gut zum Lebensgefühl von Angehörigen dieser Altersgruppe.

Aus einer Umfrage von MTV: Den fünf Bereichen des Lebensgefühls der Jugendlichen werden hier Merkmale des Hip-Hop und Aktivitäten, die damit in Zusammenhang stehen, zugeordnet:

„I am the Sun": Feiern. Spaß haben. Chillen. Mit Freunden zusammensein.

„Happy Pessimism": Hip-Hop ist Kritik an sozialen und politischen Missständen und gleichzeitig Rückzug in die Community.

„Success": Erfolg in der Peer-Group ist sehr wichtig, die Suche nach Respekt und Anerkennung. Viele US-Hip-Hop-Texte beschreiben den Aufstieg aus dem Ghetto.

„Orientation wanted": Der Status in der Gruppe gibt Orientierung. Die richtige Marke und das richtige Outfit sind wichtige Schlüsselinformationen [= Orientierungspunkte].

„The real Thing": Im Hip-Hop zählt Authentizität. Die Suche nach Echtem …

Hip-Hop ist Musik mit einer Message.

Quelle: MTV „Giving the Beat I"

1. Erläutert den Zusammenhang von Hip-Hop und den fünf Bereichen des Lebensgefühls. Findet ihr hier Elemente aus euren Collagen wieder?

2. Kennt ihr weitere Musikstile, die gut zu diesem Lebensgefühl passen?

Hip-Hop und Trends

Kleidung/Mode: Weite Hosen (Baggies), Basecap, Sportschuhe, Insider-Labels, weite Shirts.s

Sport: Skating, Spraying, Board-Sportarten, Streetball.

Technik: Mobile Kommunikationsmittel, SMS, E-Mail, Chats.

Sonstiges: Statussymbole, Chillen, Key-Chains, Animé, Mangas.

Quelle: MTV „Giving the Beat I"

3. Beschreibt das Graffiti.

4. Setzt die Informationen über Hip-Hop und Trends mit dem Graffiti in Beziehung.

5. Nennt weitere Musikstile, in denen Moden = Kleidung eine große Rolle spielen. Beschreibt das Verhältnis von Mode und Musik bei diesen Stilen.

Werbung durch Musiksendungen

6. Überlegt euch ein Produkt, für das ihr gerne werben wollt. Stellt euch vor, ihr sollt ein Unternehmen beraten, das dieses Produkt herstellt. Das Unternehmen möchte wissen, wie junge Fernsehzuschauer am besten für dieses Produkt gewonnen werden können. Präsentiert der Unternehmensleitung eure Überlegungen dazu in einem Kurzvortrag.

Musik in der Werbung

Zielgruppe

In der Regel ist Werbung auf eine bestimmte Zielgruppe hin ausgerichtet. Die Personen, die zu einer Zielgruppe gehören, haben viele Interessen und Vorstellungen gemeinsam. Zielgruppen sind zum Beispiel Jugendliche, Autofahrer, Hausfrauen usw. Häufig verbindet eine solche Gruppe auch ein gemeinsames Lebensgefühl.

Message

Vor allem gemeinsame Interessen und das Lebensgefühl der Zielgruppe sind für die Werbeindustrie wichtig. Denn heutzutage unterscheiden sich viele Produkte der Qualität nach nur geringfügig. Daher kommt es darauf an, das Produkt mit einer bestimmten Message zu verbinden, die zum Lebensgefühl der Zielgruppe passt. So soll der Käufer das Produkt dann von den Konkurrenzprodukten unterscheiden.

Werbung ist allgegenwärtig

Werbung begleitet uns täglich. Es vergeht kaum eine Stunde, in der wir nicht mit Werbung konfrontiert werden – wir finden Werbung in Büchern, Zeitschriften, auf unserer Kleidung etc. Im Fernsehen, im Radio und im Kino ist Werbung in der Regel mit Musik unterlegt.

1. Beschreibt Situationen, in denen ihr Werbung begegnet.

2. Achtet auf Werbung in Zeitschriften, im Fernsehen und im Hörfunk. Welche Zielgruppen werden dort angesprochen? Gibt es spezielle Zeitschriften bzw. Radio- oder Fernsehsendungen für bestimmte Zielgruppen? Für welche Produkte wird hier bevorzugt geworben?

Musik in der Radio- und Fernsehwerbung

3. Welche Stimmungen bzw. Gefühle sollen durch die Musik vermittelt werden? Welche musikalischen Mittel werden dafür eingesetzt? Welche Verbindung entdeckt ihr zwischen Musik, Produkt und Zielgruppe?

4. Beobachtet euch selbst. Worauf achtet ihr beim Anschauen bzw. Hören eines Werbespots zuerst, und welchen Bereich nehmt ihr bewusst wahr:
– die dargestellten Personen,
– das Produkt, für das geworben wird,
– die Musik?

5. Erläutert, welche Funktion Musik in der Werbung hat.

Jingles

In Werbespots könnt ihr Jingles hören. Dies sind kurze Melodien, die besonders eingängig sind. Der Hörer kann sie sich leicht merken, und manchmal hat er Schwierigkeiten sie wieder zu vergessen – Ohrwürmer.

Jingles analysieren

Ihr seid von einer Werbeagentur beauftragt worden, Musik für einen Werbespot zu komponieren – einen Jingle für Schokoriegel (es können auch Pfefferminzbonbons, eine Pferdezeitschrift oder irgend etwas anderes sein).

6. Analysiert zunächst einmal einen bekannten und sehr erfolgreichen Jingle. (Auch die Fachleute orientieren sich daran.)

7. Untersucht die Melodie. Ihr könnt euch dabei an den folgenden Kriterien orientieren:
– Notenwerte
– Rhythmen
– Bezug der Rhythmen zu den Taktschwerpunkten
– Melodieverlauf

8. Welche Eigenschaften machen diese Melodie Jingle-fähig? Erläutert, ob der Jingle zur Zielgruppe passt.

© Haribo, Bonn

Ha - ri - bo macht Kin - der froh   und Er - wachs - ne e - ben - so!

Jingles selbst komponieren – Arbeitstipps

Beschäftigt euch – in Gruppen und zunächst auch getrennt – mit der „Textspur" und der „Musikspur".

Rhythmus

1. Verwendet zunächst nur einen Rhythmus. Orientiert euch an einfachen Modellen wie:

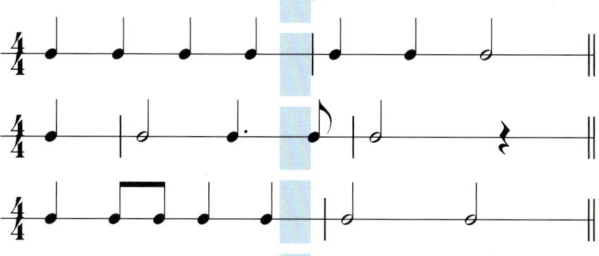

Melodie

2. Komponiert zu eurem Rhythmus eine Melodie, die aus nur zwei Tönen besteht.

3. Erweitert euer Tonmaterial zu drei Tönen (entspricht Material der Haribo-Melodie).

4. Verwendet dann die Töne der folgenden pentatonischen Tonleiter:

5. Erweitert das Tonmaterial dann noch einmal:

6. Wenn ihr eine Melodie gefunden habt, die sich gut singen und hören lässt, dann schaut, ob es schon einen Text dazu gibt.

Text

7. Legt zunächst fest, für welches Produkt ihr werben wollt, und erfindet einen Namen dafür.

8. Macht euch klar, welche Zielgruppe das Produkt kaufen soll.

Kinder   Jugendliche   Studenten   Fahrradfahrer ....

9. Im nächsten Schritt könnt ihr einen schon vorhandenen Text zu Hilfe nehmen, z.B. den Haribo-Slogan. Verändert den Text: Streicht zunächst die Substantive und setzt dafür eigene ein. Tauscht dann nach und nach immer mehr Wörter aus, bis ein guter Text entstanden ist.

10. Wenn ihr einen Text gefunden habt, der die Werbebotschaft gut rüberbringt, dann überlegt, welche Melodie dazu passen könnte.

IM FERNSEHEN SEHE ICH MIR GERN WERBUNG AN. UND HÄUFIG MAG ICH AUCH DIE MUSIK DABEI. WAS ICH KAUFE, ENTSCHEIDE ICH ABER IMMER SELBST. WERBUNG SPIELT DABEI KEINE ROLLE.

Verbindet Text und Musik.

Vergleicht eure Lösungen.
Nehmt eure Jingles auf, brennt sie ggf. auf CD und spielt sie euch
gegenseitig vor. Erläutert Unterschiede und Gemeinsamkeiten.

Wenn euer Jingle professionell klingen soll, muss eure Musik natürlich auch den richtigen Sound und die richtige Begleitung haben. Dafür könnt ihr ein Sequenzerprogramm verwenden. Wie das funktioniert, erfahrt ihr im Kapitel „Musik mit Maus und Monitor" (▶ S. 202–209).

Projekt: Filmmusik

Einen Film drehen

Eine Schülerin sitzt an einem Tisch und arbeitet konzentriert daran, die Aufgaben für eine Klassenarbeit zu lösen. Sie befindet sich allein im Klassenraum. Plötzlich öffnet sich die Tür. Eine Person schaut in den Raum hinein, blickt verwundert, betritt den Raum jedoch nicht und schließt die Tür wieder.

Diese (oder eine ähnliche) Situation könnte eine Szene in einem Film sein, den ihr selbst dreht und zu dem ihr die Musik schreibt.
Auf diesen beiden Seiten erhaltet ihr einige Tipps zu wichtigen Arbeitsschritten, die beim Produzieren des Films durchgeführt werden sollten.

Storyboard

Grundlage eures Films sollte ein Storyboard sein. Hier tragt ihr alle für die Verfilmung der Szene wichtigen Aktionen ein. Zunächst solltet ihr eine Szenenfolge erarbeiten und stichwortartig im Storyboard festhalten.

	Szene 1	Szene 2	Szene 3	...
Inhalt				
Kameraeinstellung				
Musik				
Geräusch				
Zeit				

Kameraeinstellungen

Ein wichtiger Arbeitsschritt ist das Festlegen der Kameraeinstellungen. Hierbei könnt ihr euch an den folgenden Beispielen orientieren.

Einstellungsgrößen

Weit

Halbnah

Nah

Amerikanisch

Groß

Detail

Totale

Halbtotale

1. Beschreibt die verschiedenen Kameraeinstellungen. Erläutert, welche Wirkungen die einzelnen Einstellungen beim Zuschauer auslösen, verstärken oder auch abschwächen könnten.

2. Ordnet den folgenden Situationen Kameraeinstellungen zu (Mehrfachnennungen sind möglich):
- Überraschung
- Aufbau von Spannung
- Überlegenheit
- Bedrohung
- Übersicht
- Stimmung des Darstellers genau schildern
- Dialog
- Zuschauer soll sich in Situation des Darstellers hineinversetzen

Kameraperspektiven

Normalansicht

Aufsicht

Über die Schulter

Untersicht

Vertonung eures Films

Wie könnte Musik die Szenenfolge begleiten?

3. Tragt ins Storyboard zu jeder Szene die Stimmungen und Gefühle ein, die ihr durch Musik unterstützen wollt.

4. Besprecht, mit welchen Klängen und Geräuschen ihr die Szenen jeweils unterlegen werdet, und überlegt dann, welche Materialien und Instrumente ihr dazu benötigt. Hier sind euch keine Grenzen gesetzt: Von Papierschnipseln, Trommeln und Trillerpfeifen bis zu Geigen, Keyboards und eurer Stimme ist alles möglich.
Haltet die Ideen für eure Vertonung in einem Verlaufsplan fest.

Aufnahme

5. Probt eure Musik und nehmt sie dann auf. Manchmal ist es sinnvoll, sich nicht die gesamte Szenenfolge auf einmal vorzunehmen, sondern die Musik zu den einzelnen Szenen getrennt aufzunehmen. Wenn ihr die Vertonung auf CD brennt, könnt ihr sie in einem Filmbearbeitungsprogramm weiter verarbeiten.

Vertonung mit dem Sequenzerprogramm

6. Ihr könnt die Vertonung der Szenenfolge auch mit einem Sequenzerprogramm durchführen (▶ S. 206 f.). Bei einigen Programmen kann man Film und Musik synchronisieren.

Musikalische Arbeitstechniken in der Filmmusik

Paraphrasierung: Musik kann eine im Film dargestellte Stimmung illustrieren. Eine traurige Szene wird mit trauriger Musik unterlegt.

Polarisierung: Musik kann die Stimmung einer Szene zuspitzen und verdeutlichen. Ob die Schülerin, die in eurer Filmszene die Klassenarbeit schreibt, gute Laune hat oder verzweifelt ist, wird dem Zuschauer erst durch die Musik klar.

Kontrapunktierung: Die Musik drückt das Gegenteil von dem aus, was in der Szene dargestellt wird: eine fröhliche Szene mit bedrohlicher Musik. Hier wird der Zuschauer irritiert und fängt an, Vermutungen darüber anzustellen, was gleich passiert.

Filmmusik im Fernsehen und im Kino

„Feuertaufe für AK1" ROM

Ihr seht einen Ausschnitt aus dem Film „Feuertaufe für AK1".
Es handelt sich dabei um den Pilotfilm zur Fernsehserie „Heli-Cops. Einsatz über Berlin":

Die Polizistin Jenny Harland betritt das Büro ihres Kollegen Werner Kerbel. Kerbel arbeitet in der internen Abteilung des Landeskriminalamtes und ist auch für geheime Operationen zuständig. Harland möchte von Kerbel Informationen über einen Verdächtigen erhalten, der gerade im Krankenhaus im Koma liegt.

1. Analysiert diesen Filmausschnitt:
– Gliedert ihn in vier Szenen.
– Arbeitet ein Storyboard (▶ S. 214) aus.
Notiert im Storyboard auch erste Beobachtungen zur Musik und zu auffälligen Kameraeinstellungen.

🗒 Storyboard

	Szene 1	Szene 2	Szene 3	Szene 4
Inhalt				
Kameraeinstellung				
Musik				
Geräusch				
Zeit				

Analyse der Filmmusik

2. Beschreibt die Musik und ergänzt das Storyboard. Achtet dabei auf:
– Instrumentation
– Dynamik
– Melodie
– Rhythmus.

3. Beschreibt ausgehend von euren Eintragungen ins Storyboard das Verhältnis von Filmszenen und Musik. Informiert euch auf ▶ S. 215 über die Begriffe Paraphrasierung, Polarisierung und Kontrapunktierung. Welche Funktionen der Musik kommen hier zum Einsatz?

Die besondere Wirkung der Filmmusik

Als Zuschauer eines Films nehmen wir Bilder, Sprache, Geräusche und Musik wahr. Auge und Ohr werden gleichermaßen beansprucht. Was wir hörend wahrnehmen – insbesondere die Musik – wird eher unbewusst in unserem Gehirn weiterverarbeitet. Die Musik löst also direkt – ohne dass wir darüber nachdenken – Gefühle in uns aus: Sie beeinflusst uns, aber wir merken es nicht.
Einige von euch haben das sicher auch schon erlebt. In einem Film taucht eine Person das erste Mal auf und obwohl wir nichts von ihr wissen, finden wir sie unsympathisch. Unsere Haltung gegenüber dieser Person wurde hauptsächlich durch die Musik hervorgerufen.

4. Schaut euch die Szene jetzt noch einmal an. Hat sich eure Wahrnehmung durch die Analyse verändert?

Musik im Kino

Am 6. Oktober 1927 hatte der Film „Der Jazzsänger" („The Jazz Singer") in den USA Premiere. Diese Produktion war der Beginn eines radikalen Wandels in den Kinos. Es handelte sich nämlich um einen der ersten Tonfilme: Den ganzen Film hindurch konnten die Zuschauer die Personen auf der Leinwand sprechen hören. Vorher, im Stummfilm, war dies nicht möglich gewesen. Die neue Technik wurde von den Zuschauern enthusiastisch gefeiert, und die Filmindustrie reagierte schnell darauf: Es wurden keine Stummfilme mehr produziert. ⊚ **VI, 36**

Das Plakat aus jener Zeit gibt einige Hinweise auf die Folgen dieser Entwicklung für die Filmmusik.

1. Rekonstruiert aus den Angaben auf dem Plakat, auf welche Weise ein Stummfilm in einem großen Kino aufgeführt wurde.

Von dieser Zeit an wurde Musik nicht mehr in den Kinos gemacht. Sie kam aus dem Lautsprecher. In den bedeutenden Filmstudios entstanden große Musikabteilungen. Orchester wurden eingerichtet, Tonstudios gebaut. Film und Musik wurden synchronisiert, indem auf einer großen Leinwand der Film abgespielt wurde, so dass der Dirigent des Orchesters sich danach orientieren konnte.

An das Publikum!

Achtung!   **Die große Lüge des Tonfilms!**

Der Tonfilm hält nicht, was er verspricht!

Das Kino soll eine Volksunterhaltungsstätte sein!
Das Kino soll Euch nach des Tages Last erfreuen und entspannen!
Das Kino soll Euch gute Musik bieten!
Das Kino soll Euch Leistungen guter Artisten zeigen!

Erfüllt das Kino Euere berechtigten Wünsche?? Nein!!

Der Tonfilm allein geboten **verdirbt Gehör und Augen!**

Der Tonfilm ohne Beiprogramm mit lebenden Künstlern **wirkt nervenzerrüttend!**

Nur

Kino mit Bühnenschau und Orchester ist Entspannung und Erbauung!

Fordert Bühnenschau!
Fordert lebendes Orchester!

sonst:

Meidet den Tonfilm!

Deutscher Musiker-Verband.   Internationale Artisten-Loge E. V.
Karl Schiementz   Alfred Fossil

Druck: Gebr. Unger, Berlin SW 11.

Vermarktung

Das Lied „Mother o'Mine" aus „The Jazz Singer" wurde auf Schallplatte herausgebracht – ein neuer Markt für Filmmusik tat sich auf. Der Song „Sonny Boy" aus dem ein Jahr später (1928) produzierten gleichnamigen Film brachte es auf 2 Millionen verkaufte Schallplatten. Die Noten dazu wurden 1,25 Millionen Mal verkauft. ⊚ **VI, 37**

Auch heute gibt es zu den meisten erfolgreichen Filmen so genannte Titelsongs.

2. Zählt Titelsongs auf, die ihr kennt.

3. Habt ihr euch schon einmal einen Film angesehen, weil ihr den Titelsong gut fandet?

4. Was meint ihr: Wird ein Film durch seinen Titelsong bekannt oder verhält es sich eher umgekehrt?

Quellenverzeichnis

Abbildungen:
Action Press, Hamburg: S. 192 o. (SUNSHINE); **ACT Music + Vision GmbH & Co KG, München:** S. 183 3.v.o. (Mattias Edwal); **AKG, Berlin:** S. 18, S. 108 o., S. 122 u. (British Library), S. 125, S. 126 (Nimatallah), S. 128, S. 131, S. 132, S. 133, S. 134 o., S. 143, S. 148 o., S. 7 u./149, S. 156 o. (Erich Lessing), S. 156 u., S. 164 o. (© VG Bild-Kunst, Bonn 2006), S. 176 o., S. 176 u., S. 184 o. (AP); **Alamy Images RM, Abingdon, Oxon:** S. 68 (Justin Kase); **Alpine Gehörschutz, AL Soesterberg:** S. 105 u.r.; **Anke Haun, Oberhausen:** S. 71 u.l.; **Artothek, Weilheim:** S. 136 o., (Joachim Blauel), S. 150 (Joachim Blauel), S. 164 u. (Joachim Blauel); **Avenue Images GmbH, Hamburg:** S. 6 u.r. (Imageshop), S. 34 (Photodisc); **Bacou-Dalloz GmbH & Co KG, Lübeck:** S. 105 u.r.; **Bildarchiv Monheim GmbH, Meerbusch:** S. 124 o. (Florian Monheim); **Bischöfliches Generalvikariat, Osnabrück:** S. 52; **BPK, Berlin:** S. 168 o. (Nationalgalerie/ Staatliche Museen zu Berlin), S. 171; **Bridgeman Art Library, London:** S. 140, S. 154, S. 155; **Bundeszentrale für gesundheitliche Aufklärung, Köln:** S. 104 r. (aus: Lärm und Gesundheit. Materialien für 5.–10.Klassen. Broschüre hrg. v. d. Bundeszentrale für gesundheitliche Aufklärung, Köln 1998, S. 19); **Casio, Norderstedt:** S. 66; **Claudia Gruber, Landsberg:** S. 112 u.r. (Heinz Engel); **Corbis, Düsseldorf:** S. 4 m. (Stuart Westmorland), S. 4 l.m. (Julie Habel), S. 4 l.u. (Chris Jones), S. 5 m.l. (Patrick Bennett), S. 15 (RF), S. 24 (Michael T. Sedam), S. 30 o., S. 46 (Patrick Robert), S. 142 m.r. (Michael Nicholson), S. 180 (Bettmann), S. 188 u. (Hulton Deutsch Collection); **Courtney-Clarke, Margaret, Mountainside, N. J.:** S. 102, S. 103 o.; **Das Fotoarchiv, Essen:** S. 44 (Ron Giling), S. 99/113 o. l. (Paul van Riel), S. 113 m. (Wolfgang Schmidt), S. 198 o. (Jochen Tack); **defd, Hamburg:** S. 6 o.hinten (Fryderyk Gabowicz); **Deutsches Museum, München:** S. 130; **Didi Zill Photography:** S. 192 m.; **f1 online digitale Bildagentur, Frankfurt:** 166 l. 2.v.o. (Bauer); **First Name, London (Dragan Aleksic/www.jocelynpook.com):** S. 82 vorn; **Fotex, Hamburg:** S. 163 (Frank Weiss), S. 194 u. (Jay Blakesberg); **Fotosearch RF, Waukesha, WI:** S. 7 o.m. (Brand X Pictures); **Francesca Pfeffer, Zürich:** S. 183 2.v.u.; **Gesellschaft der Musikfreunde in Wien, Wien:** S. 142 o.l. (Sammlungen der Gesellschaft der Musikfreunde in Wien); **Getty Images, München:** S. 5 u. (Di Jones), S. 5 m.r. (Stone), S. 106 u. (Malek Chamoun); S. 142 m.l. (Stone/Oliver Benn), S. 187 (Scott Gries), S. 198 u. (Carlos Alvarez); **Getty Images PhotoDisc, Hamburg:** S. 73 u.r., S. 116, S. 117 r., S. 121 o.; **Getty Images RF, München:** Coverabb. (Vicky Kasala/RF); **Ensemble POETICA MAGICA/www.poeticamagica.de (GvAmedia, Oberkirch):** S. 30 u., S. 121; **Haribo, Bonn:** S. 212; **Helga Lade, Frankfurt:** S. 73 u.l., S. 152 (E. Estenfelder), S. 193 r. (G. Schneider); **Illuscope, Waidhofen/Thaya:** S. 6 o.l., S. 107 m. (Wora), S. 63 (W. Simlinger); **images.de digital photo GmbH, Berlin:** S. 29 u. (KPA/Theissen); **Interfoto, München:** S. 161 (Nigel Luckhurst/Lebrecht Music), S. 114 (Nigel Luckhurst/Lebrecht Music), S. 190 (Archiv Friedrich); **Jay Blakesberg Photography, San Francisco CA:** S. 103 u.; **Johann Marcus Streitner, Wien:** S. 183 3.v.u. (Johann Marcus Streitner, Photographer, www.streitner.com); **Joker, Bonn:** S. 7 o.l. (Gudrun Petersen); **Jörg Lantelme, Kassel:** S. 89; **Keystone, Hamburg:** S. 4 o. (digitalma, Adam), S. 41, S. 166 u. (Horst Jegen); **Klett-Archiv, Stuttgart (Gerd Mothes):** S. 6 u.l., S. 11 u., S. 14, S. 28, S. 54, S. 55, S. 57; **Klett-Archiv, Stuttgart (Imke Müller):** S. 61, S. 65; **Klett-Archiv, Stuttgart:** S. 71 u.r., S. 73 o., S. 108; **kpa, Köln:** S. 166 2.v.u. (Uwe Walz); **Kurt Frischauf, Pulkau:** S. 5 2.v.u. (www.pianomuseum.at (Klaviermuseum Stolzendorf)); **Landesmedienzentrum Baden-Württemberg, Stuttgart:** S. 148 m.; **Leberecht Fischer KG, Cham:** S. 117 l.; **leitmotiv, Neuchatel:** S. 112 u.l. (Anita Schlaefli); **LOOK-foto (H. & D. Zielske), München:** S. 142 u.l.; **Mauritius, Mittenwald:** S. 62 (Photononstop), S. 82 hinten (Ley), S. 106 l. (Sipa), S. 167 (Photononstop), S. 193 l. (Workbookstock); **Median Verlag, Heidelberg:** S. 105 m.r. (aus: Gerald Fleischer: Gut Hören – heute und morgen, Median Verlag, 2000, S. 153); **Medium Big Band Dülmen, Dortmund:** S. 113 u.; **Münchner Philharmoniker, München:** S. 113 o.r.; **Musik + Show, Hamburg:** S. 100; **MVS Musikverlag Robert Schweizer, Wiesenbach:** S. 168 m., 169, 170, 172, 173, 174; **Okapia, Frankfurt:** S. 45 (Patricio Robles-Gil), S. 120 o.l. (Richard List); **Orsolino Quintett, Leipzig:** S. 112 o.l.; **PhotoDisc:** S. 73 r., S. 116, S. 117 r., S. 121 o.; **Picture-Alliance, Frankfurt:** S. 5 o.m. hinten (dpa/Hermann Wöstmann), S. 5 o.r. hinten (Ralf Hirschberger), S. 10 u.m. (Lander), S. 106 m.r. (akg-images/Kai Bienert), S. 124 u. (Thomas Lehmann), S. 142 u.r. (Haddenhorst), S. 144 (dpa/Waltraud Grubitzsch; ZB/Waltraud Grubitzsch; dpa/Hermann Wöstmann), S. 160 o. (ADN), S. 162 u. (epa ansa), S. 194 o. (KPA), S. 177 o.r. (dpa/ Bernd Hanselmann), S. 177 u. (dpa/epa afp National Archives), S. 184 m. (Press Association), S. 188 o. (Bob Whitaker), S. 201 (ZB/Jörg Lange), S. 205 (Kalaene Jens); **PIXOBELLO Bildarchiv, Gauting:** S. 7 o.r.; **plainpicture, Hamburg:** S. 20 (Usbeck, P.), S. 21 (Grimm, T.); **Pressefoto Bernd Müller, Sulzbach-Rosenberg:** S. 7 2.v.u./22 (Bernd Müller); **ProSiebenSat.1 Produktion GmbH, Berlin:** S. 216 o.; **Redferns, London:** S. 5 o.l. (David Redfern), S. 10 u.l. (Sherman/ RSC), S. 42 (Gai Terrell), S. 183 2.v.o. (Christopher Stewart), S. 184 u. (Charlyn Zlotnik), S. 186 r. (Leon Morris), S. 186 l. (Ian Dickson), S. 191 (Ebet Roberts); **Schattauer Verlag GmbH, Stuttgart:** S. 109 o.r. (aus: Musik im Kopf: Hören, Musizieren, Verstehen und Erleben im neuralen Netzwerk/Manfred Spitzer, Stuttgart, New York: Schattauer, 2002, S. 209, ISBN: 3-7945-2174-9); **Sipa Press, Paris:** S. 104 l. (ATTIAS); **Sprengel Museum, Hannover:** S. 56 u. (Kurt Schwitters Archiv im Sprengel Museum Hannover, Foto: Michael Herling/Aline Gwose/© VG Bild-Kunst, Bonn 2005); **Stiftung Deutsche Kinemathek, Berlin:** S. 217 o.; **ullstein bild, Berlin:** S. 10 u.r. (Malzkorn), S. 94 o., S. 183 u.r. (AKG Pressebild), S. 106/ 107 o.m. (© VG Bild-Kunst, Bonn 2005), S. 107 u. (Kunstsammlungen der Veste Coburg), S. 122 o., S. 123 (aus: Tanzmusik der Renaissance, Ulsamer-Collegium/ Konrad Ragossnig, Laute, Gitarre. Archiv Produktion), S. 159 (© Succession Picasso/VG Bild-Kunst, Bonn 2005), S. 181 (Debra Hurd), S. 211 (aus: Olivia Henkel, Tamara Domentat und René Westhoff: Spray City. Graffiti in Berlin. Schwarzkopf & Schwarzkopf, Berlin 1994), S. 131, Foto: René Westhoff/Label „Rude Boy Flicks"), **United Feature Synd., Inc./kipkako, München:** S. 64 (© 2005 United Feature Syndicate Inc. Distr. by kipkakomiks.de); **Universal_Strategic Marketing, Univ., Berlin:** S. 189 o.l. (© 1991 Geffen Records), S. 189 o.r. (© 1988 Vertigo Records); **Viennareport, Wien:** S. 142 o.r. (Leopold Nekula); **WARNER MUSIC Group Germany, Hamburg:** S. 51; **Wildlife, Hamburg:** S. 166 m. (M. Lane)

Nicht in allen Fällen war es uns möglich, den Rechteinhaber der Abbildung ausfindig zu machen. Berechtigte Ansprüche werden selbstverständlich im Rahmen der üblichen Vereinbarungen abgegolten.

Lieder und Musikbeispiele

Klett	= Ernst Klett Schulbuchverlag Leipzig	M	= Musik
		S	= Satz
R.N.	= Rudolf Nykrin	T	= Text
C.H.	= Christoph Hempel	Tü	= Textübertragung

S. 9: Der Stimm-Schubidubi. T. u. M.: Rudolf Dobusch © Klett. **S. 12:** Sing mal wieder. T. u. M.: Wise Guys © Edition Wise Guys, Köln. **S. 12 f.:** Die Landschaft in meiner Stimme. T. u. M.: Klaus Stahmer © Edition Eres, Bremen 1980. **S. 15:** Sailing. T. u. M.: Gavin Maurice Sutherland © Island Music Ltd. Für D/A/CH: Universal Music Publ., Berlin. **S. 15:** If all Men – Wenn die Menschen. T. u. M.: aus England. Tü: ins Dt.: R.N. © Klett. **S. 16:** Wir singen all. T: Joseph Röösli © Pan-Verlag, Baden/CH. **S. 17:** Diddywadiddy. T.: R.N. © Klett. **S. 18 f.:** The Lion Sleeps Tonight. T. u. M.: Luigi Creatore/Hugo Peretti/Linda Solomon/George Weiss © 1962, Renewed 1988 and assigned Abilene Music, Inc. Administered by the Songwriters Guild Of America, Weehawken, New Jersey. Rights for the world excluding the USA and Canada, controlled by Memory Lane Music Ltd., London, MELODIE DER WELT, J. Michel KG, Musikverlag, Frankfurt/Main,

Personen- und Sachverzeichnis

Lieder, Texte, Spielstücke und Noten

Lieder und Sprechstücke

Abkürzungen
(K) = Kanon
(S) = Sprechstück
(T) = Text
(Q) = Quodlibet

2. Auflage   1 ⁱ⁶ ¹⁵ ¹⁴ ¹³ ¹² | 25 24 23 22 21

Alle Drucke dieser Auflage sind unverändert. Die letzte Zahl bezeichnet das Jahr des Druckes.
Das Werk und seine Teile sind urheberrechtlich geschützt. Jede Nutzung in anderen als den gesetzlich zugelassenen Fällen bedarf der vorherigen schriftlichen Einwilligung des Verlages. Hinweis zu § 52 a UrhG: Weder das Werk noch seine Teile dürfen ohne eine solche Einwilligung eingescannt und in ein Netzwerk eingestellt werden. Dies gilt auch für Intranets von Schulen und sonstigen Bildungseinrichtungen.
Fotomechanische oder andere Wiedergabeverfahren nur mit Genehmigung des Verlages.
© Ernst Klett Schulbuchverlag Leipzig GmbH, Leipzig 2006
Alle Rechte vorbehalten.
Internetadresse: www.klett.de

Redaktion: Marlis Mauersberger
Herstellung: Sylvia Kusch
Layoutkonzeption: tiffany, Berlin
Umschlaggestaltung: Inbrevi, Leipzig
Illustrationen: Cornelia Kurtz, Boppard; Lea Perchermeier, Puch
Notensatz: Ulrike Feld, Berlin
Satz: tiffany, Berlin
Repro: Meyle + Müller GmbH + Co. KG, Pforzheim
Druck: Mohn Media Mohndruck GmbH, Gütersloh

ISBN-13: 978-3-12-175013-9
ISBN-10: 3-12-175013-5

9 783121 750139